A paixão no banco dos réus

www.editorasaraiva.com.br/direito
Visite nossa página

LUIZA NAGIB ELUF

A paixão no banco dos réus

*Casos passionais e feminicídio:
de Pontes Visgueiro a Elize Matsunaga*

10ª edição
2021

Av. Paulista, 901, Edifício CYK, 3º andar
Bela Vista – SP – CEP 01310-100

 sac.sets@saraivaeducacao.com.br

Diretoria executiva	Flávia Alves Bravin
Diretoria editorial	Ana Paula Santos Matos
Gerência editorial e de projetos	Fernando Penteado
Novos projetos	Dalila Costa de Oliveira
Gerência editorial	Isabella Sánchez de Souza
Edição	Marisa Amaro dos Reis
Produção editorial	Daniele Debora de Souza (coord.)
	Estela Janiski Zumbano
Arte e digital	Mônica Landi (coord.)
	Camilla Felix Cianelli Chaves
	Claudirene de Moura Santos Silva
	Deborah Mattos
	Guilherme H. M. Salvador
	Tiago Dela Rosa
Projetos e serviços editoriais	Daniela Maria Chaves Carvalho
	Emily Larissa Ferreira da Silva
	Kelli Priscila Pinto
	Klariene Andrielly Giraldi
Diagramação	Claudirene de Moura Santos
	Edson Colobone
Revisão	Célia Regina Souza de Araujo
Capa e imagem de capa	Tiago Dela Rosa
Produção gráfica	Marli Rampim
	Sergio Luiz Pereira Lopes
Impressão e acabamento	Edições Loyola

DADOS INTERNACIONAIS DE CATALOGAÇÃO NA PUBLICAÇÃO (CIP)
ANGÉLICA ILACQUA CRB-8/7057

E51p Eluf, Luiza Nagib

A paixão no banco do réus: casos passionais e feminicídio – de Pontes Vergueiro a Elize Matsunaga / Luiza Naib Eluf. – 10. ed. – São Paulo : SaraivaJur, 2021.

280 p.

ISBN 978-65-5559-131-6 (impresso)

1. Direito. 2. Criminologia. 3. Crime. 4. Passional. 5. Feminicídio. 6. Casos criminais. 7. Ciúme. 8. Homicídio. I. Título.

2021-3743
CDD 364
CDU 343.9

Índices para catálogo sistemático:

1. Criminologia 364
2. Criminologia 343.9

Data de fechamento da edição: 27-9-2021

Dúvidas? Acesse www.editorasaraiva.com.br/direito

Nenhuma parte desta publicação poderá ser reproduzida por qualquer meio ou forma sem a prévia autorização da Saraiva Educação. A violação dos direitos autorais é crime estabelecido na Lei n. 9.610/98 e punido pelo art. 184 do Código Penal.

| CL | 606629 | CAE | 728421 |

Agradecimentos: Juliana Granero, Fernão Lara Mesquita, Manuel Alceu Affonso Ferreira, Cacilda Decoussau A. Ferreira, Maria Luiza Eluf, Lourenço Dantas Mota, Antônio Cláudio Mariz de Oliveira, Nelson Lacerda Gertel, Márcio Cunha Berra, Rodolfo Bruno Palazzi, Valdir Troncoso Peres, Damásio de Jesus, Sérgio Rodrigues Horta Filho, José Henrique Rodrigues Torres, Rodrigo Merli Antunes, Luiz Flávio Borges D´Urso.

Índice Geral

Prefácio 9

Apresentação 13

Parte I
CASOS DA VIDA REAL

1. Pontes Visgueiro e Maria da Conceição 19
2. José Ferraz de Almeida Júnior, Maria Laura do Amaral Gurgel e José de Almeida Sampaio 33
3. Euclides da Cunha, Anna e Dilermando de Assis 39
4. Zulmira Galvão Bueno e Stélio Galvão Bueno 53
5. O crime do Sacopã 59
6. O Advogado do Diabo 65
7. Augusto Carlos Eduardo da Rocha Monteiro Gallo e Margot Proença Gallo 75
8. Doca Street e Ângela Diniz 87
9. Dorinha Duval e Paulo Sérgio Garcia Alcântara 95
10. Lindomar Castilho e Eliane de Grammont 101
11. Um amor homossexual 107
12. Guilherme de Pádua, Paula Thomaz e Daniella Perez 113
13. O misterioso caso PC Farias e Suzana Marcolino 121
14. Igor Ferreira da Silva e Patrícia Ággio Longo 129

15. Antônio Marcos Pimenta Neves e Sandra Florentino Gomide 139
16. Lindemberg Alves e Eloá Cristina Pimentel 147
17. Mizael Bispo de Souza e Mércia Mikie Nakashima 153
18. Elize Araújo Kitano Matsunaga e Marcos Kitano Matsunaga 159

Parte II
TEORIA

1. A paixão e o crime 167
2. Feminicídio 175
3. Do julgamento pelo Tribunal do Júri 183
4. O papel do Ministério Público 197
5. A acusação no plenário do Júri 203
6. Crime passional e homicídio qualificado – teses da acusação ... 207
7. O papel do advogado de defesa 223
8. Homicídio privilegiado – tese da defesa 229
9. A legítima defesa da honra 237
10. A evolução da posição da mulher e as consequências no julgamento de crimes passionais 245

Parte III
ENTREVISTA E CONCLUSÕES

1. Entrevista com Valdir Troncoso Peres 251
2. Conclusões 277

Prefácio

O Brasil é um país que não conhece a si mesmo. Nosso povo não se volta para os nossos problemas, seja por complexo de inferioridade ou desconhecimento de nossa própria cultura. Tivemos grandes historiadores como Sérgio Buarque de Holanda, grandes sociólogos como Florestan Fernandes, Gilberto Freire e grandes antropólogos como Ruth Cardoso. Aprendemos muito com eles e vários outros e outras, mas, ainda assim, permanece a impressão de que o Brasil não se conhece. Primeiro, porque a educação oferecida pela maioria das escolas é insuficiente; segundo, porque, na era digital, tudo ficou muito superficial e a desinformação aumentou; terceiro, porque nossos meios de comunicação de massa, a literatura e as artes consumidas pela população voltam-se com muita frequência para o que acontece ou para o que vem do exterior, fazendo com que nos esqueçamos do que ocorre diante de nossos olhos. Por falta de investimentos nas áreas científica e social, somos dependentes de tecnologia externa e de pesquisas realizadas nos países de primeiro mundo. Pouco sabemos sobre a melhor forma de lidar com nossa própria realidade.

Durante toda a minha experiência na carreira do Ministério Público, não foram poucos os momentos em que testemunhas de crimes contra a vida se perguntaram se teriam que jurar dizer a verdade com as mãos sobre a Bíblia. No Brasil, ninguém jura com a mão sobre a Bíblia, mas a influência dos filmes norte-americanos é muito maior do que o conhecimento que nossa população consegue adquirir sobre a aplicação da Justiça, da nossa Justiça. Nos julgamentos em nosso país, as testemunhas são advertidas pelos juízes sobre o dever de dizer a verdade, nada mais que a verdade, e só. Não é necessário jurar nem por a mão sobre a Bíblia. Outra diferença é que somente os crimes dolosos contra a vida vão a júri popular. Os demais são julgados nas Varas Criminais comuns por juízes de carreira (togados), não por um júri.

Quando Antônio Marcos Pimenta Neves matou Sandra Gomide, em 20 de agosto de 2000, no município de Ibiúna, Estado de São Paulo, ouvi a notícia e fiquei em choque. Com que direito alguém se arvora em dominador enfurecido de ciúme e orgulho ferido e mata a ex-namorada por se achar dono da vida da mulher?

No Brasil, esse comportamento é corriqueiro. Os homens querem mandar nas companheiras e até ex-companheiras, querem ter poderes ilimitados sobre elas, inclusive, o de tirar suas vidas.

Que país é esse? Por que não olhamos para os próprios problemas? Entendê-los é a única solução para o fim da violência.

Foi por isso que iniciei uma pesquisa profunda sobre os então chamados "crimes passionais" (a maior parte, feminicídios), que culminou com o lançamento do livro "A paixão no banco dos réus", em 2002 (primeira edição).

Comecei pelo caso de grande repercussão mais antigo de que temos notícia, cujos autos foram preservados, e que se refere a José Cândido Pontes Visgueiro, de 62 anos, desembargador no Maranhão, que, em agosto de 1873, matou Maria da Conceição, conhecida por Mariquinhas e sem registro em cartório, que aos 15 anos de idade foi assassinada por não querer se casar com um homem senil. A moça era linda, porém, paupérrima, passava dias sem ter o que comer. Essa história é um episódio de pura crueldade. Embora muito conhecido no Maranhão, o resto do Brasil pouco ouvira falar do caso.

Continuando minhas pesquisas, selecionei, até o momento, 15 casos de feminicídios e três casos de homicídios contra homens (mulheres que mataram seus maridos) ocorridos no Brasil. Os relatos foram aumentando desde a primeira edição deste livro até a décima, que lançamos agora, e as mortes motivadas por ciúme continuam acontecendo.

É necessário abolir a cultura da violência. É inacreditável que as polícias, o ministério público, a justiça e os governos como um todo não consigam estancar essa sangria.

Em março de 2015, a primeira presidenta do Brasil, Dilma Roussef, sancionou a Lei n. 13.104, que definiu o crime de feminicídio no país, incluído no art. 121, § 2º, VI, do Código Penal. Trata-se do assassinato praticado contra mulher por razões da condição do sexo feminino, envolvendo violência doméstica e familiar e menosprezo ou discriminação à mulher. Importantíssimo esse passo na luta contra todas as formas de violência contra a mulher, que tem ajudado muito a estabelecer os números da violência de gênero e a orientar as políticas públicas.

Sem dúvida, o feminicídio é o assassinato de pessoa do sexo feminino, mas não se trata de qualquer morte de mulher e sim daquele ato praticado por qualquer pessoa (homem ou mulher) contra pessoa do sexo feminino por razões que envolvem a inferioridade da mulher na sociedade machista.

As névoas da superioridade patriarcal, que subjugam mulheres, é que levam ao extermínio que somos obrigadas(os) a presenciar. Porém, não somos obrigadas(os) a aceitar. Os julgamentos têm sido pela severa condenação do assassino, na esmagadora maioria dos casos.

A criação da figura penal do "feminicídio" é resultado de uma luta muito grande, da qual participei ativamente, com orgulho. Desde sempre, lutei incessantemente para modernizar nossa legislação penal, tendo elaborado artigos e lançado livros que continham protestos contra dispositivos penais preconceituosos então em vigor, tais como os crimes de adultério, sedução, posse sexual mediante fraude, casa de prostituição, dentre muitos outros, fazendo sugestões para reformas futuras, absolutamente necessárias.

Felizmente, o Congresso Nacional sempre se posicionou favoravelmente à modernização dos costumes, tendo em vista a garantia dos direitos iguais para todos e todas, consagrados na Constituição Federal.

Daí a importância de olharmos com atenção para o país em que vivemos, observando o tipo de cultura que precisamos aprimorar e humanizar, e para as prementes medidas regulatórias que devemos instituir a fim de que, mudando os velhos costumes de tempos coloniais, possamos finalmente viver em paz.

Luiza Nagib Eluf

Apresentação

A História, ensinava Cícero, "é testemunha do passado, luz da verdade, vida da memória, mestra da vida e anunciadora dos tempos antigos"[1]. Cervantes[2], certa vez, a qualificou como a "mãe da verdade, êmula do tempo, depositária das ações, testemunha do passado, exemplo e anúncio do presente, advertência para o futuro".

A obra *A paixão no banco dos réus — casos passionais célebres: de Pontes Visgueiro a Pimenta Neves*, de autoria da Dra. Luiza Nagib Eluf, resgata, com narrativa envolvente e por meio de um relato minucioso, a história forense brasileira no que diz respeito aos chamados "crimes passionais". A autora demonstra, com êxito e rara competência, aquilo que Hungria já sustentava: o *"passionalismo* que vai até o assassínio muito pouco tem a ver com o amor"[3].

A lembrança desses crimes que, cada um a seu tempo, fizeram a atenção do País voltar-se aos nossos Tribunais constitui uma recordação viva da atuação dos grandes tribunos do Júri e, em boa parte, de nossa cultura.

Poucos são os que militam no foro criminal e nunca ouviram falar dos casos do "advogado do Diabo", do homicídio praticado pelo cantor Lindomar Castilho, do episódio da atriz Dorinha Duval, do processo

---

1. *De oratore*, II, 9, apud Ettore Barelli e Sergio Pennacchietti, *Dicionário das citações*, trad. Karina Jannini, São Paulo, Martins Fontes, 2001, p. 626.
2. *Dom Quixote*, apud Ettore Barelli e Sergio Pennacchietti, *Dicionário das citações*, cit., p. 630.
3. *Comentários ao Código Penal*, 4. ed., Rio de Janeiro, Forense, 1958, v. V, p. 152-3.

"Doca Street", do assassinato de Daniella Perez, ou, mais recentemente, da acusação de crime de morte contra o Promotor de Justiça Igor Ferreira, da morte da jornalista Sandra Gomide e de Eloá Cristina Pimentel. Com frequência, nos recordamos desses crimes famosos e, por vezes, com o passar do tempo, perdemos na memória seus detalhes[4], agora fielmente reproduzidos e condensados numa só obra, graças a um intenso e inestimável trabalho de pesquisa.

O livro, que constitui leitura obrigatória para todos que militam no sistema criminal, em especial no Tribunal do Júri, compõe-se de três partes: o relato fidedigno de catorze delitos célebres; uma aprofundada análise teórica do crime de homicídio, com vistas, sobretudo, ao chamado "homicídio passional"; uma entrevista empolgante com o Dr. Valdir Troncoso Peres, brilhante advogado que dedicou grande parte de sua vida à defesa de réus acusados de crimes envolvendo paixão, e, por fim, uma conclusão em que a autora deixa clara sua visão a respeito do tratamento jurídico-penal que se deve dar aos uxoricidas.

Na primeira parte, em que são narrados os "casos criminais célebres", impressiona a riqueza de pormenores, a narrativa empolgante e a revelação de detalhes obtidos a partir de exame dos autos dos processos criminais, reportagens de época e depoimentos pessoais.

Em seguida, na segunda parte da obra, a autora enfrenta o tema sob uma perspectiva criminológica e dogmática, analisando desde o que leva alguém a cometer um "homicídio passional" (egoísmo, imaturidade, obsessão...), passando pelo exame do crime sob o ponto de vista jurídico e psicológico, até concluir pela inconstitucionalidade da tese defensiva da "legítima defesa da honra".

Na entrevista com o Dr. Valdir Troncoso Peres são colhidos dados reveladores do perfil comum dos réus, homens, geralmente maiores de trinta anos, muitos dos quais sustentando financeiramente a vítima...

---

4. Pessoalmente, muitas vezes, quando alguém se refere a um crime célebre, temos curiosidade de conhecer-lhe os detalhes e não encontramos fonte de pesquisa.

Por fim, na conclusão, Luiza Nagib Eluf nos traz uma síntese objetiva e precisa de um estudo que lhe consumiu mais de dois anos de pesquisa.

Escrito com leveza, senso crítico e objetividade, o conteúdo aguça-nos a leitura e estimula o conhecimento. Aliando e imprimindo suas qualidades de mulher, esposa, mãe, Promotora e Procuradora de Justiça e posteriormente advogada na elaboração do trabalho, Luiza nos presenteia com uma obra preciosa, de cabeceira, primeira e única.

Nilton Bonder, em *O crime descompensa — Um ensaio místico contra a impunidade*, narra a história de um homem que se colocou "na entrada de Sodoma, denunciando a injustiça e a impunidade que reinavam na cidade. Um indivíduo passou por este homem e comentou: 'Por anos você tem ficado aí tentando persuadir as pessoas a mudarem de atitude e com nenhuma delas obteve sucesso. Por que você continua?' Este respondeu: 'Quando inicialmente vim para cá eu protestava, pois tinha esperança de modificar as pessoas. Agora, continuo a gritar e denunciar, pois, se não o faço, eles é que terão me modificado"[5].

A paixão no banco dos réus, que será um grito eterno contra a impunidade, representa uma extraordinária lição sobre o passado e transmite importante motivo de reflexão para o futuro.

São Paulo, abril de 2002.

DAMÁSIO DE JESUS

---

5. São Paulo, IMAGO, 1992, p. 77.

PARTE I

Casos da vida real

1

Pontes Visgueiro e Maria da Conceição

Em 14 de agosto de 1873, José Cândido de Pontes Visgueiro, Desembargador da Relação[1], aos 62 anos de idade, matou Maria da Conceição, conhecida por "Mariquinhas", de 17 anos, por quem estava apaixonado, movido pelo ciúme e pela impossibilidade de obter a fidelidade da moça, que era prostituta.

O desembargador havia nascido em 13 de outubro de 1811, na Vila de Maceió, da então comarca de Alagoas, vinculada à província de Pernambuco. Aos 18 meses, foi acometido de uma febre maligna que o impediu de ouvir e falar até os 5 anos de idade. Aos poucos, conseguiu recuperar a voz e a audição, mas, aos 15 anos, perdeu novamente parte da audição, vindo a tornar-se completamente surdo aos 40 anos.

Na juventude, estudou em um seminário em Olinda, mas não seguiu a carreira eclesiástica. Em 1830 ingressou na Academia de Direito de Olinda. Pretendeu, então, casar-se com moça de família distinta em Maceió, mas seu pai não permitiu e, para afastá-lo daquele romance, transferiu-o para a Faculdade de Direito do Largo de São Francisco, em São Paulo, onde se formou em 1834. Antes de diplomado, já havia sido eleito deputado provincial.

Formado, voltou para sua terra natal e foi ser juiz de direito. Candidatou-se à deputação geral para a legislatura de 1838 a 1841,

---

1. *Relação* é a antiga designação do que hoje se chama de Tribunal de Segundo Grau de Jurisdição.

representando Alagoas, juntamente com outros quatro eleitos, também da magistratura.

Visgueiro era corajoso e idealista. Sua atuação política foi elogiada, na época, pela independência diante dos poderosos, como demonstrou em seu discurso de 20 de maio de 1840: "Só quero estar bem com minha consciência e não com governo algum — declaro-o em alto e bom som. Eu disse, desde a primeira vez em que me sentei na casa: ninguém se fie em mim, hei de só votar por aquilo que for justo; nada há contra a minha maneira de pensar que me obrigue a fazer o contrário"[2].

Nos anos de 1848 a 1857, retomou as funções judiciárias, exercendo a magistratura na província do Piauí. Ascendendo ao cargo de desembargador, com exercício no Maranhão, já estava totalmente surdo. Era-lhe extremamente difícil acompanhar os debates e responder aos colegas. Para superar, parcialmente, o problema, o governo imperial ofereceu-lhe o cargo de fiscal do Tribunal do Comércio da Província do Maranhão, no qual o desempenho seria possível, apesar da surdez.

Visgueiro aceitou o novo cargo e exerceu-o por dez anos, com aprovação dos colegas que o consideravam "inteligente e probo". Tais qualificativos foram usados pelo Desembargador Negreiros Sayão Lobato, presidente do Tribunal do Comércio do Maranhão. Assim, com relação à sua vida profissional, nada havia que o desabonasse.

Quanto à sua vida privada, não havia notícias que o comprometessem. Ele continuava oficialmente solteiro, mas tinha uma família em São Luís: uma filha natural, que reconhecera, casada com um desembargador, e duas netas casadas.

O relacionamento com Mariquinhas começou em 1872. A moça tinha 15 anos e já contava com o apelido de "Mariquinhas Devassa". Visgueiro a conhecera quando ela era ainda criança e, por ser muito pobre, pedia esmola na rua.

---

2. Evaristo de Morais, *O caso Pontes Visgueiro*, Rio de Janeiro, Ed. Ariel, 1934, p. 179.

A mãe de Mariquinhas, Luiza Sebastiana de Carvalho, agia como proxeneta, tirando bons proveitos dos amantes da filha, mas quando esta iniciou sua ligação com o desembargador, a genitora passou a reprovar as outras ligações da menina. Luiza tinha motivos para crer que Visgueiro se casaria com a filha, se ela levasse a sério o relacionamento. Ouvira o desembargador dizer à menina: "Minha filha, conserva-te por uns dias que eu caso contigo". Mariquinhas, porém, não mostrava interesse em desposá-lo.

Contrariando as conveniências da época, Visgueiro não fez segredo de seu relacionamento com a moça. Exibia-a publicamente, com muitas manifestações de paixão e surtos de ciúme. Mariquinhas visitava-o, em casa, diariamente, e não raro dormia em sua residência.

Se a moça desaparecia momentaneamente, ele a procurava no cais do porto, na redação dos jornais onde ela tinha clientes, nas igrejas, nas casas de prostituição. Certa vez, arrombou a porta do quarto no qual a moça estava e teve uma crise de choro, ajoelhado aos pés da cama, ao vê-la nua e zangada sobre o lençol, enquanto seu parceiro se esgueirava pela porta levando a roupa que pudera recolher.

A sociedade maranhense assistia, constrangida, a reiterados escândalos de paixão obsessiva e ciúme provocados pelo desembargador. Certa vez, por ocasião da festa de Nossa Senhora dos Remédios, Visgueiro surpreendeu Mariquinhas conversando com um oficial do exército. Atirou-se sobre ele em "louca exaltação", como descreve Evaristo de Morais[3].

No começo de 1873, houve um furto de centenas de mil-réis da residência do desembargador e a suspeita recaiu sobre Mariquinhas. Já atormentado pelas infidelidades da moça, Visgueiro não suportou o golpe em suas finanças e passou a planejar vingança. Pensou em dar-lhe uma surra e chegou a pedir ao Tenente Antônio Feliciano Peralles Falcão para arranjar alguém a fim de executar o serviço.

---

3. *O caso Pontes Visgueiro*, cit., p. 22.

Em seguida, o desembargador viajou para o Piauí, talvez fugindo da angústia pessoal e dos comentários da sociedade maranhense. Não ficou fora muito tempo. Retornou ao Maranhão e trouxe consigo o mulato Guilhermino Borges, homem forte, com 30 anos de idade, já no intuito de ter ajuda no momento em que tivesse de dominar Mariquinhas fisicamente. Recomeçaram os encontros com a moça.

Por essa época, Visgueiro encomendou um caixão de zinco ao funileiro Antônio José Martins de Carvalho e um outro, de cedro, ao carpinteiro Boaventura Ribeiro de Andrade. Tudo isso constou do processo que condenou Visgueiro, pois ambos foram ouvidos como testemunhas e reconheceram os caixões por eles confeccionados. Ainda quando esteve em Teresina, o desembargador havia comprado uma grande quantidade de clorofórmio e chegara a solicitar a fabricação de um caixão em um estabelecimento local. Essas iniciativas foram confirmadas no processo por um chefe de polícia do Piauí.

No dia 14 de agosto de 1873, Visgueiro executou o crime que já vinha preparando há algum tempo. Mariquinhas foi atraída à casa dele por volta das 14 horas e estava acompanhada de Thereza de Jesus Lacerda, com quem morava. Foram servidos doces e, em seguida, Visgueiro manifestou a vontade de conversar a sós com a moça. Pretextou ter um presente a lhe dar. Mariquinhas deve ter pressentido algo de errado, pois puxou o vestido da amiga, demonstrando que pretendia ficar com ela. No entanto, as duas acabaram se separando e marcando um encontro para o jantar.

Estando com a vítima sozinha em sua casa, Visgueiro foi ter com Guilhermino, em um quarto do pavimento térreo da residência, e disse: "Guilhermino, quero dar uma surra em uma mulher e quero que a agarres, porque quero amordaçá-la e dar-lhe uma sova, por me ter feito muitos desaforos". A frase foi repetida por Guilhermino em seu depoimento no processo e narrada por Evaristo de Morais.

O desembargador subiu e retornou pouco mais de uma hora depois dizendo: "A mulher está aí, acompanha-me". Ao subirem as escadas,

Visgueiro mandou que ele tirasse as botinas e andasse, de mansinho, atrás dele. Levou-o até um quarto onde se achava a moça sentada em um baú. Agarrando-a com a mão esquerda pelo pescoço e, com a direita, puxando uma toalha e enfiando na boca da moça, o desembargador gritou: "Eu não disse que te dava um *conhecimento*?".

Por ordem de Visgueiro, Guilhermino segurou com a mão direita a toalha que estava na boca da vítima e, com a esquerda, o seu ombro. O desembargador tirou do bolso um vidro que abriu com a boca e derramou o líquido no nariz da moça. Ela desfaleceu. Pediu, então, que Guilhermino se retirasse e trancou a porta.

Do lado de fora, o serviçal ouviu barulho de bater de pé e a frase "Meu bem, não me mates". Depois, aos poucos, os ruídos foram cessando. Quando a porta se abriu, surgiu Visgueiro com um punhal ensanguentado nas mãos. Disse: "Guilhermino, a raiva foi tamanha que não pude deixar de matá-la; agora, vamos tratar de encobrir o crime". No quarto, achava-se Maria da Conceição, estirada ao chão. O desembargador abaixou-se sobre ela e mordeu-lhe o peito, dando-lhe nova punhalada. A vítima ainda abriu a boca, mas nenhum som se fez ouvir.

Visgueiro puxou um caixão que estava encostado ali e os dois lançaram o cadáver dentro, ficando as pernas de fora. Foi ordenado ao serviçal que apanhasse uma lata de cal e depois fosse comprar solda e ferro de soldar. Ao voltar, Guilhermino encontrou o cadáver com as pernas decepadas e arrumadas sobre o corpo, que tinha também um trinchete[4] enterrado no ventre.

Inicialmente, o desembargador havia pensado em guardar o caixão no armário da sala de jantar e, passados alguns meses, levá-lo para Alagoas para enterrá-lo. Depois, mudou de ideia e resolveu enterrar o corpo no fundo do quintal.

Visgueiro pediu ao compadre Amâncio José da Paixão Cearense que o ajudasse, soldando o caixão de zinco. Amâncio relatou, no pro-

---

4. Trinchete é uma faca de sapateiro, terminada em faceta e curva.

cesso, ter sentido repugnância pelos detalhes da execução do crime, mas atendeu ao pedido que lhe foi feito, em consideração ao desembargador.

Uns dias depois, Visgueiro ainda voltou à casa de Amâncio para pedir que refizesse a solda, pois lhe parecia que o caixão estava exalando mau cheiro. O amigo concordou e retornou ao local onde se encontrava o corpo. Visgueiro, então, mandou Guilhermino cheirar o caixão para indicar de onde vinha o odor fétido. Localizados os prováveis orifícios, Amâncio os ia soldando.

Com o sumiço de Mariquinhas, iniciaram-se as investigações. As pistas eram muito evidentes e a Polícia não tardou a desvendar os fatos. Havia muita gente envolvida na execução do crime e todos acabaram informando o que sabiam.

O inquérito foi encaminhado ao Supremo Tribunal de Justiça, cujo presidente era o Ministro Joaquim Marcelino de Britto. Desde logo foi decretada a prisão do réu. Detido, Visgueiro foi levado ao Rio de Janeiro, no vapor Paraná, para ser julgado. Interrogado pelo delegado de polícia, Visgueiro confessou ter matado Mariquinhas "porque a amava muito".

As perguntas eram feitas ao acusado, por escrito, em face de sua surdez.

A defesa sustentou a tese de "desarranjo mental", provocado pelo "mais violento ciúme inspirado por uma mulher perdidíssima".

Visgueiro defendeu-se alegando privação da capacidade de raciocinar, dizendo: "Certo, com a razão calma e sã, com a vontade plenamente livre, eu não teria, de um momento para o outro, me precipitado no infinito dos abismos do crime, perdendo para sempre os puros contentamentos de uma vida tão longa em anos como em precedentes honrosos"[5].

Já o acusador repeliu a alegação de "desarranjo mental" com o estado de calma demonstrado pelo homicida após o delito, praticado com um "cortejo de horrores" e premeditado. Pediu a pena de morte para o réu.

---

5. Evaristo de Morais, ob. cit., p. 102.

René Ariel Dotti, ao narrar o caso Pontes Visgueiro em seu livro *Casos criminais célebres*[6], menciona ter sido a defesa do desembargador "uma belíssima peça oratória", produzida por Franklin Américo de Menezes Dória, futuro Barão de Loreto. René Dotti observa: "A voz da mulher, que poderia despertar no ânimo do homicida o sentimento generoso, não foi por ele ouvida. Guilhermino escutou a vítima suplicar: 'Meu bem, não me mates!', mas o réu era surdo".

O Supremo Tribunal de Justiça, por unanimidade, afastou a tese da defesa de "desarranjo mental" e não acolheu o pedido de pena de morte formulado pela acusação. Decidiu pela tese de homicídio agravado para o qual se aplicava a pena de galés perpétuas. Considerando ter o réu mais de 60 anos de idade, a pena de galés foi substituída por prisão perpétua com trabalho. O condenado embargou o acórdão pedindo para cumprir a pena em uma cadeia do Maranhão. O Tribunal rejeitou os embargos determinando que ele cumprisse pena na Casa de Correção da Corte, no Rio de Janeiro. Visgueiro perdeu o cargo de desembargador.

Considerou o acórdão que o crime foi cometido com abuso de confiança e de surpresa, o que tornou a pena mais grave[7].

René Ariel Dotti comunga da opinião de Evaristo de Morais e de Viveiros de Castro de que houve erro judiciário na condenação de Visgueiro, entendendo que o desembargador não estava em seu juízo perfeito quando cometeu o crime.

Discordo inteiramente da argumentação por eles apresentada, embora respeite e admire muito seus trabalhos como criminalistas. Tanto a alegação de insanidade, apresentada pela defesa de Visgueiro e que visava sua absolvição, quanto as reiteradas tentativas de culpar a vítima pela sua própria morte não procedem. Visgueiro sabia que Mariquinhas não lhe seria fiel, não apenas porque ela usava o sexo para ganhar a vida, mas também porque uma adolescente, exuberante como

---

6. São Paulo, Revista dos Tribunais, 1999.
7. Ver a íntegra do Acórdão ao final do texto.

constava ser ela, jamais se apaixonaria por um senhor idoso, surdo e cheio de manias, devotando-lhe amor verdadeiro. Como em todo crime passional, o agente procurou impor, à força, o que sabia não ser capaz de obter espontaneamente da vítima. E, em termos de sexualidade, as imposições não funcionam.

Dotti chega a mencionar o romancista Josué Montello para dizer que Mariquinhas "comparecia várias vezes na redação do *Diário do Maranhão*, acompanhada pela mãe, que a oferecia e explorava. Ela era do tipo miúdo que os cabelos crespos alteavam... À primeira vista, parecia séria, e mesmo distante ou retraída. Mas sorria e o sorriso, repentinamente, a acanalhava, na sensualidade dos olhos, na expressão gaiata do rosto, no modo de retrair as espáduas oferecendo os seios... Certa maldade instintiva, que viria de sua condição, e mais os conselhos da mãe esperta, que vendia a filha a qualquer um, levavam-na a divertir-se com o Desembargador Pontes Visgueiro, que se prestava aos papéis mais ridículos para ter a posse ocasional de seu corpo imaturo. Na rua, ao dar com ela, o velho se ajoelhava e beijava-lhe os pés"[8].

Ora, convenhamos: o desembargador se apaixonou por uma adolescente, que havia sido prostituída pela própria mãe, sabendo de sua condição. Quis impor-lhe regras de comportamento impossíveis de serem seguidas, exigindo que ela o amasse e somente a ele, que lhe fosse fiel, que não se interessasse por seu dinheiro, que o tratasse com respeito etc. Não conseguindo fazer-se obedecer, Visgueiro a mata. Como se não bastasse, querem absolvê-lo de seu ato desvairado satanizando a moça, que era quase criança e vítima de suas circunstâncias!

Não é aceitável atribuir a Visgueiro o "direito" de tirar a vida de Mariquinhas, porque ela era prostituta. Sua condenação não foi um erro judiciário.

Erro é discriminar a mulher pobre e explorada, querer escravizá-la e, ainda, condená-la por sua própria morte, como esta passagem do

---

8. René Ariel Dotti, *Casos criminais célebres*, cit., p. 50.

livro de Dotti parece fazer ao transcrever Humberto de Campos e lhe dar razão: "Parece que, no interior do Maranhão, por muito tempo se esperou o reaparecimento de Pontes Visgueiro. Era uma espécie de papão. E como eu próprio tremi por mais de uma vez, com medo dele, venho agora, às portas da velhice, pedir-lhe que me perdoe e, a Deus, que, na sua misericórdia, não ponha, jamais, no meu caminho, Maria da Conceição..."[9].

Mariquinhas era moça, quase menina, quando sua mãe incitou-a à prostituição, como forma de ganhar a vida. Os relatos processuais comprovam que Mariquinhas era muito pobre. O apelido de "Devassa" denotava preconceito profundo, ainda mais porque dado a uma menina de 15 anos, levada a fazer o que fazia pelas circunstâncias da vida.

Visgueiro apaixonou-se por ela sabendo de onde ela vinha e o que fazia. Exigiu dela uma fidelidade impossível. O fato de estar apaixonado pela moça não o autorizava a obrigá-la a fazer o que ele queria; não havia qualquer compromisso efetivo entre eles. Mesmo estando louco de paixão, a razão do desembargador não parecia estar afetada a ponto de torná-lo inimputável. Ele sabia bem o que fazia e havia deliberado fazê-lo após muito meditar.

A ira de Visgueiro atingiu o ponto crucial quando Mariquinhas se tornou suspeita de ter-lhe furtado dinheiro. Vê-se que o desembargador passou a nutrir violento ódio por não ser obedecido e respeitado como sua autoridade exigia e por perceber o inegável interesse econômico que a moça tinha em sua relação com ele.

Planejou detalhadamente e com bastante antecedência o crime que cometeu. Após a prática da carnificina, continuou sua vida calmamente; não houve demonstração de perturbação da inteligência e da consciência. Por isso, ao Tribunal não cabia outra decisão a não ser a condenação. A pena imposta, por demais severa (prisão perpétua com

---

9. *Casos criminais célebres*, cit., p. 51.

trabalho forçado), está hoje banida do sistema penal brasileiro, mas, na época, era aplicável a esse tipo de crime.

A história de Visgueiro provoca profundo sentimento de pena, mas também a história da pobre Mariquinhas é horrivelmente triste. Ela foi uma menina explorada que encontrou um fim cruel e prematuro, como ainda acontece com jovens de sua classe social jogadas na prostituição.

Os defensores da memória de Visgueiro procuram enaltecer o homem aparentemente honrado que ele foi, o que é compreensível. Mas não se pode chegar ao absurdo de perdoar seu crime bárbaro, pelo qual ele passou para a história. A alegação de insanidade nunca restou provada. Visgueiro não dava sinais de loucura, nem antes, nem depois do crime. Ele era surdo, apenas isso. De anormal em sua vida houve uma paixão, que o consumiu, mas que não lhe tirou a capacidade de compreender o caráter criminoso do ato que praticou nem de determinar-se segundo esse entendimento. Como o próprio Visgueiro confessou a Guilhermino, ele estava possuído de puro ódio quando matou a moça, e esse sentimento não justifica o crime perante a Justiça.

Há outros relatos de condutas agressivas de Pontes Visgueiro. Luís Gonzaga dos Reis conta que, "certa vez, na capital paulista, ainda acadêmico, Visgueiro travou luta corporal com um soldado, de quem pretendeu seduzir a amante, caso que causou grande escândalo. Andava sempre armado de faca, sendo temido pelos colegas, por ser avalentoado. De outra feita, por ocasião de um baile dado em casa da Marquesa de Santos, na Pauliceia, à Rua do Carmo, auxiliado por um grupo de moleques, apedrejou o rico palacete, quebrando as vidraças das janelas do beco, ao lado do colégio"[10].

Visgueiro foi execrado na época em que os fatos se deram e, depois de sua morte, transformou-se em lenda na qual era um fantasma horrível, um bicho-papão, uma assombração. No Maranhão, as mães

---

10. Eulálio de Oliveira Leandro (org.), *Por trás da toga*, Imperatriz-MA, Ética, 2000, p. 63-4.

exigiam que os filhos cumprissem suas tarefas sob pena do aparecimento de "Pontes Visgueiro". Sua conduta foi muito criticada, não apenas porque tivesse matado uma mulher, alegando paixão e ciúme, mas por causa da natureza de sua relação com Maria da Conceição. Para os rígidos padrões morais da época, um desembargador manter romance com uma prostituta, abertamente, sem esconder da sociedade seus exageros e provocando constantes escândalos, revelou-se inaceitável. Como constou da sentença condenatória, o réu havia sido "impelido por motivo reprovado, considerada a natureza torpe de suas relações com Maria da Conceição". Foi essa "torpeza" que fez aumentar o repúdio social e selou o destino do desembargador, na prisão perpétua.

José Cândido de Pontes Visgueiro morreu em 24 de março de 1875, na Casa de Correção. O *Jornal do Comércio* publicou o testamento que ele havia feito em janeiro do mesmo ano, demonstrando que partiu desta vida em plena lucidez: "Nada dispôz sobre suffragios a sua alma, por confiar muito na piedade de sua filha, e, uma vez que tem de morrer longe della, pouco importa o modo pelo qual seu corpo tem de ser atirado, desconhecido, na valla de algum cemitério. Declarou, ainda, que não foi inimigo de ninguém, no verdadeiro sentido da palavra; e, si inimigos teve, perdôa-lhes todo o mal que lhe fizeram. Sendo humano e piedoso, e tendo muito amor á Justiça e ao próximo, si o seu espirito se desvairou um dia, que perdão poderá desejar aos homens? Quem podia perdoal-o já não existe".

Há, porém, crônicas da época assegurando que Pontes Visgueiro não morreu, mas desapareceu, provavelmente fugindo para a Europa com a ajuda de amigos. Em seu caixão, haveria somente pedras. Humberto de Campos conta que Visgueiro, "em 1875, desaparece. Mas desaparece como? *Faleceu e foi enterrado*, informa a crônica oficial. *Fugiu para o estrangeiro*, contam a tradição e as lendas; o caixão em que diziam ir o seu corpo, e que ninguém abriu, ia cheio de pedras; Pontes

Visgueiro embarcou para Lisboa e lá foi visto por muitos brasileiros, que com ele falaram. Onde a verdade?"[11].

Bem, se Visgueiro escapou da prisão, mais um malogro da Justiça brasileira, mais um lamentável episódio a reforçar as estatísticas da impunidade. Se, ao contrário, ficou preso até o fim de seus dias, trata-se de uma demonstração alentadora de que as nossas Instituições nem sempre favoreceram os ricos e poderosos.

> (A história de Pontes Visgueiro está baseada nos livros de René Ariel Dotti — *Casos criminais célebres*, São Paulo, Revista dos Tribunais, 1999 — e de Evaristo de Morais — *O caso Pontes Visgueiro*, Rio de Janeiro, Ed. Ariel, 1934.)

ACÓRDÃO QUE CONDENOU PONTES VISGUEIRO

"Vistos, etc.

Attendendo a que por taes provas, e até pela confissão livre e expontânea do réo, está plenamente provado ter elle matado no dia 14 de agosto último a Maria da Conceição, pela fórma articulada no libello a fls.;

Attendendo a que, entre o designio, formado pelo réo, de cometter o crime e o acto de cometter-o mediáram mais de 24 horas, o que é evidente em face dos depoimentos e declarações de fls. e fls.;

Attendendo a que o réo para vencer a repugnancia e receio que Maria da Conceição mostrava de ir á sua casa, procedeu com fraude, empregando affagos e excitando-lhe o interesse por promessas falsas, como se vê de fls.;

Attendendo a que o réo havia superioridade de sexo, forças e armas, de maneira que a offendida não podia repelir a ofensa;

Attendendo a que o réo foi impellido por um motivo reprovado, considerada a natureza torpe de suas relações com Maria da Conceição;

---

11. Eulálio de Oliveira Leandro (org.), *Por trás da toga*, cit., p. 126.

Attendendo a que o delicto foi cometido com surpresa, lançando-se o réo e seu cumplice sobre Maria da Conceição, e ferindo-a o réo quando ella descuidosa entrava no quarto, onde lhe dissera o mesmo réo estarem os presentes que elle lhe promettêra;

Attendendo, finalmente, a que pelos mesmos depoimentos e interrogatorios, está plenamente provado que entre o réo e a assassinada tinha deixado de existir a confiança mutua que naturalmente se presume entre dois entes, que se amam ou prezam, manifestando ella, aliás, mêdo e receio de que elle a quisesse ofender, em vingança de não lhe guardar fidelidade em suas relações ilicitas e consequentemente que não podia o réo abusar de uma confiança que já não existia;

Attendendo igualmente a que o convite feito a Guilhermino para dar uma surra em Maria da Conceição, sem nunca lhe revelar o designio de matal-a, não pode ser considerado ajuste para cometter este delicto, nos termos do art. 16, § 17:

Julgam o réo incurso no art. 193 do Codigo Criminal e o condenam na pena de galés perpetuas, gráo maximo, por concorrerem as circunstâncias aggravantes mencionadas no art. 16, §§ 4º, 6º, 8º, 9º e 15, pena que será substituida pela prisão perpetua com trabalho, nos termos do art. 45, § 2º, do mesmo Codigo, por ser o réo maior de sessenta annos, e nas custas.

Rio de Janeiro, 13 de maio de 1874.

Brito, presidente — Simões da Silva, relator sem voto — Marianni — Leão — Cerqueira — Barbosa — Villares — Valdetaro — Couto — Costa Pinto."

2

José Ferraz de Almeida Júnior, Maria Laura do Amaral Gurgel e José de Almeida Sampaio

> "Por amor de uma mulher morreu Almeida Júnior (1850-1899), a primeira expressão de brasilidade de nossa pintura. Aos quarenta e nove anos de idade, vítima de um golpe assassino, interrompeu sua obra em ascensão aquele que — não obstante todos os debates e as restrições — continua encarnando a pintura nacional, o filão de motivos brasileiros que com tamanho vigor explorou e desvendou aos seus seguidores" (Maria de Lourdes Teixeira, *Folha de S. Paulo*, 10-5-1953).

José Ferraz de Almeida Júnior era ituano, filho de homem do mesmo nome, de raízes paulistanas dos Ferraz, dos Campos, dos Sampaios e ramos conexos, que se entrelaçam na grande árvore dos Arruda Botelho. O pai do artista teve ascendentes abonados em fortuna, mas ficara pobre. Não era pintor de quadros, mas gostava de atividades manuais. Em Itu, fazia gaiolas e outros trabalhos artesanais. Seu filho, Almeida Júnior, nasceu com grande talento. Ao longo da vida, angariou simpatias que lhe valeram suporte financeiro para cursar a *Imperial Escola de Belas Artes*, no Rio de Janeiro. Dentre os protetores de *Jugiquinha*, como era conhecido, estavam o Barão de Jundiaí, Francisco José de Castro Andrade, Bento Paes de Barros e seu filho, Renato Paes de Barros.

O pintor foi morto por seu primo, José de Almeida Sampaio, que se sentiu traído pelo amigo e pela mulher, Maria Laura. Os três envolvidos eram aparentados, e o fato chocou imensamente a sociedade brasileira.

Almeida Júnior e o marido de Maria Laura, José Sampaio, eram íntimos amigos. No dia 11 de novembro de 1899, Sampaio esteve em São Paulo e hospedou-se na residência do pintor, à Rua da Glória. Almeida Júnior não se encontrava, estava em Piracicaba, de onde tomou um trem, dizendo que iria para São Pedro.

Sampaio, então, ficando à vontade na casa do pintor e cedendo à curiosidade, bisbilhotou as coisas do primo. Encontrou, em uma gaveta, uma carta de amor remetida por sua mulher, Maria Laura, a Almeida Júnior. Transtornado, procurou um advogado para tratar de sua separação e, depois, regressou para o interior em desespero.

Em 12 de novembro de 1899, Sampaio chegou a Piracicaba fulminado por intensa agitação interior e dizendo a amigos que queria morrer. No dia 13, data em que Almeida Júnior lhe dissera que regressaria de São Pedro, Sampaio foi esperá-lo à porta do Hotel Central, no Largo da Matriz, às três da tarde. Pouco depois da chegada do trem, Sampaio observou um carro que parava à porta do hotel. Vinham dentro Almeida Júnior, Maria Laura, seus cinco filhos e uma irmã dela. Almeida Júnior desceu primeiro, trazendo duas cestas nas mãos e se preparava para entrar no hotel quando Sampaio avançou sobre ele e disse:

"Você não foi a São Pedro. Foi a João Alfredo!" (a família de Sampaio estava em uma fazenda no município de João Alfredo). Em seguida, tirou do colete uma faca desembainhada e cravou-a na clavícula esquerda de Almeida Júnior. Este levou a mão ao seu colete e dele tirou uma faca, mas não conseguiu atacar Sampaio, em face do profundo ferimento que sofrera. Murmurou: "Estou morto, mas que homem ingrato!" e caiu ao chão. Minutos depois, já estava sem vida. O golpe havia atingido importante artéria e provocado intensa hemorragia, posteriormente constatada em laudo pericial.

No momento em que Almeida Júnior, antes de morrer, tentou reagir e sacou de sua faca de cortar fumo, dando alguns passos em direção ao assassino, Sampaio disse-lhe: "Não, você já não me pode matar! Você roubou-me a minha honra, mas não me rouba minha vida!".

A família de Sampaio gritava em volta da cena, cercada pelas demais pessoas que estavam no local — funcionários do hotel e transeuntes que presenciaram o assassinato e estavam estupefatos.

Maria Laura desmaiou. Socorrida, levaram-na para dentro do Hotel Central. Ao voltar a si, foi acometida de violenta crise nervosa, em virtude da qual um médico foi chamado. Pedia que a levassem para o Salto (Salto do rio Piracicaba, de onde queria atirar-se, para morrer).

A infeliz mulher havia conhecido Almeida Júnior quando solteira. Apaixonaram-se e marcaram casamento, quando D. Pedro II, reconhecendo os grandes méritos do pintor, decidiu mandá-lo à Europa para aperfeiçoar-se. Conforme narra Pelagio Lobo, no *Correio Paulistano*, em 1940, "a notícia dessa decisão estourou na casa da noiva e aturdiu todo o mundo. Balduíno do Amaral Gurgel, o sogro em perspectiva, decidiu pela filha, como era dos estilos da época: 'ou casa ou desmancha'. Não podendo casar por falta de recursos financeiros que sustentasse o casal na Europa, ocorreu uma separação forçada. Partiu o *Jujiquinha* e ela ficou, ambos desconsolados e com o coração à garganta. O amor, amor de gente da terra que desafiava tempo e distância, continuou como brasa de borralho, sem lume aparente, mas vivo e quente, por baixo das cinzas. Ao voltar, estava ela casada com outro parente. Viram-se, aproximaram-se, reacendeu-se a antiga paixão, o marido entrou na trajetória do conterrâneo, com armas e bagagens, foi por ele amparado em muitas aperturas e, ao cabo de alguns anos, inopinadamente, tomou a decisão que lhe inculcava como única forma de 'lavar a honra'. E o extraordinário artista, o verdadeiro precursor da pintura brasileira e, em particular, da pintura paulista, dos seus tipos de roça e de cidade do interior, seus trajes, suas predileções, o homem de gênio fechado e de fáceis aproximações, mas de inteligência aberta e clara para os segredos de sua arte, sucumbiu a 13 de novembro de 1899, com menos de 50 anos, apunhalado pelas costas, à porta de um hotel".

Pouco depois do assassinato consumado, compareceu o delegado de polícia, que conduziu Sampaio para a cadeia. Interrogado, ele declarou à autoridade policial ter praticado o crime em "desagravo de sua honra".

Quando morreu, Almeida Júnior tinha 49 anos de idade e seu assassino, Sampaio, 38 anos. Ambos haviam nascido em Itu, interior de São Paulo. Na época do crime, Sampaio era fazendeiro em Rio das Pedras e passava por sérias dificuldades financeiras. Havia sido amigo fraterno de Almeida Júnior. Nos últimos tempos, familiares e amigos vinham aconselhando Sampaio a se afastar do pintor, chamando sua atenção para ligações suspeitas de Almeida Júnior com Maria Laura, mas Sampaio, confiando na mulher e no amigo, negava-se a admitir os fatos. A descoberta da carta de amor e da mentira quando da ida de Almeida Júnior para João Alfredo, e não para São Pedro, desencadeou reação irrefreável que acabou em tragédia.

Em face da grande amizade que os primos tiveram entre si e da ajuda financeira que o pintor havia dado a seu algoz é que se explica a última frase de Almeida Júnior, chamando Sampaio de "ingrato".

A *Gazeta de Notícias*, do Rio de Janeiro, de 13-11-1899, publicou: "Dentre os pintores brasileiros que mais produziram neste último decênio, Almeida Júnior era o mais sério, o mais inteligente e o mais bem preparado para tentar com algum sucesso os cimos mais árduos e mais almejados da arte e da glória".

Almeida Júnior pintou, mais de uma vez, Maria Laura. As mais belas e inspiradas telas são "O visitante importuno", "O repouso do Modelo", "A noiva", "A leitura". Pouco antes de morrer, o pintor imortalizou, em uma cena campestre, o homem que iria matá-lo, no quadro "Piquenique no Rio das Pedras". As telas do pintor encontram-se reunidas no livro *Almeida Jr., vida e obra*, de Marcos Marcondes (São Paulo, Art Ed., 1980).

José de Almeida Sampaio foi levado a Júri somente uma vez e em sua defesa atuou o advogado Francisco Morato. Sampaio foi absolvido por unanimidade. Viveu mais vinte anos e morreu, esquecido, na Santa Casa de Itu. Segundo teria declarado a um visitante que ali estava no momento do adeus, morria "sem motivo de remorso".

Maria Laura separou-se do marido logo após o crime e jamais o perdoou pelo assassinato do amante. Ela deixou para sempre sua terra natal, antes mesmo do julgamento de Sampaio, e morreu em humilde fazenda da zona litorânea, afastada de qualquer cidade.

A história de Almeida Júnior foi escrita pelo pesquisador Vicente de Azevedo, no livro *O romance do pintor* (Ed. Própria, 1985), no qual o autor declara ter perdoado Maria Laura pela infidelidade conjugal que cometeu. Diz ele: "Perdoem-me esta repetida frase de Maria Laura: *Hoje me condenam. Todos me condenam. Algum dia não acontecerá mais isto.* O dia chegou para Maria Laura. Estou escrevendo com todas as letras de meu nome a sentença de absolvição. E datando: março de 1978. Perdoar não me compete, não posso. Absolver sim. Leitor, lembre-se de que sou Juiz".

Há, ainda, outro livro sobre o pintor: *Almeida Júnior — sua vida e sua obra*, de Gastão Pereira da Silva (São Paulo, Editora do Brasil, 1946). Nessa obra, o autor menciona que, quando em Paris, Almeida Júnior, passando por duas vezes em frente a um cambista de loteria, comprou um bilhete, que foi premiado. Enviou a totalidade do prêmio para os pais, a fim de que comprassem uma casa para morar. Noedy Krahenbühl Costa, em artigo para o *Jornal de Piracicaba* (11-9-1992), comenta: "Com tanto dinheiro nas mãos, pois tirara uma 'sorte grande', moço e vivendo em Paris, Almeida Júnior não caiu na farra com as famosas e formosas francesas... Continuou levando vida austera e modesta, inteiramente dedicado aos estudos, esquivando-se de fácil e tentador hedonismo".

Almeida Júnior teve um filho natural, de quem pouco se falou e que deveria ter cerca de 10 anos na época do assassinato. Para ele, em testamento feito em 1896, o pintor deixou dez contos de réis.

Meio século mais tarde, a neta de Maria Laura, Sônia Pereira Mendes, foi vítima de crime passional, tendo sido assassinada com um tiro no peito, na casa de Teotônio Pizza de Lara, no Jardim América, em São Paulo. Foram dois crimes "de honra" em meio século, na mesma tradicional família paulista, marcada pelo desencontro amoroso.

> (A história de Almeida Júnior foi obtida em pesquisas nos livros supramencionados sobre a vida do pintor e em arquivos dos jornais *O Estado de S. Paulo* e *Jornal de Piracicaba*.)

3

Euclides da Cunha, Anna e Dilermando de Assis

No dia 15 de agosto de 1909, na estrada Real de Santa Cruz, 214, Piedade, Rio de Janeiro, Euclides da Cunha, professor de lógica e autor do livro *Os Sertões*, tentou matar o tenente do Exército Dilermando de Assis, amante de sua mulher Anna da Cunha, e acabou sendo morto.

Eram dez horas da manhã. Anna e Dilermando haviam acabado de tomar café, na casa do tenente, acompanhados do irmão dele, Dinorah, que lá morava, e de dois filhos de Anna, Solon e Luiz.

Euclides da Cunha, sentindo-se rejeitado por Anna e querendo vingar-se do homem que lhe roubara a esposa, queria acertar as contas. Havia passado a noite anterior sob grande agitação, completamente descontrolado. Anna não voltara para casa, em Copacabana. Ela havia pernoitado em Piedade, com o tenente. Euclides não tinha o endereço. Foi em busca das tias de Dilermando e suplicou a Angélica Rato, "pelas cinzas de sua mãe", que lhe desse a localização do sobrinho. Esta, apesar da visível agitação emocional do escritor, atendeu-lhe o pedido e forneceu o endereço solicitado. Como observou Dilermando, em seu depoimento ao *Diário de São Paulo*, de 16-6-1949, sua tia talvez estivesse "interessada em ver romper o vulcão".

Refreando seus impulsos e esforçando-se por aparentar naturalidade, Euclides chegou à residência de Dilermando, tocou a campainha e foi recebido por Dinorah, o irmão mais novo de seu desafeto. Perguntou por sua mulher e seus filhos e foi se adiantando, subindo os degraus.

Antes, havia passado na casa de uns vizinhos seus e pedido emprestada uma arma de fogo, alegando estar perseguindo um cachorro louco. Apesar de a desculpa apresentada não ter convencido ninguém, conseguiu o empréstimo da arma. Parece que a sociedade carioca de então ansiava por assistir ao acerto de contas que se anunciava. Todos colaboraram com a fúria de Euclides. A arma, agora em seu bolso, era comprimida em gesto nervoso.

Quando chegou à casa de Piedade, o escritor perguntou por Dilermando e atravessou a sala correndo. Gritou: "Vim para matar ou morrer". A voz de Euclides ecoava assustadora, por toda a casa.

A sala de jantar estava vazia. Encerrara-se repentinamente o café da manhã. Anna escondera-se no quarto dos empregados. Dilermando havia subido rapidamente aos seus aposentos para vestir-se melhor, já que estava em mangas de camisa e não queria receber Euclides naqueles trajes.

Em matéria publicada no *Diário de São Paulo*[1], narrou Dilermando: "Estava em meu quarto, sem colarinho, e abotoava-me para ir ter à sala quando, simultaneamente com o ruído de seus passos, rápidos em direção a meu quarto, ouvi Euclides pronunciar as palavras 'matar ou morrer'. No mesmo instante, a porta de meu quarto, por mim fechada apenas com o trinco, abriu-se com violento pontapé dado por Euclides que surgiu ante mim, fisionomia transtornada, revólver em punho. Só tive tempo de lhe perguntar: 'Que é isso doutor?!'... Desfechava Euclides um tiro, atingindo-me na virilha direita, vociferando: 'Bandido! Desgraçado! Mato-o!' ... (Sua cruel intenção de ferir-me, em um requinte de crueldade, em predeterminada região, parecia evidente).

Diante daquela inesperada e violenta agressão, estando desarmado, procurei subjugá-lo. Com um passo até a porta tentei segurar-lhe o pulso para tomar-lhe a arma, que ele empunhava, agora, à altura do ombro. Fui infeliz. Só pude agarrar-lhe a ponta da manga do casaco.

---

1. Setembro de 1949 — Série de reportagens com Dilermando de Assis.

Num gesto rápido, recolhera o braço e, articulando o pulso para baixo, desfechou-me o segundo tiro, esse em pleno peito, que me fez cambalear, retroceder e cair dentro do quarto, amparando-me nos umbrais da porta".

Dinorah, que havia acompanhado Euclides desde a sala e o vira sacar o revólver, tentou desarmá-lo, entrando ambos em luta corporal. Em seguida, desvencilhando-se do agressor, Dinorah correu ao outro quarto, em busca de uma arma. Euclides perseguiu-o de perto, fez pontaria e alvejou-o, à queima-roupa, na nuca. Dilermando presenciou o irmão cair, ferido gravemente.

Euclides fazia movimentos bruscos, acompanhados de gritos e insultos. Tinha os olhos horrivelmente abertos, espumava pela boca, numa agitação horrível, completamente alucinado.

Disse Dilermando sobre esse momento: "Vendo meu irmão ferido pelas costas e perseguido por um agressor feroz, reuni, apesar de gravemente ferido duas vezes, todas as minhas energias, ergui-me e apanhei, de cima de uma prateleira, meu revólver. Cheguei à porta do quarto. Euclides estava de costas para mim, na passagem do corredor para a sala, agitado, virando rapidamente a cabeça, de um lado para o outro, como quem ainda procurasse alguém — naturalmente sua esposa e seus filhos que se haviam ocultado nas dependências do fundo. Poderia, então, tê-lo alvejado, como e onde quisesse, pois era um dos mais exímios atiradores da época e constantemente me exercitava ao alvo. Tinha-o ali, agora, à minha frente, de costas, depois de ferir-me duas vezes e haver alvejado covarde e barbaramente meu irmão, menor e inocente, em plena nuca.

No entanto, com o propósito apenas de intimidá-lo, mostrar-lhe que ainda me encontrava em condições de reagir, com a intenção somente de contê-lo e fazê-lo cessar o tiroteio, para, depois, falar-lhe calmamente, com essa intenção, fiz um disparo em sentido contrário ao que ele se encontrava. Atirei na direção da sala de visitas. Um segundo disparo fiz nas mesmas condições..."[2].

---

2. *Diário de São Paulo*, mesma série de reportagens.

Euclides reagiu, atirando de novo contra Dilermando, mas, dessa vez, o tiro não saiu. O percussor bateu em seco. Assustado, Dilermando tentou alvejar a arma de Euclides, mas atingiu-lhe o pulso, sem prejudicar-lhe completamente os movimentos. Desvairado, o escritor atirou novamente, atingindo Dilermando nas costelas direitas e causando-lhe imensa dor.

Ferido três vezes e na iminência de morrer, o militar atira e acerta Euclides no ombro. Este, vociferando, continua acionando o gatilho. Dilermando volta a atirar ferindo novamente Euclides, que corre, vai até a porta e sai para o jardim.

"Como pela janela aberta não o visse passar, nem o visse também sair pelo jardim, supus que estivesse oculto, preparando-me nova surpresa. Cautelosamente, empunhando o revólver, pronto para atirar, aproximei-me da porta e procurei olhar para fora. Vi-o, então, caído de bruços, rosto voltado para os fundos da casa, ainda a acionar o gatilho e pronunciando palavras desconexas.

Nesta ocasião, Solon, que se havia escondido no quarto da empregada, chegou correndo. Vendo seu pai caído, voltou-se para mim, exclamando: 'Mataste meu pai?! Ah!' Sacou rapidamente de seu revólver, procurando dispará-lo. Antes que o fizesse dominei-o, prendendo-lhe os movimentos, até a chegada de Dinorah, que, apesar de ferido, desarmou-o. Aproximei-me de Euclides. Dinorah e Solon estavam a meu lado. Perguntei-lhe: 'Que loucura foi essa?! Que desvario! Veja o que o senhor fez!'. Euclides respondeu: 'Que gente!... Odeio-te... Honra!'".

Dilermando estava ferido nos dois pulmões, no diafragma e no fígado. Ainda assim, carregou Euclides até a cama. Ambos estavam ensanguentados e seus sangues se misturavam por toda a parte. O militar julgou ter ouvido do escritor palavras como "intrigas", "perdão" ou "perdido". Anna surgiu e ficou com o marido, enquanto Dilermando saía para a rua a fim de pedir às pessoas, que ali estavam atraídas pelos tiros, que fossem chamar um médico.

Euclides morreu e Dilermando sobreviveu.

Na ocasião do crime, grande foi a campanha contra Dilermando, que, de vítima, passou a algoz. Tempos depois, porém, a versão dele passou a ser divulgada pela imprensa e a verdade veio a público. Ele não havia matado, simplesmente, Euclides da Cunha, mas atirado nele em legítima defesa.

Dilermando foi preso, recolhido ao 1º Regimento de Artilharia, em São Cristóvão. Ficou incomunicável, aguardando julgamento.

Insultaram-no e caluniaram-no todos os admiradores de Euclides da Cunha, que não eram poucos. Sua casa foi praticamente saqueada pela polícia. Suas cartas foram tornadas públicas, suas fotografias transformadas em motivo de pilhéria e sarcasmo. Diziam as más-línguas que ele era um parente pobre que Euclides havia recolhido ao seu lar, alimentando-o, protegendo-o e educando-o para que, em paga, o rapaz lhe seduzisse a mulher. Nada disso era verdadeiro.

Dilermando não era parente de Euclides e jamais morara em sua casa. Não lhe devia favores.

Em seu julgamento pela Justiça Militar, Dilermando foi defendido pelos advogados criminalistas Evaristo de Morais e Delamare Garcia, que tiveram pleno êxito em comprovar que o acusado agira em legítima defesa contra uma agressão injusta e traiçoeira. Da primeira decisão, houve recurso para o Supremo Tribunal Militar, mas a sentença absolutória foi mantida por unanimidade.

Mesmo assim, a perseguição a Dilermando continuou, tremenda e silenciosa, por ter ele, em suas próprias palavras, "cobiçado a mulher de outro". Ainda por essa razão, Dilermando não alcançou o generalato, apesar de sua grande dedicação à carreira militar.

A comoção social em torno do caso era tão grande que, apesar da absolvição de Dilermando, a perseguição contra ele permanecia implacável, impedindo que sua saga terminasse.

Euclides da Cunha Filho, insuflado por amigos e parentes perversos, tentou, também, matar Dilermando para vingar a morte do pai.

A segunda tentativa de homicídio de que foi vítima o jovem militar ocorreu no Fórum do Rio de Janeiro, no momento em que Dilermando tentava obter informações sobre a tutela de um dos filhos de Euclides, pelo qual zelava. Os fatos foram narrados, também, pelo próprio Dilermando, ao *Diário de São Paulo*[3]:

"No dia 4 de julho de 1916, aproximadamente às 13 horas, chegando ao Cartório do Segundo Ofício da Primeira Vara de Órfãos, dirigi-me ao escrevente Meilhac e inquiri-o sobre que decisão havia por parte do juiz respectivo a propósito da tutoria do menor Manoel Afonso Cunha, visto o sr. General Dantas Barreto, pessoa inculcada por mim para exercer aquela função, não ter podido assumir — respondeu aquele escrevente que, além do despacho mandando permanecer o menor na casa de sua mãe, só havia novas declarações do Nestor Cunha, declarações estas que, ato contínuo, me apresentou sem que solicitasse. Perguntei ao escrevente se me era permitido tomar conhecimento das referidas declarações e ele respondeu afirmativamente".

Dilermando iniciou a leitura dos papéis e não havia ainda lido quinze linhas quando, ouvindo uma detonação por detrás de si, sentiu-se ferido. Suas pernas fraquejaram, a vista turvou-se e sobreveio grande mal-estar interno.

Voltando-se para a direita, viu, recuando, um vulto trajado de escuro e notou que brilhavam, pendendo da cintura do agressor, alguns metais. Concluiu daí tratar-se de um aspirante da Marinha, fazendo logo a ligação com Euclides da Cunha Filho. Ele era o único aspirante que poderia tentar contra sua vida, dados os precedentes remotos desse episódio. Dilermando esperou que algum dos homens presentes no local intercedesse e desarmasse o rapaz, filho de sua esposa, mas todos fugi-

---

3. Setembro de 1949.

ram correndo e o agressor continuava a atirar e a feri-lo. Fora alvejado, novamente, pelas costas. Percebendo que não mais poderia permanecer inerte e não lhe sendo permitido fugir, pois achava que isso mancharia seu nome de militar, tirou do bolso de sua calça o revólver *Smith and Wesson*, calibre 32, e empunhou a arma com extremo esforço, uma vez que também estava ferido no braço. Dilermando lembra-se de ter ido até a porta e divisado o vulto do agressor, ainda de revólver em punho. Efetuou, então, três disparos de sua arma da mesma posição em que se encontrava. Sentia, neste momento, fugir-lhe a vida e não sabia precisar se havia ou não acertado o alvo. Acordou tempos depois, sendo atendido pelos médicos.

Euclides da Cunha Filho morreu. Dilermando sobreviveu mais uma vez. O episódio ficou conhecido como "a tragédia do Fórum".

Sobre o assunto, Dilermando declarou ao jornal *Diário de São Paulo*[4]: "É um fato testemunhado por vários de seus colegas e notoriamente sabido que Euclides da Cunha Filho desde mais de um ano vinha exercitando-se no tiro ao alvo na própria Escola Naval, com o único objetivo de matar-me. Como enfrentaria um adversário notabilizado pela excelência da pontaria, procurava assegurar todo o êxito possível à sua empreitada de vingança. Também existe, assinado por ele, um artigo publicado pelo *Jornal do Comércio*, do qual se extrai, entre alusões injuriosas à minha pessoa, os seguintes trechos: *Há muito tempo que, moído por um natural sentimento de ódio ao assassino de meu malogrado pai, dr. Euclides da Cunha, desejei expor ao público a verdade nua e crua sobre o covarde assassinato cometido pelo consumado bandido Dilermando de Assis. Não o fiz devido a ter de envolver nesse lamentável acontecimento, a pessoa de minha mãe. Hoje, não posso mais deixar de o fazer, não só para provar o quanto nossa Justiça andou errada em conceder a absolvição ao assassino, como também para lançar um protesto justo e*

---

4. Setembro de 1949.

obrigatório contra as monstruosas calúnias levantadas em torno de meu infeliz e finado irmão Solon".

Ocorre que não era fácil enfrentar Dilermando. Além da perfeita pontaria que possuía, sua resistência física era assombrosa. Sobreviveu ele a várias e gravíssimas lesões, decorrentes dos tiros que levou de Euclides e de Euclides Filho, cada uma das quais, por si só, suficiente para abater um robusto organismo. Os jornais da época não se cansavam de noticiar o fato. A *Gazeta de Notícias* disse que "só um organismo excepcionalmente forte poderia resistir a tais lesões", e o jornal *A Noite* publicou: "No hospital do Exército opõe-se à gravidade dos ferimentos recebidos, a resistência hercúlea de Dilermando de Assis".

Dilermando decidiu prestar longos depoimentos à imprensa, sobre sua tragédia, quase no fim de sua vida. Escreveu, também, três livros, dando sua versão dos fatos, para não passar para a história como assassino: *Um conselho de guerra — a morte do aspirante da Marinha Euclides da Cunha Filho e a defesa de Dilermando de Assis*; *Um nome, uma vida, uma obra* e *A tragédia da Piedade*.

Quarenta anos após a morte de Euclides, o jornal *Diário de São Paulo* reproduziu a narrativa de Dilermando em uma série de reportagens que se transformaram em documento histórico. A matéria inicial o descreve de seguinte forma: "O coronel Dilermando de Assis está ao nosso lado, num recanto do salão de palestras do 'Club Militar'. É um homem de mais de 60 anos, alto e robusto, louro e de olhos claros, denunciando, no desempeno do porte, surpreendente vitalidade física. À sua frente, homem feito, está um de seus filhos que o escuta comovido e atento. Não consegue o coronel Dilermando de Assis disfarçar a emoção que ainda o assalta ao reviver, agora, quarenta anos depois, os terríveis acontecimentos com que a fatalidade o marcou. Anuncia-se que, brevemente, deixará o Rio de Janeiro, transferindo-se para São Paulo, onde exercerá cargo no governo daquele Estado".

O Romance

Contou Dilermando que a primeira vez que viu Anna, a esposa de Euclides da Cunha, tinha apenas 12 anos de idade e era aluno do Liceu de Artes e Ofícios de São Paulo. Ela era amiga de sua mãe e foram ambas visitá-lo no Liceu onde se encontrava internado. Passaram-se os anos e Dilermando foi para a escola militar, no Rio de Janeiro. Lá, residiu com seu tio na Fortaleza de São João. Já então havia perdido pai e mãe, estando órfão, em companhia do irmão Dinorah.

Por essa época, uma de suas tias, Lucinda, morava também no Rio de Janeiro, em uma pensão familiar, em companhia de Anna da Cunha, cujo marido encontrava-se ausente. Em dado momento, ambas lhe sugeriram que também viesse morar na pensão, a fim de não ficar sozinho. Mais que depressa, ele abraçou a ideia.

"Tinha eu dezessete anos", conta Dilermando ao jornal *Diário de São Paulo*. "A convivência acarretando a intimidade: a falta de experiência e malícia permitindo aproximação mais íntima; a vida não mais de enclausurado abrindo novos horizontes; as leituras em comum despertando fantasias; a puberdade deslumbrando encantos; o retiro facilitando o império da natureza... E assim, nesta embriaguez incontível, imperceptivelmente se consumou meu crime. Porque é só onde vejo, ainda hoje, transgressão à Lei — no ter amado, aos 17 anos, uma mulher casada, cujo marido não conhecia e se achava ausente em paragens longínquas." Era o ano de 1905. Anna da Cunha tinha três filhos de Euclides e 30 anos de idade.

Dilermando, Anna e sua tia já não moravam mais na pensão (haviam-se mudado para uma casa na Rua Humaitá) quando Euclides da Cunha regressou do Acre, em janeiro de 1906, sem qualquer aviso anterior e sem saber, ao certo, onde morava sua mulher. Dilermando, depois de viver vários meses de intimidade com Anna, recolheu-se à escola militar, mas não deixou de visitar a família na casa da Rua Humaitá. Euclides já desconfiava de tudo, tendo recebido até uma carta anônima informando a infidelidade de sua mulher. Apesar disso, tratava bem a Dilermando.

Devido às intensas discussões que Euclides passou a travar com Anna, chegando certa vez a rasgar-lhe a roupa, Dilermando afastou-se da amante, no intuito de evitar cenas de ciúmes.

Seis meses após o regresso do escritor, Anna deu à luz um filho de Dilermando, Mauro, que veio a falecer sete dias depois. Apesar das evidências de tratar-se de um filho de Dilermando, Euclides havia registrado o menino em seu nome. Mas não fora um gesto de grandeza.

Anna, muitos anos depois, contou à sua filha Judith que Euclides havia causado a morte de Mauro.

Assim que a criança nasceu, o marido enciumado separou-a da mãe, impedindo que fosse amamentada. Anna foi aprisionada pelo marido em seu próprio quarto e seus gritos desesperados para que lhe trouxessem o filho foram ignorados por todos. Criados e familiares obedeceram às ordens de Euclides e Mauro morreu de inanição. O menino foi enterrado no quintal da casa, às ocultas. Euclides, então, comunicou a morte da criança à mulher. "Assassino", gritava Anna, já sem poder fazer nada[5].

Não suportando mais a situação, ela pediu ao escritor a separação. Ele não concordou e prometeu mudar, transformando-se em bom pai e marido, coisa que não cumpriu. Passado algum tempo e não sendo mais possível a convivência com Euclides, Anna foi para a casa de Dilermando. Na véspera da tragédia, o escritor havia pedido ao filho que fosse chamar a mãe em Piedade, a fim de que voltasse para casa, mas ela se recusou, dizendo que talvez o fizesse no dia seguinte, para tratar da separação.

---

5. Familiares de Euclides da Cunha negam veementemente essa versão dos fatos, constante do livro de Judith de Assis, filha de Anna, e de Jefferson de Andrade, jornalista. Dizem os descendentes de Euclides, apresentando cópia do laudo de exame necroscópico da criança, que Mauro morreu de "debilidade congênita" e foi enterrado no cemitério, não no quintal da casa em que a família morava. Assim, seu falecimento não teria nenhuma relação com o comportamento de Euclides.

O dia seguinte foi o fatídico 14 de agosto de 1909.

A autópsia realizada em Euclides apontou inflamação na meninge, local não atingido pelos tiros que o mataram. O laudo pericial indicou parasitose, provavelmente adquirida na Amazônia, com o comprometimento das faculdades intelectuais do escritor. Em artigo publicado no suplemento cultural da *Revista Paulista de Medicina*, o médico Walter Guerra comenta a análise do corpo de Euclides, observando que ele caminhava para a demência, em face "das alterações estruturais das membranas meníngeas e às placas leitosas de leptomeningite".

Os relatos de Anna confirmam o diagnóstico. A vida com Euclides havia-se tornado insuportável, diante do comportamento agressivo que ele vinha apresentando. É possível que suas reações destemperadas tenham resultado dos distúrbios mentais posteriormente descobertos e pela angústia da sua situação conjugal. De toda a forma, ele fez muitas vítimas com sua loucura, inclusive ele mesmo.

Depois da morte de Euclides, Anna e Dilermando se casaram e tiveram mais cinco filhos.

Muitas tragédias em uma

Anna da Cunha ou Anna de Assis nasceu Anna Emília Ribeiro, em 18 de junho de 1875, na cidade de Jaguarão, no Rio Grande do Sul. Casou-se com o escritor Euclides da Cunha, em 10 de setembro de 1890, por quem não era apaixonada. Ele tinha 24 anos e ela 14. Na intimidade, foi sempre chamada "S'Anninha".

A primeira filha do casal foi Eudóxia, nome da mãe de Euclides. A menina morreu aos 4 anos de idade, vítima de varíola. Em seguida, veio Solon, em homenagem ao pai de Anna. Dois filhos mais teve o casal: Euclides Filho e Manoel Afonso.

Durante dezenove anos, Anna não foi feliz em seu casamento com Euclides. As desavenças domésticas surgiram logo no início da convivência — Anna era mulher independente, fato incomum para os padrões da época, e Euclides se ausentava muito de casa, deixando a família ao desamparo.

Quando Anna conheceu Dilermando, soube perceber que ele era seu grande amor. Repetiu, sempre, que só se amava uma vez na vida e ela amara Dilermando. Os momentos felizes que o casal teve não foram muitos, já que o romance foi marcado pela tragédia, mas viveram bem após o julgamento e absolvição de Dilermando. Moraram em Bagé, no Rio Grande do Sul, durante alguns anos.

Por razões profissionais, Dilermando teve de voltar ao Rio de Janeiro e toda a família veio com ele. Anna se opôs ao retorno à cidade na qual tanto sofrera, como que pressentindo algo de ruim, mas o marido insistiu.

De volta ao Rio, o casal começou a ter problemas de relacionamento. Ela era uma mulher com mais de 50 anos e ele ainda não havia completado 40.

Surgiu outra mulher na vida de Dilermando.

Anna, que bem conhecia o marido, percebeu que ele estava mudado. Decidiu, então, confirmar as suspeitas que vinha tendo e seguiu Dilermando até a casa da amante, levando a filha Judith, a seu lado, como testemunha. De dentro de um táxi que contratara para esse fim, presenciou o encontro de seu marido com a outra mulher e a troca de carinho entre ambos. Não fez escândalo, não saiu do carro, não discutiu. Voltou para sua residência e, algum tempo depois, disse aos filhos: "Eu vou embora desta casa. Se quiserem ficar com o pai de vocês, fiquem. Eu vou embora". Todos os cinco filhos e mais um sobrinho do marido seguiram a mãe. Saíram sem dinheiro, sem saber para onde ir. Anna disse a Dilermando a célebre frase: "Você é o único homem que não tinha o direito de prevaricar". Partiu sem deixar endereço. O casal nunca mais se reconciliou.

Dilermando ficou desesperado com a partida de Anna. Procurou a mulher durante muito tempo até encontrá-la na ilha de Paquetá, passando por terríveis dificuldades financeiras. Ela se recusou a recebê-lo, trancando-se no quarto. Não quis vê-lo de modo algum, apesar das súplicas de Dilermando, que batia desesperadamente à porta. Talvez porque tivesse perdido a beleza e não quisesse ser vista por ele em sua nova aparência; talvez porque ainda estivesse magoada. Não se sabe.

Em resposta, ele se negou a ajudar os filhos com pensão alimentícia.

Mãe e filhos ficaram quatro anos em Paquetá, vivendo do trabalho de Anna como cozinheira. Judith descreve, no livro *Anna de Assis*[6], os momentos angustiantes que a família viveu: "Lembro de minha mãe desta época: muito gorda, muito barriguda, por causa de muito trabalho, as mãos cheias de unheiro, todas as unhas dela tinham unheiro. Esta micose come a unha totalmente, é horrível. Ela usava pomada basilicão por causa das dores terríveis que sentia".

Os cinco filhos de Anna e Dilermando acompanharam a mãe por toda a vida. Manoel Afonso, o único filho que lhe restara da união com Euclides, também era atencioso e preocupado com ela e com os irmãos.

Solon havia-se tornado delegado de polícia e morrera cedo, assassinado no Acre. O paradeiro de seus restos mortais é ignorado.

Anna jamais declarou ter perdoado Dilermando. Aos 75 anos de idade, ela morreu de câncer, em um leito do Hospital Central do Exército, no Rio de Janeiro. Era 12 de maio de 1951, o mesmo dia e o mesmo mês de seu casamento com Dilermando.

Alguns dias antes de sua morte, já se sentindo agonizar, Anna havia concordado em receber o ex-marido, na presença dos filhos. Ele entrou no quarto e disse a ela: "S'Anninha, me perdoa". Anna já não falava, mas fez um movimento com a mão, um sinal da cruz, um gesto que a filha Judith interpretou, em seu livro, como assentimento.

---

6. Judith Ribeiro de Assis em depoimento a Jefferson de Andrade, *Anna de Assis — história de um trágico amor*, Ed. Codecri, 1987.

Em 13 de novembro de 1951, seis meses após a morte de Anna, aos 63 anos, Dilermando morreu. Passara por período difícil. Tivera um derrame em junho e outro em julho. Era atormentado por delírios com a imagem da ex-mulher. Por vezes, confundiu Judith com Anna, fazendo, na filha, estranhos carinhos que a perturbavam. Faleceu em São Paulo, onde foi enterrado.

Dinorah de Assis, o idolatrado irmão mais novo de Dilermando, teve fim extremamente infeliz. Atingido que foi por duas balas disparadas por Euclides da Cunha, uma que pegou de raspão no braço e outra que ficou alojada na nuca, teve seu destino selado pela mesma tragédia.

Em 1909, o rapaz estava no apogeu de sua gloriosa carreira na Escola Naval e vinha se saindo muito bem como jogador de futebol no Botafogo. A crônica da época o apontava como "tipo perfeito de atleta".

O tiro desferido por Euclides, à queima-roupa, na nuca de Dinorah, embora não o tivesse matado no momento, destruiu sua vida. O rapaz, na flor da idade, ficou paralítico. Suas condições físicas o deixaram, também, demente. Amaldiçoou o irmão, que tentava ajudá-lo e sofria horrivelmente com a situação. Tornou-se inútil, vivendo de esmolas e do vício da bebida. Em 1921, Dinorah suicidou-se em Porto Alegre, no cais do Porto, jogando-se na água.

Foi sepultado em São Paulo, no cemitério Irmandade do Santíssimo Sacramento da Catedral de São Paulo, no jazigo da família, ao lado dos pais e do irmão.

> (A história de Anna, Euclides e Dilermando está baseada no livro *Anna de Assis*, de Judith Ribeiro de Assis e Jefferson de Andrade — Ed. Codecri, 1987, e nos arquivos de imprensa dos jornais *O Estado de S. Paulo* e *Jornal da Tarde*.)

4

Zulmira Galvão Bueno e Stélio Galvão Bueno

No dia 9 de outubro de 1950, às 9:40 horas, no penúltimo quarto dos fundos da casa situada na Praia do Botafogo, n. 194, no Rio de Janeiro, Zulmira Galvão Bueno, por estar convencida da infidelidade de seu marido, Stélio Galvão Bueno, alvejou-o com dois tiros de revólver, matando-o.

Zulmira havia conhecido Stélio vinte anos antes, quando ainda era amante de Francisco Dutra e Sá. Este último acabou tomando conhecimento do caso e ouviu de Zulmira e Stélio que ambos estavam apaixonados um pelo outro. Francisco, magoado e ressentido, afastou-se. Os apaixonados passaram a viver juntos. Tiveram três filhos. Somente legalizaram a união quando Stélio já era um advogado rico e famoso. A comunhão de bens enriqueceu Zulmira.

A vida em comum consistiu em quinze anos de concubinato e cinco anos de casamento.

Segundo Zulmira, o casal viveu feliz por dezoito anos. Decorrido este tempo, ela passou a observar mudanças no comportamento do marido e suspeitou da existência de outra mulher.

Por meio de um desafeto do marido, Zulmira descobriu que o nome da amante era Laura e que Stélio se encontrava com ela na fazenda Caiçaras, de sua propriedade, nos finais de semana. Decidiu, então, interpelá-lo. Ele, por sua vez, não confessou nem negou. Mudou de assunto e não enfrentou a esposa. Ameaçou-a de morte, caso insistisse nos esclarecimentos. Ela, inconformada, buscou mais evidências, interrogou os empregados da casa e as cunhadas, mas ninguém confirmou a suspeita.

Zulmira chegou a furar os pneus da camioneta do marido, para evitar que ele fosse à fazenda encontrar-se com Laura. De nada adiantaram esses expedientes. Stélio acabava, sempre, saindo inesperadamente de casa. A amante existia, com certeza.

Em uma segunda-feira pela manhã, Zulmira entrou no quarto em que Stélio dormia, apossou-se da arma do marido e lhe desferiu um tiro. O homem, ferido, disse à esposa: "Ai meu bem, você está me matando", ao que ela respondeu: "Eu sempre fui tua e você judiou muito comigo". Seguiu-se o segundo tiro. A empregada, que ouvira esse diálogo e os estampidos, correu e tentou desarmar a patroa, temendo o suicídio. Zulmira, no entanto, guardou a arma e saiu pela rua feito louca, em total desalinho. Depois, entregou-se à Polícia, ainda de pijama, chinelo e roupão.

Stélio foi levado ao hospital, onde informou ao médico ter sido alvejado, pela primeira vez, enquanto dormia em decúbito dorsal. Antes de morrer, proferiu frase que ficou famosa na época e foi decisiva no julgamento de Zulmira: *"Doutor, faça o possível para salvar-me! Eu quero defender minha mulher!"* Esses diálogos, altamente explorados pelas partes durante o julgamento, foram narrados pelo médico que atendeu a vítima.

Zulmira deu outra versão. Disse que o marido estava sentado na cama, discutindo com ela, quando disparou o primeiro tiro. Alegou ter pressentido que seria agredida por ele. Atirou apenas para se defender. Suas declarações, porém, não convenceram o Ministério Público nem o juiz togado. Ela foi pronunciada, isto é, remetida a julgamento pelo Tribunal do Júri, pela prática de homicídio qualificado pela traição.

Para inconformismo do Promotor Público J. B. Cordeiro Guerra, que proferiu muito bem a acusação, Zulmira foi absolvida do homicídio qualificado. O Júri entendeu ter ocorrido legítima defesa putativa e condenou-a a dois anos de detenção, com *sursis*, por ter se excedido culposamente em sua conduta. O termo "putativo" significa decorrente de engano. Ela pensou que estava na iminência de ser agredida pelo marido e atirou para se defender. Consumado o crime, ficou evidente que ele não estava armado nem tinha condições de ameaçar a vida da esposa naquele momento. Por isso, a legítima defesa foi "putativa", decorreu de erro de avaliação da situação real, tendo havido excesso não intencional na reação da acusada.

O advogado de defesa de Zulmira, no primeiro julgamento, ocorrido em novembro de 1951, foi Evandro Lins e Silva. Esse Júri, que proferiu o veredicto mencionado acima, foi anulado pelo Tribunal de Justiça, que entendeu ter sido a decisão manifestamente contrária à prova dos autos, e outro teve de ser realizado para que a ré fosse novamente julgada.

No segundo Júri, em 31 de julho de 1953, Zulmira foi novamente absolvida, por legítima defesa putativa, por 4 votos a 3. O Júri era composto de sete homens. Condenaram-na, apenas, pelo excesso culposo, a dois anos de detenção, com suspensão condicional da pena — *sursis*. Decisão idêntica à anterior. Atuaram, na acusação, Celso Nascimento (assistente) e, na defesa, José Bonifácio e Serrano Neves.

Causou espanto que uma mulher, acusada de matar o marido à traição, fosse absolvida pelo Júri. Nos termos dos padrões sociais da época, as mulheres deviam integral fidelidade e subserviência aos homens, e Zulmira agira com insubordinação. No entanto, a alegação da defesa era de que ela não matara por ciúme, vaidade ou egoísmo, mas por medo da violência, do temperamento agressivo do marido. Foi essa a tese que convenceu a maioria dos jurados.

Como se poderia esperar, a fala da acusação nos autos do processo esteve, em alguns momentos, permeada de preconceitos machistas, a fim de provocar a ira dos jurados contra uma mulher agressiva e mal-agradecida com relação aos bens que recebera do marido. Além disso, qual seria o grande mal da infidelidade masculina? Não estariam as mulheres acostumadas a isso?

Em suas razões de recurso, interposto contra a primeira decisão do Júri, o Promotor Cordeiro Guerra começou com uma bela citação de Pedro Mata, segundo quem "nunca há motivos para matar. Não há nada no mundo que justifique o atentado contra a vida humana. A vida é uma coisa séria e respeitável demais para que se exponha ao arbítrio de qualquer arrebatado. A vida é o único bem que não se restitui. Acima do amor, da honra, dos ciúmes, da vingança, de todas as paixões da alma e de todos os instintos da carne, está o inviolável direito de viver. Para matar não pode haver justificação — Não há direito de matar"[1].

Sobre Zulmira, o Promotor disse: "Fácil é ser timoneiro na bonança; o difícil é ser grande capitão no meio das tormentas. Fácil é ser esposa na ventura, o difícil é ser boa esposa no infortúnio. A ré teve os instintos de uma concubina; não revelou os sentimentos morais de uma esposa"[2].

A defesa de Zulmira foi primorosa, em ambos os julgamentos. No segundo Júri, José Bonifácio começou por dizer que ela era "uma esposa fiel, uma mulher honrada, uma senhora que, num momento de desespero, num instante de desatino, agiu trabalhada pela emoção, dominada pela angústia, torturada por um longo sofrimento, martirizada por incontestáveis e importantes fatores de ordem moral. (...) O fato é consequência de inúmeros detalhes de acontecimentos sucedidos de algum tempo a esta parte. Que acontecimentos esses? O desprezo, o pouco caso com que o Dr. Stélio tratava a esposa, os maus-tratos que infligia aos filhos, o clima de constrangimento que criara dentro do lar, onde todos muito mais o temiam que propriamente o respeitavam, muito mais o receavam que o estimavam, muito mais o aceitavam e toleravam por obrigação do que o queriam. Enquanto neste processo as queixas contra o Dr. Stélio se avolumam formando uma corrente caudalosa, todos elogiam, todos justificam, todos compreendem, todos exculpam, todos lamentam D. Zulmira, que a todos tratava com afabilidade, que era boa para com os filhos e os empregados, que cumpria com os seus deveres de dona de casa, que sabia sofrer com resignação"[3].

---

1. Carlos Araújo Lima, *Os grandes processos do júri*, p. 350.
2. *Os grandes processos*, cit., p. 357.
3. *Os grandes processos*, cit., p. 369.

O outro defensor da ré no segundo Júri, Serrano Neves, pediu aos jurados que compreendessem a situação "desta pobre senhora. Ela foi vítima daquele paroxismo emocional ocasionado pela chamada 'intoxicação amorosa', tão bem versada pelos mais ilustres escritores de psicologia. (...) O estado passional é uma intoxicação, semelhante à intoxicação morfínica, um estado patológico, em que a vontade se neutraliza. E era esse, juízes, o estado da acusada, depois de traída, de ofendida, de repudiada, inclusive no momento em que pretendia pedir ao marido explicações para a vida desregrada que vinha levando"[4].

Sobre o erro cometido pela ré, que julgou estar em situação de perigo, disse o mesmo defensor: "Stélio Galvão Bueno, com a frase 'Dr. faça o possível para salvar-me! Eu quero defender minha mulher', naquele momento, era vítima de consciência de culpa. Ele desculpava sua mulher, porque foi ele o motivo desencadeante da tragédia que estamos rememorando! (...) O fato, no momento decisivo, não fora assistido por qualquer pessoa. (...) É o próprio marido desta senhora, juízes, quem afirma que esta criatura não teve intenção criminosa"[5].

Enfim, por duas vezes, o Júri absolveu Zulmira, entendendo que ela foi ameaçada pelo marido e reagiu agressivamente, por medo de ser morta. Excedeu-se, é claro, em sua reação, ao matá-lo. Por isso, recebeu pena de dois anos de detenção, que cumpriu fora da prisão. No entanto, ela já havia estado detida antes, na Penitenciária de Bangu.

O caso de Zulmira teve grande repercussão à época, mas, depois, caiu no esquecimento. Nenhum defensor teria pensado em alegar "legítima defesa da honra" para absolvê-la, já que, segundo o pensamento patriarcal existente na época, mulheres não portavam "honra" própria, mas apenas a do marido. Fosse Zulmira um homem e Stélio uma mulher, com certeza a tese defensiva teria sido a legítima defesa da honra. Afinal, Stélio tinha uma amante e achava que não devia satisfação à

---

4. *Os grandes processos*, cit., p. 386.
5. *Os grandes processos*, cit., p. 401.

esposa. Quando ela procurou conversar com ele sobre a existência de Laura, o marido a tratou com desprezo, de forma rude e autoritária, mudou de assunto, não negou nem confirmou a suspeita da esposa e, para terminar a conversa, declarou que "tinha um revólver para quem o aporrinhasse". A defesa preferiu não insistir no rompimento do dever de fidelidade para desculpar a conduta da esposa, mas, por várias vezes, mencionou o fato. Escolheu, acertadamente, a tese da legítima defesa putativa, que não envolvia padrões culturais de comportamento, e convenceu a maioria dos jurados.

Além de Stélio ser agressivo e autoritário com as pessoas em geral e com a família em especial, consta que emprestava dinheiro a juros altos e a sociedade carioca não o via com bons olhos.

Assim, a defesa de Zulmira foi bem conduzida e chegou a resultado favorável a ela. Passados tantos anos, não deixa de ser marcante esse julgamento e surpreendente o veredicto do Júri. Impressionou, também, a incrível trama que se desenrolou nos bastidores. Os familiares de Stélio, tocados pelas declarações do agonizante, no sentido de que queria salvar-se para defender a esposa, não deram maior importância ao julgamento de Zulmira e não fizeram carga contra ela. Coube à amante, Laura, dirigir-se à Polícia, acompanhada do advogado Celso Nascimento, para enfatizar as acusações feitas a Zulmira. Posteriormente, Celso foi contratado pela família da vítima para atuar como assistente de acusação, devido à interferência de Laura. Tal fato, levado ao conhecimento dos jurados pela defesa da ré, foi mal recebido.

Assim, tudo conspirou a favor de Zulmira e ela pôde voltar para casa, embora, talvez, a versão correta fosse a de homicídio qualificado. O Júri, algumas vezes, não se abala com a argumentação jurídica e absolve simplesmente porque quer.

> (A história de Zulmira e Stélio Galvão Bueno está baseada no livro *Os grandes processos do júri*, de Carlos Araújo Lima, 4. ed., Freitas Bastos, 1954.)

5

O crime do Sacopã

Ficou conhecido como "o crime do Sacopã" um assassinato de grande repercussão nos anos 1950. A vítima, o bancário Afrânio Arsênio de Lemos, foi encontrada morta no interior de seu veículo, um Citröen preto, no dia 7 de abril de 1952, na Avenida Epitácio Pessoa, próximo ao Clube Caiçaras, Rio de Janeiro. O homicídio ocorrera no dia anterior, provavelmente às 23:45 horas.

O suspeito da prática do homicídio, o 2º Tenente-Aviador Alberto Jorge Franco Bandeira, nunca admitiu a autoria do crime, mas foi por ele condenado. A acusação, proferida pelo Promotor Público Emerson de Lima, afirmou que "o réu, após ter efetuado disparos de arma de fogo contra Afrânio, tomou a direção do veículo e o conduziu para a estrada do Sacopã, onde o abandonou, tendo, antes, vibrado inúmeros golpes com a coronha da arma homicida na cabeça da vítima, executando, assim, o homicídio com requintes de crueldade"[1]. O motivo do crime teria sido passional.

O episódio nunca ficou plenamente esclarecido, como acontece muitas vezes, no Brasil, quando o réu não confessa.

A revista *Veja*, vinte anos após os fatos, publicou matéria nos seguintes termos: "Namorado de Marina de Andrade Costa, o tenente de gênio violento, impetuoso em seus 21 anos, decide acertar contas com o bancário Afrânio, 10 anos mais velho, ex-namorado da moça e homem

---

1. René Ariel Dotti, *Casos criminais célebres*, 2. ed., São Paulo, Revista dos Tribunais, 1999.

de reconhecido fascínio sobre as mulheres. Encontram-se em frente ao Iate Clube e, junto, no banco traseiro do Citröen negro de Afrânio, vai um amigo deste, Walton Avancini. Os três rodaram pelas estreitas e escuras ruas do Rio, pouco antes da meia-noite de uma segunda-feira, indo para os lados da Lagoa Rodrigo de Freitas, já na época cercada de espaçosas residências. Discutiam, os dois rivais, a respeito da mulher amada. Estavam perto do Caiçaras, ainda hoje um clube elegante, quando Afrânio desafia: 'Se você é macho, por que não conquista a mulher só para você?' 'Corno salafrário', responde Bandeira. E recebe uma bofetada no rosto. O tenente puxa um revólver, atira três vezes. Avancini foge, Bandeira toma a direção do Citröen negro, dá a volta na lagoa, sobe a tortuosa e erma Ladeira do Sacopã, ainda sem as luzes e as mansões de agora. Lá, durante a madrugada, seriam encontrados o carro e o corpo. Entre os objetos recolhidos, uma fotografia de Marina, com a dedicatória *Ao meu forninho adorado, com todo o amor*"[2].

A acusação considerou que o réu premeditou friamente o homicídio e usou de recurso que dificultou a defesa da vítima[3].

Por 5 votos a 2, os jurados reconheceram a autoria e as qualificadoras, tendo sido o réu condenado a quinze anos de reclusão. O Tenente Bandeira cumpriu pouco mais de metade da pena na prisão e, em seguida, obteve o livramento condicional.

Quase vinte anos após a condenação, o Supremo Tribunal Federal concedeu *habeas corpus* para declarar a nulidade do julgamento. No entanto, ocorreu a prescrição vintenária (o Estado perdeu o direito de julgar e de punir o acusado por não tê-lo feito no prazo de vinte anos!) e não pôde ser realizado novo julgamento. O Tenente Bandeira não foi absolvido nem condenado. Por presunção, é inocente. No entanto, cumpriu quase integralmente sua pena.

---

2. Revista *Veja*, n. 224, p. 26, 10-12-1972.
3. Art. 121, § 2º, III e IV, do Código Penal.

Sobre o caso, o jornal *O Globo* publicou a seguinte matéria: "Embora não tenha sido o mais brutal — ou sequer o mais engenhoso — o crime do Sacopã foi sem dúvida o que criou maior expectativa popular e maior envolvimento da opinião pública, no Brasil. Em março de 1954, dois anos após o assassinato do bancário Afrânio Arsênio de Lemos, o interesse do povo não diminuíra: milhares de pessoas se aglomeraram à porta do edifício do Foro na madrugada anterior de um julgamento que duraria 29 horas. As medidas de proteção policial, o clima emotivo e a tensão nervosa indicaram que aquele seria um julgamento extraordinário. E, de fato, foram numerosas as suas atrações extras, entre elas, o desmaio do Promotor Emerson Lima — após chamar o Tenente Bandeira de 'alma de *iceberg*' —, a vaia da multidão à chegada de Marina Andrade, o pivô do crime, e a expulsão de um casal do *Café Society* que, pós uma noitada no então famoso *Vogue*, resolveu 'esticar' nas salas do foro".

Sobre a condenação, diz o mesmo jornal: "Um homem foi condenado como autor do assassinato, mas ainda protesta inocência. Testemunhas que, a princípio, acusavam, depois defenderam o Tenente-Aviador Alberto Jorge Franco Bandeira, e outras surgiram sob a suspeita de serem forjadas pelo advogado Leopoldo Heitor, ao qual, tempos depois, seria imputado outro crime indecifrável. Passados vinte anos, o processo que condenou o Tenente Bandeira continua objeto de indagações e dúvidas, que se estendem a todos os que dele participaram, desde investigadores policiais até a própria pivô do caso".

Marina de Andrade Costa negou que ainda tivesse qualquer relação com seu antigo namorado, a vítima Afrânio, como ressalta a reportagem: "Entre os pertences do bancário Afrânio foi encontrado o retrato de Marina de Andrade Costa. Esta negou relações de qualquer natureza com Afrânio, seu antigo namorado; tanto que amava, então, outro rapaz, o Tenente Bandeira. Quando suspeitas levantaram-se contra o militar, Marina apressou-se em conceder entrevistas à imprensa, nas quais se deixava fotografar em poses românticas ao seu lado. Em seu primeiro depoimento na polícia, Marina não acusou quem quer que fosse, de nada sabia. Entretanto, depois que o arquiteto Gilberto Bastos Nogueira declarou ter dado uma carona a Marina na noite do crime, ocasião em que estaria ocorrendo um confronto entre dois de seus namorados, ela, em novo depoimento, admitiu ter sido coagida por Bandeira. Na Vara Criminal, no entanto, voltaria atrás mais uma vez, assegurando que fora pressionada pela polícia e que nada do que dissera sobre Bandeira era verdade"[4].

A decisão do Supremo Tribunal Federal anulou o julgamento de Bandeira por falha técnica na formulação de quesito aos jurados, depois de ele ter cumprido, recluso, parte da pena e estar próximo do fim da reprimenda em livramento condicional. Bandeira insistiu em ser novamente julgado, alegando querer provar sua inocência. Isto porque a decisão do Supremo não julgou o mérito da causa, não decidiu pela absolvição ou condenação do acusado, mas apreciou somente as formalidades que deveriam ter sido cumpridas durante o julgamento pelo Júri e não o foram.

A prescrição verifica-se após vinte anos da prática do crime, mas há causas interruptivas da prescrição. No caso Bandeira, a última interrupção do prazo prescricional ocorrera com a pronúncia[5], datada de fim de janeiro de 1953. Pelos cálculos efetuados no processo, a prescrição ocorreria em fevereiro de 1973, como de fato acabou acontecendo. Por esta razão, foi declarada extinta a punibilidade do tenente.

Antes de ocorrer a prescrição, houve três tentativas de realização de novo julgamento, mas, como Bandeira não apareceu (estava foragido para não ser preso, pois havia sido restaurada a prisão da pronúncia), nenhuma delas teve sucesso. Passados os vinte anos, ele não seria mais julgado. Como determina a lei, militou em favor do réu a presunção de inocência, por falta de decisão judicial válida.

Durante as especulações que surgiram a respeito do fato, havia uma versão, apresentada pela defesa no processo, segundo a qual por

---

4. Jornal *O Globo*, 12-12-1972.

5. Decisão que remete o réu para julgamento pelo Tribunal do Júri.

trás de toda a história, manobrando os envolvidos como marionetes, estava o poderoso senador Napoleão de Alencastro Guimarães, amigo do então Presidente Getúlio Vargas e fundador do Partido Trabalhista Brasileiro (PTB). Ele era líder do governo no Senado e empresário do ramo de sabonetes. A sua filha, Maria Helena, jovem, rica e viúva (seu marido falecera em acidente de automóvel), teria mantido um romance com Afrânio Arsênio de Lemos. Em certa oportunidade, Afrânio havia esbofeteado a filha do senador, no Clube Caiçaras, na frente de várias pessoas que, mais tarde, confirmariam o fato. Findo o romance, a família de Maria Helena vinha sendo chantageada, com ameaças de divulgação de fotografias, algumas montadas, outras obtidas por microcâmeras, que poderiam vir a manchar a reputação da moça e, via de consequência, a do senador. O suspeito era Afrânio.

Assim, para vingar a honra da irmã e preservar a família de novos escândalos, o filho do senador, Frederico de Alencastro Guimarães (Fritz), teria encomendado a morte de Afrânio, contratando dois matadores para fazer o serviço. Tal versão foi alimentada pela defesa de Bandeira ao longo de todo o processo. O ex-deputado Tenório Cavalcanti, homem de temperamento forte e beligerante, concedeu várias entrevistas à imprensa sustentando essa versão. Não foi, porém, a que prevaleceu no julgamento que condenou Bandeira, anulado anos depois.

Afrânio Arsênio de Lemos era ex-pracinha da Força Expedicionária Brasileira, desquitado e funcionário do Banco do Brasil, amante do automobilismo e homem bem vestido, elegante e atraente. Fazia extraordinário sucesso com as mulheres, recebendo visitas femininas, no Banco, durante o expediente, o que não era normal na época. O advogado de Bandeira, Souza Neto, utilizando-se da tradicional estratégia de difamar a vítima, afirmou, no memorial de 176 páginas que instruiu o *habeas corpus*, que o sucesso de Afrânio com as mulheres era simples fachada do seu caráter. Na verdade, ele viveria "de emoções, de emoções continuadas, de emoções arriscadas. E toda a sua vida foi uma corrida atrás do gozo, do gozo ininterrupto e temerário. E, ainda, era audacioso, mal-afamado, mais do que aventureiro"[6]. O Júri de Bandeira foi anulado

---

6. Revista *Veja*, 17-1-1973.

com base no memorial de Souza Neto, distribuído a todos os ministros que iriam julgar o *habeas corpus*.

O tenente, na época do fato, tinha 21 anos. Vestia-se com um uniforme impecável e tinha um bigodinho "traço de lápis", nos moldes dos galãs de cinema norte-americanos.

Cumpriu pena durante cinco anos na prisão Lemos de Brito, na Guanabara, outros três na Base Aérea de Santa Cruz e alguns meses em um quartel do exército. Saiu da prisão arrasado, física e moralmente. Quando seu julgamento foi anulado, o tenente reintegrou-se à Aeronáutica no final de 1973, mas só podia pilotar aviões velhos, pois não estava familiarizado com as novas tecnologias. Não mais foi promovido e perdeu o direito a certos benefícios. Recebeu, porém, todos os atrasados que deixara de ganhar durante os vinte anos em que esteve afastado do exercício de suas funções.

As dúvidas sobre a culpabilidade ou a inocência de Bandeira ainda permanecem. A única testemunha presencial, Walton Avancini, se contradisse algumas vezes quando ouvido no processo e, em dado momento, descobriu-se que mentira. A testemunha chegou a afirmar que estava no carro com Bandeira quando ele matou Afrânio. Após o crime, naquela mesma noite, Avancini disse ter dormido em companhia de uma mulher. O Major-Brigadeiro Alfredo Gonçalves Correia, que acompanhara o caso desde o início, informou à imprensa ter localizado a mencionada mulher. Ouviu dela que não dormira com Avancini. No entanto, como devia a ele vários favores, estava disposta a dizer o que fosse necessário...

Em entrevista concedida à revista *Veja*, em 29-10-1983, Bandeira voltou a protestar por sua inocência. Para a sociedade brasileira, o mistério permanece.

> (A história do crime do Sacopã está baseada no livro *Casos criminais célebres*, de René Ariel Dotti, São Paulo, Revista dos Tribunais, 1999, e em matérias de imprensa.)

6

O Advogado do Diabo

Leopoldo Heitor de Andrade Mendes, suspeito de ter matado a bela Dana de Teffé, ficou conhecido, por obra da mídia, como *O Advogado do Diabo*. Seu caso foi um dos mais rumorosos de todos os tempos no País.

Em 28 de junho de 1961, o advogado Leopoldo levou Dana, sua cliente e amiga, de carro, para uma viagem a São Paulo, pela Via Dutra. Segundo a versão de Leopoldo, a moça estava em busca de emprego e tinha um encontro com diretores de uma multinacional interessada em contratá-la como representante na América Latina. O advogado pegou-a em Botafogo, no Rio de Janeiro, e, no km 69 da Dutra, na subida da Serra das Araras, seu carro quebrou. Diz ele que desceu, abriu o capô e, então, foi assaltado. Deu e levou tiro. Os assaltantes teriam levado Dana, que desapareceu para sempre.

Essa é apenas uma das muitas versões que o próprio Leopoldo apresentou durante as investigações que sofreu. A verdade sobre o que realmente ocorreu nunca veio a público.

O crime praticado contra Dana de Teffé talvez não tenha tido raízes passionais. No entanto, o mistério que o envolve é tamanho que várias hipóteses são cabíveis, inclusive a de paixão. Leopoldo Heitor era um conquistador; Dana era muito bonita, estava separada do marido e era constantemente vista com Leopoldo. A versão de assalto não convence. Há quem diga que Leopoldo a matou para ficar com seus bens e, então, seria latrocínio, mas talvez haja muito mais coisas nessa história.

De toda forma, a tremenda repercussão que teve o caso e a possibilidade de que este tenha sido mais um crime passional justificam sua menção neste livro.

O cadáver de Dana nunca foi encontrado.

Leopoldo foi primeiramente denunciado por latrocínio, ocultação de cadáver, falsificação de documentos e apropriação indébita de bens que pertenciam a Dana. Chegou a ser condenado pelo Juiz da Vara Criminal do Rio, mas o julgamento foi anulado posteriormente. Esteve preso por nove anos e seis meses; fugiu várias vezes.

Foi, então, submetido a três Júris e em todos foi absolvido.

Nascido em Carangola, Minas Gerais, Leopoldo era filho de juiz e de dona de casa. Formou-se em Direito no Rio de Janeiro, em 1946. Chegou a ser repórter de *O Jornal* e diretor da agência Meridional, ambos dos *Diários Associados*, mas acabou firmando-se na advocacia. Iniciou a carreira no escritório de seu ex-professor na Universidade do Brasil (hoje Universidade Federal do Rio de Janeiro), Oscar Stevenson. O escritório tinha como cliente, desde 1950, o diplomata Manuel de Teffé, filho do embaixador Oscar de Teffé e neto do Almirante Antônio Luiz von Hoonholtz, o Barão de Teffé, homem que descobriu a nascente do Rio Jari, na Amazônia, no final do século XIX.

Dana Edita Fischerova, nascida na Checoslováquia em 4 de maio de 1921, já havia passado por quatro casamentos e tinha uma vida socialmente agitada quando conheceu Manuel de Teffé, cônsul brasileiro na cidade do México, no começo dos anos 1950. O primeiro marido de Dana havia sido um líder fascista italiano, que morreu assassinado no final da Segunda Guerra. Dana foi presa, mas conseguiu fugir, mudando de identidade. Casou-se pela segunda vez em Madri e pela terceira no México. Manuel de Teffé foi seu quarto marido.

Voltando Dana e Manuel do México, foram morar no Rio de Janeiro e ambos se tornaram clientes de Stevenson. Leopoldo também se aproximou e ficou amigo do casal. Era convidado para recepções na residência e acompanhava os dois em festas e jantares.

O casal Teffé se separou em 1960. Leopoldo, que na época já era bastante conhecido por ter atuado no "crime do Sacopã" (descrito no item 5, *supra*), continuou advogado de Dana.

Leopoldo entrou no caso Sacopã logo no início, quando a autoria ainda não havia sido descoberta. Anunciou que apresentaria o criminoso em breve. Criou grande suspense e, quando apareceu, trazia não o autor, mas a testemunha ocular do crime. A imprensa, então, batizou-o de *Advogado do Diabo*.

Em junho de 1961, já fora do caso Sacopã e casado, Leopoldo comprometeu-se a levar Dana de carro a São Paulo. A imprensa tratava Dana como milionária, mas a moça estava mais para *socialite* do que para rica. Não tinha muitos bens, embora frequentasse as altas rodas sociais por ter amigos ricos. Usava joias que lhe haviam sido presenteadas e possuía um apartamento na Praia do Botafogo, que lhe havia sido dado por Teffé, e outro em São Paulo. Depois da separação, começou a ter dificuldades financeiras e teve de trabalhar. Foi vendedora da Sears na capital paulista.

No dia em que saiu de casa para viajar com Leopoldo Heitor, segundo ele mesmo, o plano era levá-la para um encontro com diretores de uma multinacional que tinha interesse em contratá-la. Dana desapareceu e nunca mais foi vista desde aquela data.

Leopoldo retornou sozinho da viagem fracassada e nada contou a ninguém. Não foi à polícia, não comunicou aos amigos ou familiares nenhum fato relacionado com assalto ou com Dana. Consta que procurou apenas Stevenson e relatou o ocorrido, dando a versão de assalto.

Dana era bem relacionada no Rio de Janeiro e, quando os amigos perguntavam sobre seu paradeiro, Leopoldo dizia que ela voltara à terra natal para rever os pais. Inventava telegramas e cartas que teria recebido dela, dando notícias e mandando lembranças.

No começo, o colega Stevenson manteve silêncio sobre o caso, endossando a conduta de seu amigo e "filho espiritual", Leopoldo. No entanto, em dado momento, ele desconfiou que Leopoldo estivesse tendo um caso com uma mulher por quem era profundamente apaixonado e resolveu falar. Por causa do suposto romance, o caso de Leopoldo Heitor, que havia sido mantido em segredo por quase seis meses, em 12 de dezembro de 1961 veio a público. Stevenson contou o episódio ao Deputado Tenório Cavalcanti, alegando "drama de consciência". Tenório, folclórico e agressivo deputado da Baixada Fluminense, não se conteve e trouxe o caso a público. Por essa época, a mulher de Leopoldo Heitor apareceu usando roupas e joias de Dana! Descobriu-se, ainda, que uma das contas bancárias da moça havia sido movimentada depois de seu desaparecimento.

Leopoldo foi preso em 4 de abril de 1962. Ficou treze dias sob os cuidados da polícia, durante os quais confessou ter matado Dana de Teffé. Posteriormente, alegou ter sido forçado a confessar o crime e mudou sua versão várias vezes no transcorrer do inquérito e do processo criminal, voltando a alegar assalto na Via Dutra, embora sempre com informações contraditórias.

Em fevereiro de 1963, Leopoldo Heitor foi levado a julgamento por latrocínio e condenado a trinta e cinco anos pelo Juiz Ulysses Valadares, que entendeu haver "provas torrenciais" contra ele.

O condenado recorreu e o Tribunal de Justiça do Rio acatou a tese de que o enquadramento jurídico correto do fato era homicídio qualificado e não latrocínio. Leopoldo foi remetido a Júri em Rio Claro, Estado do Rio de Janeiro, local em que a Promotoria de Justiça supunha que o crime tivesse ocorrido. Leopoldo tinha uma fazenda lá e havia indícios, nos autos, de que ele havia matado Dana naquela sua propriedade.

O primeiro Júri realizou-se em 10 de abril de 1966 e Leopoldo foi absolvido por 6 votos a 1. No entanto, como a imprensa invadiu a sala secreta onde os jurados estavam votando o caso, o Promotor César Augusto de Farias pediu e conseguiu a anulação do julgamento.

O segundo julgamento pelo Tribunal do Júri foi em abril de 1969 e Leopoldo acabou novamente absolvido por 7 votos a 0. Na defesa, estiveram o próprio Leopoldo e os advogados Rovane Tavares Guimarães e Eurico Rezende. Este último, na época senador pela Aliança Renovadora Nacional, posteriormente foi governador do Espírito Santo.

A revista *O Cruzeiro* publicou ter Rezende fumado vinte charutos durante as dezenove horas de julgamento.

A imprensa também noticiou que o Promotor José Ivanir Gussen perdeu esse Júri apesar de ter "uma ossada do sexo feminino, o sumiço de uma testemunha que se dissera coautora e a teia de contradições em que Leopoldo se enredara"[1].

O promotor declarou que, em Rio Claro, Leopoldo teria sido absolvido em "vinte julgamentos". E lamentou não ter havido desaforamento, isto é, a transferência do Júri para outra Comarca.

Leopoldo comemorou. Desfilou pelas ruas de Rio Claro com a mulher, Vera Regina, e dois filhos. Chegou a sugerir que sua história virasse filme. No entanto, o Ministério Público recorreu da absolvição, alegando que a decisão contrariou manifestamente a prova dos autos. O recurso foi provido, o Júri, mais uma vez, anulado. O réu foi remetido a novo julgamento.

Enquanto aguardava o próximo Júri, Leopoldo esteve solto e advogando. Defendeu um casal que havia sido preso pela repressão política, impetrando um *habeas corpus* em favor deles. Por esse fato e diante do Ato Institucional n. 5, que acabava de ser editado, suspendendo as garantias constitucionais, Leopoldo foi preso (ilegalmente) e levado ao Departamento da Ordem Política e Social (DOPS) de São Paulo. Ficou, por duas semanas, sob a custódia do Delegado Sérgio Paranhos Fleury. Não foi torturado, mas disse ter visto presos em condições deploráveis. Um deles, João Valença, confirma ter visto Leopoldo no DOPS.

---

1. Jornal *O Estado de S. Paulo*, 7-1-2001, p. C3.

O *Advogado do Diabo* foi solto do DOPS sem maiores explicações. Diz que denunciou as torturas ao Ministério da Justiça, mas não há notícias de que suas denúncias tenham surtido efeito.

Quando do terceiro julgamento pelo Júri, em 1970, Leopoldo estava em prisão domiciliar. O Promotor de Rio Claro era, então, Inácio Nunes. Entendendo que não havia isenção dos jurados da Comarca para julgar Leopoldo, Nunes pediu o desaforamento para a Comarca de Niterói. O Tribunal de Justiça do Rio, porém, levou muito tempo para decidir sobre o pedido e, na data marcada para o julgamento, ainda não havia solução para o requerimento de desaforamento.

Leopoldo Heitor foi novamente julgado em Rio Claro, em janeiro de 1971, sendo absolvido por 4 votos a 3. Também dessa vez, ele próprio fez sua defesa, juntamente com o advogado Rovane Tavares. Em entrevista ao jornal *O Estado de S. Paulo* (7-1-2001), o Promotor Nunes, que havia sido colega de faculdade do réu, informou que Leopoldo Heitor "era frio, profissional e tinha uma eloquência barroca". Apesar de o Ministério Público ter lutado arduamente pela condenação, apresentando a tese de que Leopoldo levara Dana até a fazenda e lá a matara, sumindo com o corpo e ficando com seus bens, prevaleceu a absolvição.

O Promotor Nunes mostrou que havia um tiro na parede da sala da casa da fazenda e uma cova revolvida no cemitério da capela, onde o corpo havia sido posto e depois retirado. Além disso, Leopoldo era a última pessoa a ter visto Dana com vida. A argumentação da acusação, porém, de nada adiantou. Leopoldo foi absolvido e, dessa vez, não havia mais recurso possível. A sentença transitou em julgado e, assim, a Justiça deu por encerrado o caso Dana de Teffé.

Depois do último Júri, foi julgado o pedido de desaforamento anteriormente feito ao Tribunal de Justiça, que, por 7 votos a 6, o indeferiu, apesar do parecer favorável do Ministério Público de segunda instância. Houve, ainda, recurso ao Supremo Tribunal Federal, que o rejeitou, por unanimidade, em 3 de dezembro de 1973.

Nada mais havia a fazer, e o *Advogado do Diabo* se viu definitivamente absolvido da morte de Dana de Teffé.

Para a população, o mistério permanece, assim como o inconformismo. A sensação de que um caso dessa natureza não poderia ficar sem solução faz com que, de tempos em tempos, a imprensa volte ao assunto.

Carlos Heitor Cony, em artigo intitulado *Os ossos de Dana*[2], diz: "Dana teve um caso com um advogado muito inteligente, que, segundo todos os indícios, a matou para ficar com seus bens. Contudo, defendendo-se em causa própria, o advogado melou o inquérito porque não apareceu, durante as investigações, o corpo do delito. Sem vítima, não haveria crime. Polícia, imprensa, governo e oposição, forças vivas da nacionalidade, desocupados em geral e preocupados em particular, desencadearam uma caça feroz à ossada de Dana, que até hoje não apareceu — e lá se vão uns cinquenta anos de pistas falsas e buscas infrutíferas. Aprendi com Paulo Coelho que se deve ler os sinais. Esse mistério nacional, jamais desvendado, é um sapo de macumba enterrado em nosso quintal de oito milhões e tantos quilômetros quadrados. Nada poderá dar certo enquanto não nos livrarmos desse sortilégio natural e sobrenatural ao mesmo tempo. Um país incapaz de descobrir a ossada de Dana de Teffé não deve ser levado a sério, acho que De Gaulle pensou nisso e disse aquela frase que me recuso a citar em francês. Oficialmente, ele falou que o Brasil não era um país sério por causa da guerra das lagostas. Dá quase na mesma".

Leopoldo Heitor escreveu livros, sendo o mais conhecido *A cruz do Advogado do Diabo*, e fez programas de televisão. Em um deles, chegou a prometer ir buscar Dana de Teffé na Checoslováquia, atual República Checa. Depois, informou ter ido e não a ter encontrado, supondo que alguém a matou no exterior. O fato é que Dana jamais reapareceu e quem nunca aparece morreu.

---

2. Jornal *Folha de S. Paulo*, 5-5-2000, p. A2.

Em declarações a *O Estado de S. Paulo*[3], Leopoldo chegou a dizer que seu único erro foi ter silenciado sobre o assalto na Dutra. "Mas eu nunca imaginei que o Stevenson pudesse me trair", completou ele. No entanto, se tivesse mesmo ocorrido o assalto e Dana houvesse sido morta por terceiro, qual o problema de comunicar o fato à Polícia imediatamente?

Leopoldo teve dois filhos do primeiro casamento e mais dois no segundo, com Vera Regina, a mulher com quem vivenciou o caso Dana. Teve um terceiro casamento com uma gaúcha, com quem teve quatro filhos. Seu último casamento, que durou vinte anos, foi com uma ex-miss Paraná, com quem teve mais dois filhos. No fim da vida, morava com ela em uma grande casa em Jacarepaguá, na zona norte do Rio, e ia todos os dias ao escritório de advocacia dirigindo seu carro. Atuava em causas criminais, fazendo júris pelo interior. Nunca vendeu a fazenda em Rio Claro, local onde se supõe tenha ocorrido o crime contra Dana de Teffé.

O filho mais velho do *Advogado do Diabo*, Leopoldo Heitor de Andrade Mendes Filho, também advogado, foi morto por uma jovem, aos 44 anos. A moça foi absolvida, pois a Justiça entendeu que Leopoldo Filho tentara violentá-la e ela o atingiu com um golpe de faca. Tratou-se de legítima defesa.

O advogado da moça, Evaristo de Morais Filho, trabalhou tão bem que ela nem foi levada a Júri, tendo sido absolvida sumariamente. Não houve recurso.

Em sua última entrevista à imprensa[4], Leopoldo sentenciou: "A vida foi dura comigo".

O advogado Leopoldo Heitor de Andrade Mendes morreu aos 78 anos, no Rio de Janeiro, à meia-noite de uma quarta-feira, dia 21 de fevereiro de 2001. Ele estava gripado e sentiu-se mal no domingo à

---

3. Matéria do dia 7-1-2001, p. C3.
4. Jornal *O Estado de S. Paulo*, 7-1-2001, p. C3.

noite, tendo sido levado para o hospital. Não resistiu. Foi enterrado no cemitério São João Batista, em Botafogo. Levou com ele o mistério da morte de Dana de Teffé.

> (A história de Leopoldo Heitor está baseada em material dos arquivos dos jornais *O Estado de S. Paulo* e *Jornal da Tarde*.)

7

Augusto Carlos Eduardo da Rocha Monteiro Gallo e Margot Proença Gallo

No dia 7 de novembro de 1970, Augusto Carlos Eduardo da Rocha Monteiro Gallo, procurador de justiça, suspeitando de que sua mulher, a professora de filosofia do "Colégio Estadual Culto à Ciência", Margot Proença Gallo, lhe era infiel, marcou com ela um encontro na residência do casal, na Rua Jesuíno Marcondes Machado, 70, em Campinas, São Paulo, convencendo-a a ficar a sós com ele para decidirem sobre a separação. Eram 16 horas quando ambos iniciaram uma discussão no interior do quarto do casal. Tomado de incontrolável fúria, sentindo-se traído e ultrajado, Gallo desferiu onze facadas na esposa, matando-a na hora. Em seguida, deixou a residência dirigindo seu carro, levando a arma do crime. Ficou onze dias foragido e depois se apresentou à Polícia. Não foi preso.

No dia em que foi assassinada, Margot trajava blusa de algodão branca e saia xadrez nas cores verde e vermelho. Sapatinho de salto baixo, parecia uma colegial. Tinha 37 anos de idade.

Gallo era membro do Ministério Público do Estado de São Paulo havia 17 anos, quando a tragédia aconteceu. Trabalhava como procurador de justiça e morava em Campinas com a mulher e três filhos, um deles de criação.

Segundo sua versão, dada na Delegacia em 17 de novembro, no dia 3 daquele mês, quatro dias antes do crime, às 18 horas, a empregada anunciou que o jantar estava servido, mas Margot disse que teria de sair e voltaria em cinco minutos. Como todas as terças-feiras o jantar era servido exatamente no mesmo horário, pois Gallo saía em seguida para dar aula, ele estranhou a atitude da mulher e resolveu segui-la. Margot foi ao correio postar uma carta. Gallo aproximou-se do guichê por detrás da mulher e conseguiu tomar a carta de sua mão, no momento em que a funcionária se preparava para recebê-la e passá-la pela máquina de selagem. Margot reagiu, tentando retomar o que era seu, e a carta rasgou-se ao meio. Ele pegou o pedaço da carta que ficara em suas mãos e colocou-o no bolso. Margot ainda tentou recuperar a outra metade e chegou a rasgar o bolso da calça do marido, mas não conseguiu apanhá-la.

Ao voltar para casa trazendo parte da carta, Gallo verificou, estarrecido, tratar-se de uma declaração de amor que Margot havia escrito para o Professor Ives Gentilhomme, de nacionalidade francesa, que estivera em Campinas dando um curso do qual Margot havia sido aluna. Gallo lembrou-se de que, durante a permanência do professor na cidade, os desentendimentos do casal haviam se acirrado, reforçando suas suspeitas de que ela havia se envolvido com aquele homem.

Quando Margot voltou para casa, Gallo a esperava com uma arma de fogo. Ameaçou-a, estapeou-a e fez com que entrasse no carro. Pôs o veículo em movimento, apontou a arma para a cabeça da mulher, ameaçou-a de morte, mas acabou não disparando tiro algum por falta de coragem. Então, entregou-lhe a arma e pediu que o matasse, pois não conseguiria mais viver depois do que acabara de saber. A mulher se livrou da arma e tentou sair do carro, sem conseguir. Gallo, ainda fora de si, procurou jogar o veículo contra algum obstáculo, buscando, segundo ele próprio relatou, a morte de ambos. No entanto, faltou-lhe novamente coragem, e a pouca velocidade "lançou ridiculamente o carro contra um poste, nada acontecendo", conforme suas próprias palavras. Manobrou e fez a mesma coisa contra outro poste. Nesse momento, Margot conseguiu sair do carro e entrou em um ônibus que passava, salvando-se, momentaneamente, dos desatinos do marido. Muito deprimido pelo ridículo daquela cena toda e preocupado com a repercussão que o fato poderia ter, Gallo voltou para casa.

Margot chegou algum tempo depois, acompanhada do Delegado de Polícia Luiz Hernandes, que tentou acalmar os ânimos. Passado o incidente daquela noite, Gallo se propôs a deixar a residência do casal e viajar para algum lugar, mas foi demovido da ideia pela mulher. Margot argumentou que não havia nada de concreto entre ela e o professor francês, que tudo não passava de devaneio literário, sendo impossível manter um relacionamento com pessoa que morava tão longe.

Os dias que se seguiram foram tensos, Gallo esteve sob efeito constante de tranquilizantes. Ele se dizia arrependido por ter batido na mulher, coisa que nunca fizera antes. Prometeu a Margot um carro novo e tentou fazer as pazes. No entanto, ele impunha condições para a reconciliação: queria que a mulher lhe revelasse os "pecados" que havia cometido, a fim de que pudessem recomeçar uma vida "limpa". Margot insistiu em que não havia mácula em seu comportamento de casada.

Não tardou, porém, para que a empregada Zenilza fomentasse a desavença. Ela contou a Gallo ter percebido a presença do professor francês na residência do casal em algumas ocasiões, quando ele viajava. Gallo, então, iniciou uma investigação particular para encontrar as provas de infidelidade de Margot, inquirindo várias pessoas que tinham, de alguma forma, convivido com a família. Depois, levou as suas testemunhas para contar o que sabiam ao juiz de família da Comarca, já preparando um desquite por culpa da mulher.

Entre os que foram ouvidos estava a filha do casal, Maitê, então com 12 anos de idade, que prestou declarações ao Juiz José Augusto Marin, informando ter visto o mencionado professor na cama de sua mãe, vestido de pijama. Gallo tinha medo de perder a guarda dos filhos e queria garantir que as crianças ficassem com ele após a separação. O juiz era amigo do procurador e ouviu as testemunhas em sua própria casa. Também foi prestar declarações o filho de criação do casal, que, na época, tinha 23 anos, Jorge das Dores Silva, o Zuza. Certa vez, ele surpreendera Margot em casa em companhia de um oficial do Exército. O outro filho do casal, Renê Augusto, tinha 7 anos e não foi ouvido pelo juiz por ser muito criança. Zenilza também contou o que vira ao magistrado.

Não satisfeito com o que já havia descoberto, Gallo procurou uma antiga empregada da família, de nome Maria Bombonato, que com eles havia trabalhado em uma época em que o casal vivia bem, e perguntou por alguma conduta estranha por parte de sua mulher de que ela tivesse conhecimento. Maria informou ter percebido um relacionamento de Margot com um ex-aluno de prenome Milton, pois eles ficavam juntos, trancados no escritório, quando o marido se ausentava de casa.

Com todas essas evidências, Gallo marcou um encontro decisivo com Margot para discutirem o desquite, que, dizia ele, seria amigável. Exigiu que a sogra não estivesse presente no encontro, já que ela vinha acompanhando as discussões do casal e poderia querer ajudar a filha.

Na data do encontro, que terminou em tragédia, ele chegou em casa e encontrou a mulher na porta. Entraram juntos. Gallo narra que, naquele momento, falava com dificuldade por estar deprimido, moralmente arrasado e sob efeito de medicamentos. Começou dizendo que, no desquite, ele ficaria com os filhos, pois Margot não teria condições morais para guardá-los. Além disso, após a separação, ela deveria sair da cidade porque emporcalhara o seu bom nome, coisa que ele muito prezava, transformando-o em "corno", maculando a casa dos filhos ao dormir nela com outro homem. Ao ouvir as imposições do marido, Margot ficou enraivecida e disse não concordar com nada do que ele queria. Afirmou que ele era um "burguesinho", preso a nojentas convenções sociais, e admitiu que ela, Margot, havia realmente tido outros homens. Nesse momento, segundo a versão de Gallo, ele viu que havia uma faca sobre o armário e pegou-a, desferindo o primeiro golpe na mulher. Entraram em luta corporal e ele desferiu outras dez facadas na esposa, causando sua morte. Vizinhos informaram ter ouvido gritos desesperados de socorro, que perduraram por cerca de dois minutos. Em seguida, fez-se silêncio completo.

Gallo saiu de casa levando a arma do crime, que nunca mais foi encontrada. Rumou para Bragança Paulista e depois para Belo Horizonte, para a casa de um amigo, onde ficou por algum tempo.

Os filhos do casal, Maitê (12 anos) e Renê (7 anos), foram levados para um internato.

Em 17 de novembro de 1970, Gallo apresentou-se à Polícia de Campinas e foi interrogado pelo Delegado Amândio Augusto Malheiros Lopes, narrando os fatos detalhadamente. Disse que estava "arrependido, mas sem consciência de culpa".

Cerca de quarenta testemunhas foram ouvidas no inquérito policial e no processo-crime instaurado contra Eduardo Gallo.

Um ex-aluno de Margot prestou depoimento informando que ela o assediava, dizendo amá-lo, mas ele se sentiu amedrontado e evitou relacionar-se sexualmente com ela. Provou o que disse entregando ao delegado um bilhete de amor que ela lhe havia escrito. Declarações como essa contavam a favor do marido traído. No entanto, a sociedade campineira estava dividida; havia um apoio grande à memória de Margot, que era professora benquista na cidade.

Um artigo publicado no *Diário do Povo*, jornal de Campinas, de 29-11-1970, p. 26, assinado apenas com as iniciais "M.J.M.P.N.", que se sabe ser de uma mulher, defendia Margot do achincalhe público de que vinha sendo alvo, tendo em vista as declarações de Gallo e das testemunhas que ele levou para serem ouvidas já no inquérito. Diz um pedaço do artigo: "Por que expor a mulher inteligente, cheia de amor pela vida, ao achincalhe de crápulas e imbecis, que os há, infelizmente, por toda a parte? Deveriam pensar, antes de acusá-la, que foi uma professora estimadíssima pelos alunos, pela sua maneira amiga, comunicativa, alegre e compreensiva. Como amiga, sempre firme e sincera em suas ideias, compenetrada do dever de servir, que nunca se negou a prestar favores. Conquistava a amizade de quantos a conheciam. Separar todas as suas qualidades para imprimir em sua memória a marca da fraqueza humana, para a malícia de uns e outros, como se estivessem em condições morais de atirar a primeira pedra, é tão desumano, tão ignóbil que nos obrigou a sair do silêncio, que preferiríamos, para pedir que se calem todos. Que se cale também o acusador, por amor a seus filhos. Que se deixe condenar ou absolver certo de que, para os filhos, mãe é sempre mãe. Mesmo caída, mesmo vencida, para eles é a primeira mulher entre todas as mulheres".

Houve, sem dúvida, quem depusesse a favor de Margot. Uma das testemunhas ouvidas no inquérito declarou que ela tinha comportamento discreto e era mulher "honesta", jamais permitindo a aproximação de outros homens. Atribuiu ao marido um ciúme doentio e esclareceu que o Professor Gentilhomme havia dormido na residência de Margot porque se embebedou em uma festa que lá houve e acabou dormindo em um dos cômodos. No entanto, Margot teria ficado com os outros convidados e não com o professor. Outras testemunhas também confirmaram os ciúmes doentios de Gallo.

Alcides Celso Villaça, ex-aluno de Margot, compareceu espontaneamente à delegacia de polícia para dizer que, por muito tempo, havia sido amigo da professora, a quem muito admirava, e que ela nunca tivera nenhuma aproximação sexual com ele, tampouco insinuara nada a este respeito. Garantiu que Margot era fiel ao marido. Disse, ainda, que a professora lhe contara, certa vez, ter certeza de que seu marido tinha amantes. Alcides disse que as suspeitas de Margot foram posteriormente confirmadas, pois uma ex-namorada sua havia sido procurada por Gallo e insistentemente convidada para sair com ele, a fim de que tivessem um relacionamento íntimo. A moça recusou.

O jornal *Diário do Povo* publicou, em 13-12-1970, um poema assinado por Isabel de Castro Silveira, intitulado *Presença de Margot*:

agora
todas as culpas,
agora
todas as desculpas para a tua ausência
sem minuto de silêncio
sem sinos, sem signos de dor oficializada.
à sombra de tua morte somam-se
estórias que te acertem
tens de ser, por ora,
o que julgam que tu foste.
amiga,
trabalham no cômputo geral dos teus atos
e pronto te devoram.
ah esses ritos
conspiram eleger-te a ré da própria morte.
era audácia demais o teu espírito
à força vital de indagar
o mundo, as coisas, o estabelecido
ele propõe, na própria morte do teu corpo
investigar-se as estreitas verdades dos que ficam.
tua coragem ainda fala
nos ouvidos aguçados das salas de aula
adolescendo procuras.

Pessoas da área da cultura gostavam muito de Margot. Ela havia sido fiscal de conservatórios musicais e, quando morreu, era Delegada de Cultura Regional.

A mãe de Margot constituiu o advogado Leonardo Frankenthal para acompanhar o inquérito policial e, depois, o processo-crime, como assistente de acusação.

Gallo contratou, para defendê-lo, os advogados Álvaro Cury, Valdir Troncoso Peres e Nilton Silva Júnior.

Travou-se uma discussão jurídica sobre se o procurador de justiça seria julgado pelo Tribunal de Justiça de São Paulo, como dispunha a Constituição Estadual, ou se seria julgado pelo Tribunal do Júri, que era competente para apreciar os crimes dolosos contra a vida, nos termos da Constituição Federal e do Código de Processo Penal. A Constituição Federal da época não estabelecia a competência originária do Tribunal de Justiça para os procuradores de justiça, apenas para o Procurador-Geral da República, o chefe do Ministério Público Federal. No final, com base em parecer do jurista José Frederico Marques, ficou decidido que Gallo seria julgado pelo Júri, como ele queria. O Júri Popular, por decidir de forma mais emocional do que técnica, poderia perdoar Gallo, coisa que os desembargadores do Tribunal de Justiça de São Paulo dificilmente fariam.

De fato, Gallo foi absolvido. Foi julgado em Campinas por duas vezes e, por duas vezes, os jurados "compreenderam" seu ato. Por 7 votos a 0 na primeira vez e por 4 votos a 3 na segunda vez. De nada adiantou o esforço do Ministério Público para condenar o procurador. Os padrões morais da época, extremamente machistas, prevaleceram.

A acusação seguiu a linha do homicídio qualificado, indesculpável. Disse o Promotor de Justiça Alcides Amaral Salles, por ocasião de recurso da pronúncia, citando Nélson Hungria: "O marido que surpreende a mulher e o *tertius* em flagrante e, em desvario de cólera, elimina a vida de uma ou de outro, ou de ambos, pode invocar a violenta emoção, mas aquele que, por simples ciúme ou meras suspeitas, repete o gesto bárbaro e estúpido de Othelo terá de sofrer a pena inteira dos homicidas vulgares".

Não foi o que aconteceu. Gallo preparou muito bem o processo e interferiu constantemente no trabalho de seus advogados, que, por sua vez, eram muito bons. Juntou pilhas de documentos, fotografias, cartas, bilhetes, matérias de imprensa. O processo alcançou onze volumes, além dos vários apensos.

O primeiro julgamento pelo Júri foi anulado pelo Tribunal de Justiça de São Paulo, em virtude de a decisão proferida ter contrariado a prova dos autos. Gallo fora absolvido por *legítima defesa da honra*. Os jurados consideraram que ele agiu "moderadamente", sem nenhum excesso em sua conduta, ao matar a esposa. Ficou livre de qualquer penalidade.

Inconformado, o Ministério Público recorreu da decisão, alegando que "a honra é bem personalíssimo e não pode ser afetada por conduta de outrem. Desonrada é a prevaricadora. É absurdo querer que o homem arque com as consequências de sua falta. Não há desonra para o marido na conduta da esposa e do amante que com ela convive. A honra está em cada um de nós e não em outra pessoa". A defesa de Gallo rebateu dizendo que Margot havia tido "toda uma vida de rameira, sob a aparência de respeito e recato, estigmatizando seu comportamento, que era um escárnio à sociedade, à família, aos filhos, ao marido".

O Tribunal de Justiça de São Paulo deu razão à acusação e anulou a absolvição de Gallo, determinando que ele fosse submetido a novo julgamento. Ainda, o Ministério Público pediu o desaforamento, isto é, queria que Gallo fosse julgado em outra comarca, por não confiar na isenção dos jurados de Campinas, já por demais envolvidos na tragédia que tinha como centro um homem que fora promotor respeitado na cidade durante muitos anos. Pouco tempo depois do julgamento de Gallo um outro homem, de nome Moacyr, que havia matado a mulher a golpes de faca, fora condenado a seis anos de reclusão. O fato foi noticiado pelo jornal *O Liberal*, da cidade de Americana, de 24-6-1975; na reportagem, dizia-se que Gallo fora absolvido, mas Moacyr estava condenado por ser "operário e preto". O segundo julgamento, porém, não foi desaforado e o procurador foi novamente julgado em Campinas.

No segundo Júri, o promotor e os advogados eram os mesmos do julgamento anterior e defenderam as mesmas teses. O acusador João Batista Santana e o advogado assistente da acusação, Leonardo Frankenthal, disseram que Eduardo Gallo sabia dos casos da sua mulher e matou-a por vingança. "Enquanto Santana dizia que, ao invés de tomar as providências que a lei lhe facultava, o réu preferiu fazer justiça com as próprias mãos, Frankenthal perguntava: 'Será que o argumento de Maitê, altamente impressionante, vai eliminar onze facadas de surpresa?'" (*Jornal da Tarde*, 24-12-1975).

Maitê Proença Gallo, que, posteriormente, tornou-se atriz de rara beleza e de enorme sucesso, foi testemunha de defesa, ouvida em plenário do Júri. Sua narrativa corroborou a versão do pai e pesou muito na decisão absolutória dos jurados. Ela contou, em seu depoimento, que "viu o professor (Ives Gentilhomme) dormindo no sofá-cama utilizado pela mãe, na manhã seguinte à realização de uma festa em sua casa, em outubro de 1970".

Maitê disse a verdade sobre o que sabia; cumpriu seu dever. Isso não significou que ela quisesse ajudar o pai por reprovar a conduta da mãe. O que se passou em sua alma adolescente somente ela sabe.

Valdir Troncoso Peres, atuando na defesa de Gallo, alegou que o marido sempre tivera dúvidas sobre se era ou não traído pela mulher, apenas confirmando o fato no dia do crime. O outro defensor do réu, Nilton Silva Júnior, afirmou que Margot despertava sadicamente o ciúme do marido, alternando amor com traição.

No final, Gallo foi definitivamente absolvido por legítima defesa da honra, o que provocou reações de indignação de grupos feministas. No entanto, depois de julgado por duas vezes, não mais caberia recurso pelo mérito, isto é, por ter a decisão dos jurados contrariado manifestamente a prova dos autos.

A absolvição transitou em julgado. Estando quite com a Justiça, Gallo recomeçou sua vida e casou-se novamente.

Em julho de 1989, dezenove anos após o crime, o então procurador de justiça aposentado, acometido de câncer generalizado e em estado terminal, matou-se com dois tiros no coração. Ele já havia tentado suicídio antes, mas a família conseguira evitar a consumação do ato. Desta vez, Gallo agiu rapidamente.

Enganando os parentes e dizendo que teria de descer à portaria do prédio em que morava, no Condomínio Bosque de Notredame, em Sousas, na cidade da Campinas, ele conseguiu se libertar da vigilância da esposa Sônia e dos demais familiares e foi conversar com o porteiro. Valendo-se da autoridade que sempre exerceu no condomínio, em razão do cargo de procurador de justiça e do fato de ter sido síndico, o que lhe dera ascendência sobre o porteiro José do Livramento Sousa, Gallo conseguiu convencer o funcionário a entregar-lhe um revólver que sabia estar guardado no local. Não tendo outra saída, José Sousa entregou a arma, como determinado, mas tirou-lhe a munição. O procurador, porém, atracando-se com ele, tomou quatro balas de suas mãos, colocou-as na arma e disparou dois tiros contra si mesmo, imediatamente. Morreu na hora.

Foi cremado em 20 de julho de 1989, em cerimônia simples, à qual compareceram cerca de 50 pessoas, incluindo sua filha, Maitê Proença.

> (A história de Margot e Eduardo Gallo está baseada em pesquisas nos arquivos dos jornais *O Estado de S. Paulo*, *Jornal da Tarde* e *Jornal do Brasil* e nos autos do Processo-Crime n. 173/75, da 2ª Vara Criminal de Campinas.)

8

Doca Street e Ângela Diniz

Praia dos Ossos, Búzios, litoral do Rio de Janeiro. Casa de veraneio da bela *Pantera* da sociedade mineira, Ângela Diniz.

Nesse local, às 20 horas do dia 30 de dezembro de 1976, depois de uma discussão feroz, a moça foi assassinada com três tiros no rosto e um na nuca, por seu companheiro, com quem morava há quatro meses, o paulista Raul Fernandes do Amaral Street, conhecido por Doca Street.

Logo após o crime, o autor dos disparos fugiu no seu Maverick bege, deixando a arma ao lado do corpo.

Aquele dia havia sido especialmente agitado para o casal. Ângela e Doca foram vistos, por amigos, discutindo na praia. Doca estava enciumado da companheira e tinha reações agressivas. Seu temperamento era forte, possessivo, arrogante.

À tarde, Ângela havia tomado alguns copos de vodca. Supõe-se que Doca também houvesse bebido. Não se confirmou o consumo de drogas, embora se soubesse que eles eram usuários. À noite, discutiram novamente e ela expulsou Doca de sua residência. Afinal, a casa era dela, que também pagava as contas do casal.

Doca estava fora de si. Meses antes, havia se separado da mulher, Adelita Scarpa, perdendo toda a mordomia que tinha por ser casado com mulher rica e de família tradicional, para viver seu romance com Ângela. Antes de casar-se com Adelita, falava-se que ele havia sido acompanhante de americanas solteiras em Miami, além de ter trabalhado lá como salva-vidas. Era separado do primeiro casamento, do qual tivera um filho.

Ao ser expulso da casa da praia, naquela noite fatídica, Doca, no princípio, resignou-se. A empregada ouviu-o dizer a frase "Você não deveria ter feito isso comigo". Saiu de casa. Entrou em seu Maverick e andou alguns quilômetros. Pouco depois, raciocinou melhor e resolveu voltar. Não iria embora assim, facilmente. Havia deixado o palacete nos jardins, em São Paulo, e a boa mesada da família Scarpa para ir viver com Ângela. Agora, as coisas não poderiam ficar por isso mesmo.

Ao entrar novamente na casa, surpreendeu Ângela, de biquíni e uma blusa por cima, descansando em um banco. Descarregou nela sua arma. Três tiros acertaram o alvo: seu belo rosto. Com a vítima caída, mais um tiro na nuca. Ângela ficou transfigurada.

Conhecida no Rio como a "Pantera de Minas", a moça tivera uma vida agitada e cheia de incidentes. Em 1973, ela foi acusada de ter assassinado o vigia de sua residência, José Avelino dos Santos, conhecido como Zé Preto, encontrado morto na mansão em que morava na Vila Gutierrez, em Belo Horizonte. No entanto, logo após ela ter admitido a prática do crime, seu companheiro na época, o milionário Artur Vale Mendes, mais conhecido por Tuca Mendes, assumiu o assassinato, alegando legítima defesa. Foi julgado e absolvido. Separou-se de Ângela. Correram rumores de que Tuca Mendes matara o vigia por tê-lo surpreendido saindo do quarto da mulher.

Ângela passou a residir no Rio de Janeiro e teve um romance com o colunista Ibrahim Sued. Na ocasião, estava desquitada do arquiteto Milton Vilas Boas e havia perdido a guarda dos três filhos, mas levou-os ilegalmente para o Rio, subtraindo-os da casa dos avós paternos em Belo Horizonte, em um dia de visita. Foi acusada de sequestro e chegou a ser condenada a seis anos de prisão. Recorreu e aguardava o julgamento.

Em setembro de 1975, Ângela envolveu-se em novo escândalo. Foi presa pela polícia carioca acusada de esconder, em seu apartamento, caixas de psicotrópicos e mais de cem gramas de maconha. Na ocasião, ela admitiu ser viciada em drogas desde o episódio da morte do vigia de sua residência.

Raul e Ângela se conheceram em agosto de 1976, durante um jantar em São Paulo. Um mês depois, Doca deixava a família para ir morar com a *Pantera* em uma casa que ela havia comprado em Búzios. Foram quatro meses de convivência, findos os quais ela estava morta.

A empregada do casal em Búzios, Maria José de Oliveira, informou à Polícia ter presenciado várias brigas do casal. "Doca explorava a vítima", disse ela, "obrigando-a a assinar cheques que utilizava na compra de roupas caras". Ele vivia exclusivamente à custa da companheira e entrou em pânico quando percebeu que iria perdê-la. Maria José ainda disse que ele mantinha a amante em regime de reclusão doméstica, impedindo-a de se comunicar com os amigos. Tinha temperamento violento.

Ao dar sua versão do assassinato, Doca alegou estar enciumado de Ângela em virtude de uma mulher que ela tentara seduzir, a alemã Gabrielle Dayer. Alguns meses após o homicídio de Ângela, Gabrielle foi dada como morta, em Cabo Frio. Prevaleceu a versão de que ela caíra de umas pedras, ao tentar atravessar o espaço de oito metros entre as praias dos Amores e Serradurinha. Seu corpo não foi encontrado. A alemã exercia atividade artesanal no litoral, fabricando bolsas que se transformavam em jogos de gamão. No entanto, corriam rumores de que ela consumia e traficava drogas, e seu desaparecimento não foi suficientemente esclarecido. O processo contra Doca ficou sem uma de suas testemunhas.

Doca fugiu imediatamente após o crime e ficou escondido em um sítio, no Estado de Minas Gerais, próximo a Poços de Caldas. Sua mãe, Cecília Street, que vivia maritalmente com Luiz da Cunha Bueno, contratou, por intermédio do marido, o advogado Paulo José da Costa Jr. para defender o filho.

A primeira providência de Costa Jr.[1], conforme ele mesmo narra em seu livro, foi procurar realizar uma perícia médico-psiquiátrica em

---

1. *Vida minha*, São Paulo, Jurídica Brasileira, 2000, p. 172.

Doca, para justificar a tese defensória que pretendia usar, de violenta emoção logo após injusta provocação da vítima. Trouxeram Doca para São Paulo e ele ficou escondido em uma casa no bairro do Morumbi, para onde seu advogado encaminhou uma dupla de peritos, composta pelos professores Odon Ramos Maranhão e Armando Rodrigues, ambos da Universidade de São Paulo. Quando os médicos chegaram à residência em que Doca se encontrava escondido, surpreenderam-no assediando a empregada da casa.

Após longa entrevista, os peritos chegaram à conclusão de que Doca não se achava conturbado ou traumatizado pela morte de Ângela Diniz. Ao contrário, mostrava-se "indiferente, analgésico"[2]. Doca não convenceu os médicos e não foi possível confirmar um estado emocional que justificasse a agressão por ele perpetrada. Não houve laudo.

A defesa, então, passou a esmiuçar a vida da vítima, no intuito de encontrar justificativas para a conduta de Doca. Descobriu que o casamento de Ângela Diniz com um membro da família Mendes Júnior, titular da grande construtora de mesmo nome, foi celebrado em uma igreja protestante, e os convidados se comportaram de forma tão conturbada que o sacerdote teve de chamar a atenção dos presentes, dizendo-lhes que não se tratava de uma festa mundana, mas de um sacramento. Costa Jr. obteve uma declaração assinada de um dos presentes com essa informação e juntou-a ao processo, para retratar a personalidade de Ângela.

Procurando, ainda, comprometer a imagem da falecida, o defensor Costa Jr. passou a investigar, pessoalmente, a morte do vigia da sua casa em Belo Horizonte. Descobriu que havia suspeita de que a moça mantivera relações sexuais com o rapaz e que ele fora morto nas proximidades do quarto dela. Realizada perícia técnica pela polícia mineira, comprovou-se a existência de esperma no lençol da cama de Ângela. Foi essa a causa da separação do casal. O ex-marido, Mendes Jr., assumiu a autoria e foi processado pela morte do vigia.

---

2. *Vida minha*, cit., p. 172.

No entanto, como o processo de Doca corria no Estado do Rio de Janeiro, foi preciso encontrar um advogado carioca, disposto a atuar no caso. Surgiu, então, Evandro Lins e Silva, grande causídico, que havia sido Procurador-Geral da República, Chefe da Casa Civil do Presidente João Goulart (Jango) e Ministro do Supremo Tribunal Federal. Ele usou o caso Doca Street para retornar, triunfante, à advocacia.

Costa Jr. relata ter ido à casa de Evandro, no Rio, para acertar os detalhes da defesa de Doca. Combinaram que o cliente seria apresentado à imprensa e não à Polícia. Escolheram o redator de uma revista (Salomão Schwartzman, da *Manchete*) e o jornalista de uma TV (Odilon Coutinho, da Globo) para registrar o reaparecimento do réu.

Os jornalistas encontraram Doca embriagado, com três prostitutas a seu lado. Ele havia sido instruído por seu advogado Costa Jr. a dar uma versão passional para o crime que cometeu, usando a tal alemã Gabrielle como pivô. Ângela teria se apaixonado pela estrangeira e queria ter relações com ela. Haviam ido para a cama os três, ela, Doca e Gabrielle, até que o amante se recusou a continuar o *ménage à trois*. Por isso, se desentenderam. Doca aprendeu a lição e passou a repeti-la em todas as oportunidades. Nas palavras do advogado Paulo José da Costa Jr.: "Como se vê, toda a arquitetura foi minha"[3].

Doca foi preso pela Polícia do Rio de Janeiro. Seus advogados impetraram *habeas corpus*, sem sucesso.

Costa Jr. teve de viajar para o exterior, para atender um cliente italiano, e a mãe de Doca, não aceitando a ausência do advogado do filho, embora sua presença não fosse imprescindível naquele momento, resolveu entregar o caso exclusivamente a Evandro Lins e Silva. Narra Costa Jr. que foi celebrado, então, um contrato no valor de 300 mil dólares de honorários entre Evandro e a mãe de Doca. E ele ficou de fora...

Street foi defendido por Evandro em seu primeiro julgamento e acabou sendo condenado a uma pena diminuta, dois anos de reclusão

---

3. *Vida minha*, cit., p. 178.

com *sursis* (suspensão condicional da pena). Isto é, o condenado não precisaria recolher-se à prisão. Era praticamente a absolvição. Evandro Lins e Silva usou a tese da legítima defesa da honra, com excesso culposo, e conseguiu os pífios dois anos. Foi um sucesso total para a defesa. Nas próprias palavras de Evandro, "Foi um júri sensacional. O julgamento permitiu que eu aparecesse como o advogado que era antes. E enfrentando a impopularidade, enfrentando os movimentos feministas, que, na época, tinham uma força muito grande e eram muito atuantes. Mas eles não tinham razão, porque evidentemente eu não estava defendendo nada contra as mulheres... Era um episódio individual, de um casal que se desajustou e que chegou até a desgraça de um crime"[4].

Interrogado em plenário, Doca se manteve em silêncio e não respondeu às perguntas a ele formuladas. Horas antes do julgamento, porém, em entrevista à imprensa, ele havia declarado: "Essas são as piores horas de minha vida. Vejo de volta a tensão, o retorno dos fatos horríveis de 30 de dezembro de 1976 e tudo o que transformou minha mente em uma tela indescritível, onde se vê um filme horrível. Sinto pena de meu pai, da mãe de Ângela, dos meus filhos, dos filhos dela. Mas, sobretudo, gostaria que o tempo voltasse e que a mulher que de fato amei entendesse toda a força do meu amor. Porque, no fundo, matei por amor"[5].

O advogado Heleno Fragoso havia sido contratado pelo *Jornal do Brasil* para escrever um comentário a respeito do primeiro julgamento e, por essa razão, acompanhou de perto a atuação da defesa e da acusação. Deu entrevistas para a imprensa no local do Júri. Declarou, então, a jornalistas: "O que está acontecendo em Cabo Frio é uma demonstração da desigualdade de nosso sistema judiciário, que é seletivo, opressivo e substancialmente injusto. Há todo um clima de festividade, um circo armado e programado para mostrar algo que merece ser condenado. Toda uma promoção que não atinge a milhares de crimes iguais. A

---

4. *O salão dos passos perdidos*, Rio de Janeiro, Nova Fronteira, 1997, p. 426.
5. *Jornal da Tarde*, 18-10-1979.

defesa é facilitada pela vida pregressa da vítima, mas, por outro lado, a prova técnica é muito forte, sempre favorável à acusação. Além do mais, não aceito esse tipo de alegação sobre violenta emoção. Isto é coisa do passado, argumento muito aceitável na década de 30"[6].

A mãe de Ângela Diniz, Maria de Espírito Santo, teve um colapso nervoso ao chegar a Cabo Frio e não pôde assistir a esse primeiro julgamento, permanecendo internada em uma casa de saúde.

O promotor de justiça, Sebastião Fador e o assistente de acusação, Evaristo de Morais Filho, não se conformaram com o resultado do Júri. Os movimentos feministas fizeram grandes protestos, a acusação recorreu e Doca foi novamente levado a julgamento, dois anos depois, em novembro de 1981.

Outro advogado o defendeu dessa vez, Humberto Telles. O promotor foi o mesmo, Sebastião Fador. Dessa segunda e última vez, Doca foi condenado, por homicídio qualificado, a quinze anos de reclusão. O Júri entendeu, por 5 votos a 2, que ele não agiu em legítima defesa de direito algum, muito menos de sua honra ferida.

Conforme registrado pela revista *Veja* de 11-11-1981, depois da absolvição de Doca Street em seu primeiro julgamento, "a organização feminista *SOS Mulher* catalogou 722 crimes impunes de homens contra mulheres por questões de ciúme. Com a sentença de sexta-feira — a mais longa já proferida em um tribunal de júri, idêntica à que condenou, em 1954, o tenente da aeronáutica Alberto Jorge Franco Bandeira pelo famoso crime do Sacopã — Doca Street já tem garantidos pelo menos 7 anos de pena. Quando for libertado, terá 54 anos. ... Mas o que tiveram esses crimes, de repente tornados mais comuns ou mais notórios em todo o país, com a condenação da semana passada era claro antes mesmo do julgamento. Há dois anos, Doca foi aplaudido quando chegou ao tribunal. Quinta-feira passada, à 1 hora da tarde, quando seu Passat parou junto às portas dos fundos do fórum, vaiaram-no. Já não havia

---

6. *Jornal da Tarde*, cit.

um só dos cartazes que, da outra vez, nas mãos de grupos barulhentos, o saudavam: 'Doca, Cabo Frio está com você'. Em seu lugar, estavam as faixas dos piquetes das feministas com a frase que virou o *slogan* das campanhas contra a violência infligida a mulheres: 'Quem ama não mata'". A condenação de Doca foi um verdadeiro marco na história da luta das mulheres.

Segundo Heleno Fragoso, que dessa vez atuou como assistente de acusação e não mais como comentarista que fora no primeiro julgamento, a mudança no ambiente, que de favorável a Doca passou a ser bastante desfavorável, deveu-se à imprensa e aos movimentos feministas.

Havia, finalmente, mudado a benevolência da sociedade brasileira para com os "crimes de honra".

Por irônico que possa parecer, Doca angariou toda a antipatia do público justamente durante os dois anos que antecederam o segundo julgamento, nos quais, pela primeira vez, ele foi um cidadão com emprego, salário, hábitos responsáveis e um certo cuidado com a própria imagem. Nessa fase, como registrado pela revista *Veja*, ele se aposentou da vida noturna depois de uma única aparição no restaurante Gigetto, reduto da boêmia paulistana, quando fez parar a conversa em todas as mesas. Renunciou ao título do Clube Harmonia, para não constranger os sócios. Arranjou emprego na agência de automóveis Marcas Famosas, onde deu expediente pela primeira vez na vida. Ganhou, como vendedor, um prêmio de eficiência da Volkswagen, juntou dinheiro para ajudar a mãe com as custas do processo e passou a morar com ela. Havia mudado completamente. Mesmo assim, foi condenado. Saiu da sala do tribunal sob um coro de "cadeia, cadeia".

Doca cumpriu sua pena e saiu da prisão. Foi trabalhar em agência de automóveis em São Paulo e não mais tornou a delinquir.

> (A história de Raul Street e Ângela Diniz está baseada nos arquivos dos jornais *O Estado de S. Paulo* e *Jornal da Tarde*, nos arquivos da revista *Veja*, nos livros *Vida minha*, de Paulo José da Costa Jr., e *O salão dos passos perdidos*, de Evandro Lins e Silva.)

9

Dorinha Duval e
Paulo Sérgio Garcia Alcântara

Na madrugada do dia 5 de outubro de 1980, no Rio de Janeiro, a atriz Dorinha Duval, na verdade Dorah Teixeira, de 51 anos, matou, com três tiros, seu marido, o cineasta Paulo Sérgio Garcia Alcântara, com quem estava casada há seis anos. A própria Dorinha levou o marido ao hospital e retirou-se em seguida, para evitar a prisão em flagrante. O cineasta chegou a ser operado, mas morreu na mesa de cirurgia.

Na ocasião do crime, a atriz estava contratada pela rede Globo e o seu último trabalho havia sido interpretar uma das três irmãs solteironas da novela *O Bem Amado*.

Dorinha dizia ter atirado no marido acidentalmente. Logo após os disparos, ela ligou para o amigo José Francisco Scaglioni, publicitário, com quem tinha passado a tarde filmando e na casa de quem havia jantado naquela noite, juntamente com Paulo Sérgio, e pediu ajuda. O publicitário foi para a casa de Dorinha, na Rua Senador Simonsen n. 113, no Jardim Botânico, e ainda encontrou o cineasta com vida. Os três tiros haviam atingido o abdômen e o peito.

Dorinha tinha uma filha de 17 anos, que morava com ela, de seu casamento anterior com o ator e diretor Daniel Filho. A moça foi enviada para a casa dos avós paternos, imediatamente após o crime. A atriz estava desesperada, conforme o depoimento de amigos.

A arma utilizada por Dorinha havia sido comprada por Paulo Sérgio, depois de um assalto de que fora vítima.

Dois dias depois do crime, o advogado de Dorinha, Técio Lins e Silva, declarou ao jornal O Globo que a atriz não iria fugir e se apresentaria à Polícia no prazo de uma semana. Ela estava sendo assistida por psiquiatra e sob efeito de sedativos fortes. A família temia que a atriz tentasse suicídio, devido ao seu estado depressivo. O advogado Técio declarou à imprensa, ainda, que "o amor e o ódio, quando muito intensos, chegam a se confundir, por isso, Dorinha Duval era a vítima sobrevivente de uma tragédia"[1]. A tese da defesa era a da violenta emoção, após injusta provocação da vítima.

No dia 15 de outubro de 1980, Dorinha apresentou-se à Polícia e prestou declarações na Delegacia. De cabeça baixa e cercada de policiais, ela foi levada à presença do Delegado Borges Fortes. Ficou por alguns minutos calada, com o olhar parado, lágrimas correndo. Depois, quando conseguiu falar, disse que foi seu próprio marido o autor dos disparos que o mataram. Em seguida, caiu em choro convulsivo e recebeu um comprimido sedativo. Quando pôde, continuou sua narrativa, dizendo que o casal havia ido a uma festa na residência de José Francisco Scaglioni, onde Dorinha não bebeu e Paulo Sérgio tomou um pouco de uísque. Os dois saíram cedo da casa do amigo porque Dorinha teria de cumprir um compromisso profissional em Belo Horizonte no dia seguinte. Tudo corria bem até que, chegando em casa, ambos foram para o quarto e Paulo tirou a roupa, ficando de sunga. Dorinha, ainda vestida, aproximou-se dele carinhosamente, mas foi repelida. Ela reclamou e iniciou-se uma discussão. As palavras foram ficando cada vez mais ásperas até que o marido disse que não gostava mais dela, que Dorinha era uma velha e que ele, agora, só apreciava meninas novas, de corpo rijo.

Dorinha tentou contornar a situação dizendo ao marido que faria uma operação plástica, mas ele respondeu: "Você não dá mais, nem com operação". A partir daí, a discussão ficou violenta e Paulo teria partido para agressões físicas, além de humilhá-la e ofendê-la verbal-

---

1. O Globo, 8-10-1980.

mente. Dorinha, então, pegou o revólver calibre 32 e acionou o gatilho quatro vezes. Três tiros atingiram o marido, o quarto não saiu porque o revólver enguiçou.

Dorinha contou que o marido tentou induzi-la ao suicídio, como forma de resolver os problemas do casal. Ela havia dito ao companheiro, no auge da discussão, que iria se matar. Ele, então, indicou onde estava o revólver e disse que o suicídio dela seria uma ótima solução. Ela pegou a arma, mas não se matou — atirou nele.

Nas palavras dela, embora tenha admitido que atirou intencionalmente, o fato foi um "acidente".

Ao sair da sala do delegado, Dorinha foi assediada pela imprensa. Às inúmeras perguntas que recebeu dos jornalistas, respondeu apenas que não queria lembrar de novo o ocorrido e que confiava na justiça, em Deus e no amor.

Amigos do casal confirmaram que, ultimamente, os 51 anos vinham pesando bastante sobre o estado emocional da atriz. Considerada boa profissional, Dorinha estava trabalhando na série "Sítio do Pica-pau Amarelo". No entanto, com as marcas do tempo em seu corpo e rosto, Dorinha se ressentia de que a carreira artística exigisse mulheres esguias, lindas e jovens. Seu marido era dezesseis anos mais novo do que ela, era bonito e muito assediado. Ele reclamava dos ciúmes da mulher, chamando-a de "neurótica", e suspeitava que ela mandasse alguém segui-lo pelas ruas.

Vinte dias antes do crime, houve uma discussão por ciúme entre o casal, e Paulo Sérgio acabou desferindo dois tiros na mulher, provavelmente sem a intenção de acertar. Logo depois, eles se reconciliaram. Dorinha, porém, chegou a dizer que Paulo era um verdadeiro gigolô, pois não trabalhava, vivia do dinheiro dela, passava cheques sem fundo e perdia altas somas no jogo de pôquer.

Não foram poucos os que compararam Dorinha a Doca Street. No entanto, o advogado contratado pela família da vítima, Ubirajara

Caldas, afirmou à imprensa que dificilmente a legítima defesa da honra ou a violenta emoção poderiam ser aplicadas ao caso dela, pois o homicídio de Paulo teria sido premeditado. Disse, ainda, que a discussão ocorrida vinte dias antes do crime, na qual foram desferidos dois tiros, teria sido uma tentativa de Dorinha de matar o marido. Esse episódio não ficou suficientemente esclarecido.

Durante a instrução processual, a acusação levou para depor a testemunha Roberto Botto Itala, que se disse amigo da vítima. Ele contou que, um mês antes do crime, estava na empresa Art-Rio quando recebeu uma ordem do diretor Carlos Manga para esperar Paulo Sérgio na calçada e não deixá-lo entrar porque Dorinha estava armada na sala de Manga e pedia que Paulo Sérgio fosse demitido. No final, quando Paulo chegou, Dorinha já havia saído com a secretária Maria Celi Reis, tendo sido convencida a deixar a arma com Manga.

Entre as testemunhas de defesa estavam Daniel Filho, Chico Anísio e Grande Otelo.

A vida de Dorinha Duval foi esmiuçada. O processo ainda não havia ido a Júri quando Dorinha, ou talvez seu novo advogado, Clóvis Sahione de Araújo, decidiu mudar a tese da defesa. Não mais seria violenta emoção, mas legítima defesa.

Em declarações à imprensa, Dorinha disse ter trocado de advogado por estar insatisfeita com a forma como sua versão dos fatos vinha sendo apresentada. Ela não teria atirado no marido por ter sido rejeitada e chamada de velha, mas porque, ao responder aos insultos, disse que quando ele precisava de dinheiro era a ela que procurava. Paulo se irritou com essa afirmação e passou a agredi-la violentamente, até que ela pegou o revólver e o ameaçou, dizendo que atiraria se ele não parasse com as agressões. Paulo, ainda assim, avançou e ela foi obrigada a atirar para se defender.

De fato, o exame pericial de corpo de delito realizado em Dorinha dez dias após o crime constatou a existência de hematomas (manchas roxas) em seu corpo. O exame confirmou que as lesões haviam ocorrido, provavelmente, dez dias antes, isto é, no dia do crime. Como se vê, a versão da legítima defesa era plausível, não fosse o fato de Dorinha já ter contado outra história diferente quando foi interrogada na polícia e em juízo. Mesmo assim, em novembro de 1983, ela acabou praticamente absolvida pelo Júri, por 7 votos a 0: foi condenada a um ano e meio de prisão, com *sursis*, que é a suspensão condicional da pena que, atualmente, não existe mais. Não seria presa. O Conselho de Sentença convenceu-se da legítima defesa e condenou-a, apenas, por excesso culposo.

O advogado de defesa havia feito uma retrospectiva da vida de Dorinha e contado uma história triste: ela fora violentada aos 15 anos, havia se prostituído aos 18 anos por ter enfrentado extremas dificuldades financeiras, e sofrera um aborto provocado por uma colega. Casara-se com Daniel Filho e fora abandonada por ele. Por fim, com Paulo Sérgio, havia tido uma relação conturbada por duas separações, mas não tentara matá-lo por isso. Em plenário do Júri, o ator Paulo Goulart, testemunha de defesa, beijou a mão da atriz ao terminar seu depoimento. Dorinha saiu-se bem.

A acusação, porém, recorreu. O Promotor Bonni dos Santos pediu a anulação do julgamento alegando que a decisão foi "arbitrária, absurda e manifestamente contrária à prova dos autos". O Tribunal de Justiça do Rio de Janeiro anulou o julgamento de Dorinha por falha nos quesitos e suspeição de jurado.

Da segunda vez em que foi levada a julgamento, Dorinha era outra mulher. Com 58 anos e bem mais gorda, vivendo sob tensão constante, ela se declarou arrependida e precisando de Deus para enfrentar seu dia a dia.

Neste segundo Júri, Dorinha foi condenada a seis anos de prisão, em regime semiaberto. Confirmado o resultado em segunda instância, a atriz foi obrigada a se apresentar para cumprir pena, onze anos após o crime. Aos 62 anos de idade, ela passou a primeira noite no cárcere, no presídio Romeiro Netto, em Niterói.

Cumpriu sua pena e, quite com a Justiça, leva hoje uma vida discreta, livre do assédio da imprensa.

(A história de Dorinha Duval está baseada em artigos de jornal encontrados nos arquivos de *O Estado de S. Paulo* e *Jornal da Tarde.*)

10

Lindomar Castilho e Eliane de Grammont

Eliane Aparecida de Grammont era cantora e tinha 26 anos de idade quando foi assassinada. No dia 30 de março de 1981, ela cantava no bar "Belle Époque", situado na Alameda Santos, 1091, em São Paulo, quando seu ex-marido Lindomar Castilho, portando arma de fogo, surgiu de repente, em estado visivelmente alterado, aproximou-se da moça e disparou cinco tiros. Eliane foi alvejada no peito. Outro tiro acertou o violonista Carlos Roberto da Silva, cujo nome artístico era Carlos Randal, que tocava ao seu lado, era primo de Lindomar e foi ferido no abdômen. Dois tiros ficaram fixados na parede e a quinta bala não foi encontrada.

Faltava pouco para uma hora da manhã. A jovem cantora, de promissora carreira, terminava ali sua vida, fulminada pelo despeito e pelo rancor do ex-marido.

Lindomar, que praticou o ato na presença do público e depois tentou fugir, foi agarrado e dominado pelo dono do bar e pelos frequentadores do local. Quase foi linchado. A polícia chegou algum tempo depois e encontrou o assassino com os pés e mãos amarrados, caído na calçada. Levaram-no ao Hospital das Clínicas e depois ao 4º Distrito Policial, onde foi autuado em flagrante e recolhido à Casa de Detenção.

Eliane morreu antes de ser atendida no Pronto-Socorro Brigadeiro, para onde chegou a ser levada. Seu corpo foi sepultado, à tarde, no cemitério do Araçá, sob grande revolta da família, dos amigos e dos fãs. Deixou uma filha de 2 anos, que tivera com Lindomar.

O violonista Carlos Randal, embora ferido, foi socorrido e recuperou-se.

Conforme declarações prestadas por Randal ao jornal *Folha de S. Paulo*, de 12 de abril de 1981, no dia dos fatos, acompanhava Eliane ao violão quando Lindomar chegou. "Levantei os olhos, deparei com Lindomar que apontava a arma na direção de Eliane, segurando com as duas mãos. Ele estava quase a dois metros dela quando disparou. Levantei do banco e atirei o violão no rosto do assassino, saltando em seguida sobre ele, sendo ajudado pelo proprietário do café, que desarmou Lindomar. Somente mais tarde, quando corria em direção à rua Pamplona para pedir socorro, percebi que também estava ferido, com uma bala na barriga. Mesmo assim, acompanhei Eliane, que chegou morta no hospital".

O assassinato da cantora, na flor da idade, pelo ex-marido, também cantor, ambos conhecidos e estimados pelo público, gerou grande comoção popular. O homicídio fora cruel, desnecessário, despropositado.

Eliane havia conhecido Lindomar na gravadora RCA, na qual ambos gravaram discos. O cantor estava bem de vida, já tendo constituído um patrimônio pessoal. Fixaram o regime nupcial de separação de bens por exigência de Eliane, que não queria dar a impressão de estar interessada no patrimônio do consorte. Ela afirmava que realmente gostava dele. Sua família, porém, não via a união com bons olhos.

Casaram-se em 10 de março de 1979, depois de morar um tempo juntos, e tiveram uma filha, mas o casamento nunca andou bem. O cantor era agressivo, ciumento, tinha conduta violenta e costumava fazer uso de bebidas alcoólicas sem nenhuma moderação. Espancava a esposa e, em episódio anterior, tentara estrangulá-la. Eliane teve de abandonar sua profissão de cantora, que somente retomou depois da separação do casal.

Quando morreu, fazia seis meses que tinha voltado a cantar e apenas vinte dias que o desquite havia sido formalizado.

Em 24 de abril do mesmo ano, o Juiz José Roberto Barbosa de Almeida, da 1ª Vara Auxiliar do Júri da Capital, atendeu ao pedido de liberdade provisória, formulado pelos advogados de Lindomar, e permitiu que ele aguardasse o julgamento em liberdade. A decisão que o libertou fundamentou-se na primariedade do réu e na inexistência de perigo para a sociedade, não estando presentes os pressupostos da prisão preventiva.

Em 8 de maio, Lindomar foi ao Fórum para ser interrogado, ocasião em que declarou ter certeza de que sua ex-mulher tinha um caso com Carlos Randal. Formou-se um grande tumulto no local, com feministas da organização SOS *Mulher* portando faixas de protesto. O advogado de defesa Valdir Troncoso Peres não quis que o acusado entrasse ou saísse pela porta dos fundos, insistindo para que Lindomar enfrentasse a imprensa e os manifestantes, utilizando-se dos espaços públicos do Fórum. "Meu cliente", disse ele, "não tem motivos para se esconder". Assim, foi necessário um pelotão formado por dezesseis policiais, comandados por um tenente, para acompanhar réu e advogado na tumultuada saída da audiência.

Lindomar foi pronunciado por homicídio qualificado pelo motivo fútil e pelo emprego de recurso que impossibilitou a defesa da vítima, além de tentativa de homicídio. A defesa recorreu e, em decisão do Tribunal de Justiça de São Paulo, a qualificadora do motivo fútil foi afastada. O relator, Desembargador Prestes Barra, entendeu que "o ciúme, fonte de paixão, não pode ser considerado motivo fútil".

Inicialmente, a família de Eliane contratou o advogado José Carlos Dias para assistente da acusação. Algum tempo depois, o caso foi entregue a Márcio Tomaz Bastos, então presidente da seção paulista da Ordem dos Advogados do Brasil, encarregado de atuar em plenário do Júri. Em entrevista concedida à *Folha de S. Paulo* (23-8-1984), em seu escritório, Márcio declarou: "Não se aceita mais um crime como este. Os ventos mudaram. É o chamado falso crime passional. Lindomar se dizia apaixonado e traído pela mulher, mas eles já estavam separados há um ano. Foi um crime premeditado. Quando Lindomar entrou naquele bar, ele entrou para fuzilar Eliane". E finalizou repetindo "quem ama não mata", frase cunhada pelos movimentos feministas de então.

O julgamento de Lindomar foi acompanhado por grande quantidade de pessoas, tanto no auditório do 1º Tribunal do Júri de São Paulo quanto do lado de fora do prédio. Havia manifestantes na rua portando faixas e gritando: "quem ama não mata", "bolero de machão só se canta na prisão", "sem punição, as mulheres morrerão". As feministas, bem organizadas, ficaram de vigília até o final do julgamento. Houve reação de um grupo que se autodenominou os "machistas", que proferia agressões verbais e atirava ovos nas mulheres. Gritavam "olê, olá, Lindomar tá botando pra quebrar". A Praça da Sé transformou-se em área de conflito, e a polícia compareceu para evitar o tumulto.

Enquanto isso, em plenário, o Promotor de Justiça Antônio Visconti proferia a acusação. Saiu-se muito bem, em sua fala de uma hora. Seguiu-se o advogado assistente de acusação, Márcio Tomaz Bastos, por mais uma hora, empolgando a assistência. Concluída a acusação, o público aplaudiu de pé.

A tarefa da defesa, por sua vez, não foi fácil. Lindomar matou Eliane de surpresa, na frente de muita gente, depois de consolidada a separação do casal. Não havia desculpa para ele. O advogado Valdir Troncoso Peres não falou da legítima defesa da honra, mas de homicídio privilegiado, resultante de violenta emoção. Embora muito talentoso, Valdir não convenceu os jurados nesse aspecto. A tese da violenta emoção, que atenua a pena do homicídio, não foi aceita. Quanto à tentativa de homicídio contra Carlos Randal, Valdir alegou não ter existido. Lindomar não teria tido a intenção de matar o primo, tendo-o atingido por imperícia na utilização da arma de fogo. Ele teria apontado a arma na direção de Eliane e atingido, sem querer, o violonista que se encontrava próximo. O crime seria apenas de lesão corporal culposa, de natureza leve, e nunca de tentativa de homicídio. Essa tese convenceu o Conselho de Sentença.

Ao final, por 4 votos a 3, o Júri decidiu ter ocorrido homicídio qualificado pelo meio que impossibilitou a defesa da vítima, sendo que, com relação a Randal, não teria havido tentativa de homicídio, mas sim lesão corporal culposa. A pena fixada foi de doze anos e dois meses de reclusão. Era 25 de agosto de 1984. Lindomar tinha 46 anos.

O condenado apresentou-se para ser preso e foi levado à Casa de Detenção de São Paulo. Posteriormente, foi transferido para Goiânia, sua terra natal e onde residia a maioria de seus parentes. Em 1986, conseguiu progredir para o regime semiaberto de cumprimento de pena, e, em 1988, recebeu o benefício do livramento condicional. Cumpriu integralmente sua pena, embora de forma flexível, em decorrência dos benefícios que lhe foram concedidos. À época, não havia a Lei dos Crimes Hediondos, que, a partir de 1994, considerou o autor de homicídio qualificado merecedor de maior rigor no regime de cumprimento de pena.

Durante o período em que esteve preso, Lindomar chegou a gravar um LP. A gravadora fez um *play-back* em estúdio e depois mandou uma equipe a Goiânia gravar a voz do cantor.

Em São Paulo, por iniciativa da Prefeita Luiza Erundina, em 9 de março de 1990, criou-se a "Casa Eliane de Grammont", que dá amparo às mulheres vítimas de violência e promove debates sobre o tema.

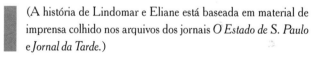
(A história de Lindomar e Eliane está baseada em material de imprensa colhido nos arquivos dos jornais *O Estado de S. Paulo* e *Jornal da Tarde*.)

11

Um amor homossexual

No começo da noite do dia 11 de outubro de 1986, um sábado, no Tatuapé, em São Paulo, J. G. E. D. (que receberá o nome fictício de José) foi à casa de seu amigo de infância e então namorado, A. J. M. (que receberá o nome fictício de Armando), advogado de 43 anos, a pretexto de buscá-lo para irem ao teatro. Na realidade, porém, tinha outra intenção. Estava com ódio do amigo porque ele queria deixá-lo para se casar com uma mulher e constituir família. Não suportava a ideia da separação e pretendia vingar-se.

José havia preparado tudo para acertar as contas do modo mais radical possível. Não foram ao teatro. Em vez disso, agrediu Armando com várias facadas. Não satisfeito, decapitou-o. A cabeça foi deixada ao lado do corpo. José também machucou-se, apresentando ferimentos no nariz e nas mãos, como resultado da luta corporal que antecedeu a morte da vítima. As lesões em José foram constatadas em laudo pericial realizado quatro dias depois.

A cena do crime era chocante: poças de sangue sobre os lençóis da cama, um corpo sem cabeça no chão do quarto, uma cabeça a pouca distância do corpo, arrumada no chão, voltada para a porta. Diante dos enormes ferimentos causados na vítima, a quantidade de sangue no local era proporcionalmente pequena. Supuseram os peritos que o agressor estancou parte das hemorragias usando seus conhecimentos técnicos.

José tinha 42 anos e era cirurgião-dentista. Não admitia ter assassinado o amigo. Além disso, negava, insistentemente, ser homossexual.

Em seu interrogatório na Polícia, ao ser perguntado sobre sua homossexualidade, chegou a declarar que "não aceitava, não gostava e achava uma anormalidade"[1].

Quanto ao crime, apesar de tê-lo negado até o fim, foi desmentido pelas muitas provas que o mostravam culpado. A autoria era evidente. Alguns dias antes dos fatos, as chaves da residência e do escritório da vítima desapareceram. Haviam sido subtraídas e, depois do homicídio, reapareceram misteriosamente no escritório, que ficava no mesmo local da moradia. Como vítima e agressor eram amigos íntimos, José tinha acesso a essas chaves. Além disso, comprovou-se que o dentista havia adquirido uma grande quantidade de fraldas descartáveis poucos dias antes do homicídio, sendo que ele não tinha filhos nem usava esse tipo de material em sua profissão. Como, apesar das facadas e da cabeça decepada, havia menos sangue do que o esperado no local do crime, supõe-se que ele tenha usado as fraldas para limpar-se do sangue de Armando, ou mesmo para estancá-lo. A prova mais contundente, porém, foi o fato de José ter sido visto pela empregada da vítima no interior do escritório desta última, mexendo em papéis e vestindo luvas brancas, dessas usadas por dentistas em seu trabalho, na noite do assassinato. Por fim, uma testemunha viu José parado em frente ao local do crime, no horário em que se supõe tenha a vítima sido morta.

Armando havia contado a amigos que iria ao teatro com José na noite de sábado. Este último, por sua vez, negou o compromisso e apresentou como álibi uma viagem a Ilhabela, na companhia de uma prostituta que nunca apareceu.

Assim, José foi denunciado como autor do crime. Inicialmente, o Ministério Público atribuiu-lhe a prática de homicídio simples. O promotor de justiça que apresentou a denúncia foi Nelson Lacerda Gertel,

---

1. Em conversa pessoal com o advogado Paulo José da Costa Jr., cujo escritório foi incumbido de fazer a defesa do réu, o ex-defensor insistiu na tese de que José não era homossexual e não cometera o crime a ele imputado. Sua condenação teria sido um erro judiciário.

experiente em casos de Júri, mas não foi ele quem fez a acusação em plenário. Em virtude de promoção, Gertel deixou a Vara do Júri, e o novo promotor, que o substituiu no caso, Fernando Capez, aditou a denúncia para pedir a condenação do réu não mais por homicídio simples, cuja pena mínima é de seis anos de reclusão, mas por homicídio qualificado pelo motivo fútil e pelo meio cruel, para o qual a pena mínima é de doze anos. Em sua manifestação, Capez asseverou que o motivo do crime era torpe, repugnante: "A vítima foi morta por tentar desligar-se de relacionamento anormal e imoral". O meio utilizado para matar foi cruel: "A vítima recebeu diversos pontaços, tendo sido decapitada. Revelou o agente, desta forma, brutalidade fora do comum, contrastando com o mais elementar dos sentimentos humanitários".

Uma das testemunhas ouvidas nos autos informou que, na religião muçulmana, as pessoas castigadas são mortas por decapitação. José era de origem árabe-muçulmana e talvez por essa razão tenha cortado a cabeça da vítima. Nem por isso sua conduta se tornaria menos grave.

A defesa, por ocasião da pronúncia que acatou a tese de homicídio qualificado, não se conformou e recorreu. Queria que a segunda instância determinasse o julgamento de José por homicídio simples. O Tribunal de Justiça de São Paulo, porém, entendeu que o meio utilizado para matar era efetivamente cruel, assim decidindo a questão: "Está evidente que antes de ser decepada a cabeça da vítima, sofreu ela diversos golpes na região atingida, causando-lhe inegável sofrimento. Entre os golpes e o seccionamento da cervical, mediou certo lapso de tempo, com a vítima padecendo indescritível sofrimento. A violência do crime e a fúria sanguinária com que procedeu o réu não podem admitir a ocorrência de homicídio simples. Foi ele qualificado".

Aos 49 anos de idade, passados quase sete anos do cometimento do crime, José foi levado a julgamento pelo Júri e acabou condenado a treze anos de reclusão, em regime inicialmente fechado. O promotor que atuou em plenário foi Edilson Mougenot Bonfim e a advogada de defesa foi Maria Elizabeth Queijo, do escritório do criminalista Paulo José da

Costa Jr. Ambos, Ministério Público e defesa, recorreram da decisão, o primeiro para aumentar a pena, a segunda para anular o julgamento. O Tribunal de Justiça manteve a condenação e deu provimento ao recurso da acusação para aumentar a pena para quinze anos de reclusão.

Da leitura de algumas peças constantes dos autos, percebe-se que o fato de o réu ser, supostamente, homossexual prestou-se a uma série de acusações preconceituosas contra ele durante o processo. Foi chamado de "anormal", "pervertido", "mentiroso" etc. O certo, porém, é que ele padeceu, também, de enorme sofrimento. Pelo que se vê do teor de suas declarações, ele vivia em conflito interno permanente.

Segundo os padrões da época, a homossexualidade não era tolerada. Não havia a Constituição Federal de 1988, que proíbe discriminações de qualquer natureza, e as pessoas tinham menos escrúpulos em criticar os outros por suas tendências sexuais. Se os fatos tivessem ocorrido nos dias de hoje, talvez a homossexualidade do réu e da vítima fosse recebida com mais respeito. As ofensas preconceituosas teriam, também, menos probabilidade de ter sido proferidas. No entanto, não se deve supor que a condenação tenha resultado de preconceito sexual. A autoria do delito era mais do que certa, e a forma de execução, realmente cruel, bem como o motivo do crime, considerado fútil, determinaram a condenação de José a uma pena alta, mas adequada.

O acusado aguardou a decisão final do processo em liberdade, morando com sua genitora, que veio a falecer sem ouvir o veredicto.

No dia em que soube de sua condenação definitiva, em virtude de o Tribunal de Justiça não ter anulado a decisão condenatória do Júri e, ainda, ter aumentado sua pena para quinze anos, José estava sozinho. Suicidou-se. Era dia 7 de julho de 1995. Sua certidão de óbito deu como *causa mortis* "intoxicação por monóxido de carbono".

Naquele mesmo dia, seu irmão Mário havia tentado telefonar-lhe várias vezes, mas ninguém atendia. Dirigiu-se à residência de José e, ao chegar ao *hall* do apartamento, já pôde sentir o cheiro de gás de cozinha.

Ao abrir a porta, o cheiro tornou-se insuportável e Mário notou que seu irmão, sem vida, estava deitado em um colchão, no chão da cozinha, com o gás aberto, as portas e janelas vedadas. Mário correu para o Distrito Policial. Informou ao delegado que "seu irmão estava muito depressivo, pois residia com sua genitora e esta veio a falecer há cerca de dois meses e meio. Além disso, ele estava sendo processado por um crime (homicídio) do qual alegava ser inocente e sentia-se injustiçado. Há cerca de nove meses, quando sua genitora ainda estava viva, José ingeriu grande quantidade de comprimidos, porém conseguiu se recuperar. Na ocasião, disse que não estava mais aguentando a pressão, em virtude do que os familiares lhe prestaram todo o apoio".

A polícia encontrou, no local do suicídio, quinze cartelas de comprimido "Rhoypnol", tarja preta, vazias.

José morreu sem nunca ter admitido a prática do crime pelo qual foi julgado e condenado.

(A história de José e Armando é verdadeira e está baseada no processo-crime referente ao caso — Proc. 1.658/86, da 1ª Vara do Júri da Capital. Como nossa pesquisa não foi feita em matérias de imprensa e sim diretamente nos autos, os nomes das partes — réu e vítima — aqui mencionados são todos fictícios.)

12

Guilherme de Pádua, Paula Thomaz e Daniella Perez

Na noite de 28 de dezembro de 1992, a atriz Daniella Perez, de 22 anos, foi morta com dezoito golpes de tesoura, em um matagal existente na Rua Cândido Portinari, próximo do condomínio Rio-Shopping, na Barra da Tijuca, Rio de Janeiro. O corpo foi abandonado no local do crime e, de início, a autoria era desconhecida. No entanto, a Polícia identificou os culpados em menos de quarenta e oito horas, graças às informações recebidas de um advogado, Hugo da Silveira, que estava hospedado no condomínio e anotou a placa de dois carros estacionados de forma suspeita, próximos do lugar onde o corpo foi encontrado.

A revelação da autoria chocou ainda mais a família e a sociedade brasileira: Daniella havia sido assassinada pelo ator Guilherme de Pádua, de 23 anos, que contracenava com ela na novela *De Corpo e Alma*, da Rede Globo de Televisão, e pela mulher dele, Paula Almeida Thomaz, de 19 anos, que estava grávida de quatro meses. Os dois suspeitos logo confessaram a prática do crime.

Daniella estava em ascensão na TV na época em que foi morta. Desempenhava na novela *De Corpo e Alma*, escrita por sua mãe, Glória Perez, o papel de *Yasmin*, jovem bonita e atraente por quem vários personagens masculinos estavam apaixonados, dentre os quais o de seu assassino, Guilherme.

A versão dos acusados foi alterada várias vezes durante o processo criminal que sofreram, tendo havido contradições entre as informações dadas por Paula e por Guilherme, tudo culminando com acusações mútuas de um contra o outro. Suas defesas eram conflitantes.

Segundo a primeira versão do ator, apresentada na polícia, ele teria matado Daniella porque ela o assediava e queria que ele deixasse a mulher. Essa versão, inverossímil, foi posteriormente contestada por familiares e amigos da atriz.

Daniella era casada com o ator Raul Gazolla, por quem se mostrava apaixonada. Ambos eram, também, dançarinos, e tinham projetos comuns de teatro e dança. O casamento ia muito bem e planejavam ter um filho em breve. Nenhuma testemunha confirmou qualquer interesse especial de Daniella por Pádua, e todos os indícios desmentiam a versão dele.

O delegado Cidade de Oliveira, que presidiu o inquérito que apurou a morte da atriz, declarou ao jornal *O Estado de S. Paulo*, de 31-12-1992, supor que existia um pacto de fidelidade entre Guilherme e Paula. Os dois tinham tatuado, em seus órgãos genitais, os nomes um do outro. Esse detalhe foi comprovado em exame realizado no Instituto Médico Legal do Rio de Janeiro, que constatou estar gravado o nome "Paula" no pênis de Guilherme. A moça havia feito o mesmo em sua virilha. É de se supor que Paula tivesse ciúme doentio do marido, agravado pelas cenas de amor com Daniella na novela.

Após o crime, alguns atores que conheciam Guilherme e contracenavam com ele, na TV Globo, prestaram declarações à imprensa, dando suas impressões sobre o rapaz. Em entrevista ao jornal *O Estado de S. Paulo*, de 31-12-1992, José Mayer disse que Guilherme era "psicopata", vivia tenso, crispado, apesar de procurar ser gentil. Disse, ainda, acreditar ser possível que Guilherme tivesse misturado personagem e vida real. Já o ator Guilherme Fontes, na mesma reportagem, insinuou que Pádua seria homossexual, lembrando sua participação no *show* erótico *gay* "A

Noite dos Leopardos". Maurício Mattar, ao ser ouvido na Delegacia[1], informou que, certa vez, dividiu um camarim com Guilherme na peça *Blue Jeans* e verificou que o colega levava objetos de magia negra consigo.

O advogado Arthur Lavigne, contratado pela família de Daniella como assistente de acusação, declarou à imprensa que Pádua matou a atriz acreditando que seu gesto encurtaria o caminho para o sucesso profissional. Na mente doentia do assassino, a atração por Daniella seria um entrave para sua carreira e sua felicidade no casamento.

Na tentativa de buscar o motivo do crime, algumas matérias jornalísticas da época atribuíram a morte de Daniella a um "pacto sinistro de fidelidade".

Paula Thomaz, em suas primeiras declarações informais, confessou ter dado o primeiro golpe em Daniella. Segundo relatou, estava escondida dentro do Santana do marido e ouviu a conversa dele com a atriz. Não suportando as "investidas" da moça em Guilherme, saiu do veículo, arrastou a vítima para fora e desferiu-lhe um golpe com uma chave de fenda. Nesse momento, Guilherme teria dado uma "gravata" na atriz, que desmaiou. Em seguida, ele foi até o carro, pegou a tesoura, voltou, arrastou Daniella para o matagal e a matou. Posteriormente, Paula se retratou dessa versão e resolveu negar qualquer participação no crime.

Paula e Guilherme foram presos logo após identificada a autoria e aguardaram o julgamento sem sair do cárcere.

A autópsia do corpo revelou que a vítima teve quatro perfurações no pescoço, oito no peito e mais seis que atingiram os pulmões e outras regiões. O marido, Raul Gazolla, compareceu ao local do crime e reconheceu Daniella, em momento de extrema comoção, no qual desabafou: "Que país violento, meu Deus!"[2].

Uma menina de 14 anos, que se apresentou como testemunha ocular dos fatos, informou à Polícia que viu o carro Santana, pertencente

---

1. Conforme matéria de *O Estado de S. Paulo* de 1º-1-1993.
2. *Jornal da Tarde* de 4-1-1993.

a Pádua, "fechar" o Escort de Daniella, no local do crime. O motorista do Santana saiu do carro e voltou acompanhado da motorista do Escort. Entraram no veículo novamente e, então, apareceu uma terceira pessoa, no banco de trás, que seria Paula Thomaz. Daniella tentou sair do carro, mas não conseguiu. Dois frentistas de um posto de gasolina também prestaram depoimentos dizendo ter visto Guilherme de Pádua dar um soco em Daniella, agarrá-la pelo pescoço e arrastá-la até o veículo Santana. O caso, em face de sua repercussão, ganhava novas testemunhas a cada dia, transformando-se em quebra-cabeça para a polícia e para o Ministério Público. Havia, porém, uma certeza: tanto Paula quanto Guilherme haviam matado Daniella Perez. A forma exata de execução do crime e o motivo pelo qual o fizeram é que estavam, ao menos parcialmente, no campo das suposições.

Um fato que demonstra a frieza do assassino nesse crime absurdo é ter sido Guilherme de Pádua um dos primeiros que compareceram ao funeral de Daniella para consolar o marido e a mãe da vítima. Além disso, três horas após o homicídio, Guilherme foi visto, por duas testemunhas, descalço e sem camisa, fazendo *cooper* no calçadão de Copacabana. Aparentava calma e tranquilidade. É possível que ele tenha ido ao local, pela madrugada, para se desfazer da arma do crime, jogando-a no mar.

Em maio de 1993, nasceu o filho de Paula Thomaz e Guilherme de Pádua, na Penitenciária Talavera Bruce, em Bangu, zona oeste do Rio de Janeiro, para onde ela havia sido transferida um dia antes do parto. A partir do nascimento do menino, que recebeu o nome de Felipe, o casal começou a ter desentendimentos e acabou se separando em novembro de 1994. Paula e Guilherme passaram a fazer acusações mútuas com relação ao assassinato de Daniella Perez. O ator chegou a escrever um livro, intitulado *O que não passou nas grades da TV*, no qual declarou ter tido um envolvimento amoroso com a colega e responsabilizou Paula Thomaz pelo assassinato da atriz. Em razão dessas afirmações, vários atores da Globo vieram a público esclarecer que Guilherme assediava

Daniella sem ser correspondido, jamais tendo ocorrido um romance entre os dois.

Paula e Guilherme foram levados a Júri por homicídio duplamente qualificado: motivo torpe e recurso que dificultou a defesa da vítima. O rapaz foi julgado primeiro, em face de desmembramento do processo, e condenado a dezenove anos de reclusão, em 15 de janeiro de 1997, em sessão que durou sessenta e seis horas, um dos júris mais longos da história do Judiciário fluminense. Guilherme já havia cumprido mais de quatro anos de pena, sendo que, em breve, poderia progredir para o regime prisional semiaberto.

Mais de 400 pessoas acompanharam o julgamento dele. O veredicto condenatório foi aplaudido de pé. A acusação foi feita pelo Promotor de Justiça Maurício Assayag e pelo assistente de acusação Arthur Lavigne. A defesa coube a Paulo Roberto Alves Ramalho, que sustentou a tese da negativa de autoria, mas não convenceu os jurados. Os debates foram permeados por tumultos e incidentes. Houve ameaças de cancelamento, suspensões e testemunhas impugnadas, além de ferrenha disputa de espaço na assistência. O auge dos acontecimentos foi o interrogatório do réu, Guilherme de Pádua, que, segundo o jornal *O Estado de S. Paulo*, de 26-1-1997, "produziu uma exibição teatral". Ele sorriu, gesticulou e impostou a voz para reproduzir frases que teriam sido ditas, minutos antes do crime, por Daniella e Paula Thomaz. O espetáculo foi visto pelo juiz, José Geraldo Antônio, como irônico.

A sentença do juiz presidente do Tribunal do Júri considerou Guilherme possuidor de "personalidade violenta, perversa e covarde, quando destruiu a vida de uma pessoa indefesa, sem nenhuma chance de escapar do ataque de seu algoz, pois, além da desvantagem da força física, o fato se desenrolou em local onde jamais se ouviria o grito desesperador e agonizante da vítima. Demonstrou o réu ser pessoa inadaptada ao convívio social, por não vicejarem no seu espírito os sentimentos de amizade, generosidade e solidariedade, colocando acima de qualquer outro valor a sua ambição pessoal".

Posteriormente, em outro Júri ocorrido em 16 de maio de 1997, Paula Thomaz foi condenada a dezoito anos e seis meses de reclusão, por coautoria no assassinato de Daniella Perez. Sua pena-base foi a mesma de seu ex-marido, dezenove anos, mas acabou sendo diminuída de seis meses porque a ré tinha menos de 21 anos quando cometeu o crime. A votação não foi unânime. Três jurados votaram pela sua absolvição e quatro pela sua condenação. No plenário, mais de 300 pessoas fizeram fila para cumprimentar a novelista Glória Perez no final do julgamento, que durou cerca de quarenta e três horas, e no decorrer do qual a mãe de Daniella segurou sempre as sapatilhas da filha e sua fotografia. Glória considerou acertada a fixação da pena, tendo em vista que, naquela época, se a reclusão fosse por tempo igual ou superior a vinte anos, o Júri seria anulado e novo Júri deveria ser designado para novamente julgar a mesma pessoa, pelo mesmo crime. Trata-se do "protesto por novo Júri", um recurso exclusivo da defesa, que hoje não existe mais. Assim, se as penas estabelecidas para Guilherme ou Paula atingissem vinte anos, eles seriam julgados outra vez e a nova decisão poderia ser completamente diferente da obtida no primeiro julgamento. Provavelmente por isso, ambos os réus receberam penas altas, porém inferiores a vinte anos.

Durante o julgamento de Paula, foi ouvida, em plenário, apenas uma testemunha presencial de acusação, o advogado Hugo da Silveira, que confirmou ter visto Paula Thomaz no local do crime. Foi ele quem anotou a placa do Santana usado por Guilherme, possibilitando à Polícia chegar à autoria do delito.

Na sentença, o juiz presidente usou os mesmos termos utilizados na condenação de Guilherme, atribuindo à ré "personalidade violenta, perversa e covarde".

Por mais de uma vez, durante o julgamento, a ré Paula alegou sentir-se mal e teve de ser retirada do plenário para ser atendida por médico na carceragem. Quando foi interrogada pelo juiz, Paula mostrou-se tímida e seu tom de voz manteve-se inalterado. O acusador Maurício Assayag explorou o fato, afirmando: "Ela não tem força nas palavras para dizer que é inocente porque não é".

A mãe de Paula, Maria Aparecida de Almeida, que estava acompanhada do marido, também passou mal ao ouvir a sentença. Os advogados da ré, Augusto Thompson e Carlos Eduardo Machado, ficaram inconformados com o resultado, principalmente pelo fato de sua cliente ter sido condenada por 4 votos a 3.

Houve recurso da defesa e da acusação, tanto com relação a Paula quanto a Guilherme. A defesa, no intuito de anular o julgamento; a acusação, para aumentar a pena imposta. Os recursos não foram providos, a não ser parcialmente com relação a Paula, que teve reduzida sua pena para quinze anos de reclusão. Os desembargadores do Tribunal de Justiça do Rio de Janeiro consideraram necessário diminuir a pena de Paula por ela ser menor de 21 anos à época do crime e ter tido uma participação menos importante no episódio. A pena de Guilherme foi mantida em dezenove anos.

Deve-se a um movimento liderado pela mãe de Daniella, Glória Perez, a inclusão do homicídio qualificado no rol dos crimes hediondos, previstos na Lei n. 8.072/90. Em agosto de 1994, após colher 1,3 milhão de assinaturas para o respectivo projeto de lei, Glória assistiu pessoalmente à aprovação do projeto no Senado. Na ocasião, ela declarou à imprensa: "Não houve ajuda de partido político. O projeto foi enviado há um ano e meio para o Congresso por 1,3 milhão de brasileiros que pediam o fim da impunidade no País". Encaminhada à Presidência da República, a lei foi sancionada por Itamar Franco, mas não alcançou os assassinos de Daniella Perez, porque o delito foi cometido antes da inclusão do homicídio qualificado dentre os crimes hediondos. De toda forma, a atuação de Glória foi muito importante para que se passasse a tratar com o devido rigor condutas criminosas altamente reprováveis.

Como hediondos estão classificados os crimes considerados de alto potencial ofensivo, dentre os quais o sequestro, o latrocínio, o estupro, o atentado violento ao pudor, o genocídio, o tráfico de drogas, o homicídio qualificado. São delitos que recebem um tratamento legal mais severo, não havendo possibilidade de fiança, nem de cumprir a pena em regime aberto ou semiaberto.

Tanto Paula quanto Guilherme foram beneficiados com progressão no regime prisional e cumpriram parte da pena em liberdade condicional. Paula deixou o presídio Romeiro Neto, no Rio de Janeiro, em 5 de novembro de 1999, e Guilherme já havia saído do presídio Ary Franco, também no Rio, em outubro do mesmo ano, rumando para sua terra natal, Minas Gerais, apesar da discordância do Ministério Público em ambos os casos. O casal ficou preso por sete anos.

Os assassinos da atriz também foram condenados a pagar uma indenização em pecúnia à mãe e ao marido da vítima, fixada em R$ 180.000,00 para cada um, mas seus advogados alegaram que eles não tinham bens nem outros meios de pagar esse montante.

A conduta de Paula Thomaz e de Guilherme de Pádua ainda hoje é incompreensível. Este caso não encontra paralelo entre os demais crimes passionais ocorridos no Brasil e talvez somente possa ser explicado pela existência de mentes doentias envolvidas em crenças macabras e rituais de sacrifício. De toda forma, os culpados pela irreparável perda de Daniella Perez pagaram pelo crime cometido.

Quando ficou sabendo dos benefícios que os condenados pela morte de sua filha receberiam da Justiça, por causa do regime semiaberto de cumprimento de pena que lhes fora concedido, Glória Perez fez uma declaração à imprensa: "Minha luta acabou. Mesmo que Paula e Pádua deixem a prisão em breve, simbolicamente, eles foram condenados pelo resto da vida"[3].

> (A história de Daniella Perez, Paula Thomaz e Guilherme de Pádua está baseada em arquivos de imprensa dos jornais *O Estado de S. Paulo*, *Folha de S. Paulo* e *Jornal da Tarde*.)

---

3. *Folha de S. Paulo*, caderno *Cotidiano*, 6-10-1998.

13

O misterioso caso PC Farias e Suzana Marcolino

Foi uma noite insuspeita. Nenhum barulho estranho, nenhum sinal de contenda. Embora os moradores da casa estivessem sempre de sobreaviso e pululassem seguranças armados no local, naquela madrugada de 23 de junho de 1996 tudo parecia normal, ninguém viu nem ouviu nada de estranho. Ao raiar da manhã, não houve movimento no interior da casa, porém havia objetos fora de lugar. O tempo foi passando e os moradores não davam sinal de vida. Diante desse inesperado, os serviçais se puseram a indagar sobre o que poderia ter ocorrido. A caseira observou móveis arrastados, cinzeiros e vasos dispostos de forma diversa da usual, uma cadeira lascada. Preocupados, os empregados tentaram abrir a porta do quarto, mas estava trancada por dentro. Chamaram, mas ninguém respondeu. O caseiro, então, depois de duas tentativas, conseguiu arrombar a janela. Eles não dormiam. Estavam mortos, misteriosamente. Era o fim de Paulo César Farias e de Suzana Marcolino, ambos executados por arma de fogo, na mansão dele na praia de Guaxupé, em Maceió, Alagoas.

O país amanheceu perplexo com a notícia. Seria a morte anunciada? Todos temiam pela vida de PC Farias, o ex-tesoureiro do ex--presidente Fernando Collor de Mello, um homem que havia sido preso por suspeita de corrupção e estava em liberdade provisória. Um verdadeiro arquivo vivo dos meandros de um governo que terminou em *impeachment*.

A primeira impressão levava à suspeita de queima de arquivo. Farias era um homem ameaçado, vivia cercado de seguranças. Pesavam sobre ele suspeitas gravíssimas. Anteriormente, com a deposição de Collor de Mello, Farias havia fugido do país para escapar à prisão decretada pela Justiça brasileira. Viajara clandestinamente para o Paraguai, onde permaneceu por poucos dias. Depois, seguiu de carro para a Argentina, onde ficou por três meses, na maior parte do tempo trancado em um apartamento da rua Recoleta. Passou, também, pelo Uruguai em curta temporada e decidiu ir para Londres. Finalmente, voou para a Tailândia, sua última parada no exterior. Ali, acabou preso por um motivo prosaico. Não foi nenhum policial que o reconheceu, embora a Interpol estivesse em seu encalço. Farias teve uma discussão em um restaurante, ao qual compareceu acompanhado de duas mulheres e sentou-se a uma mesa que outro homem, o empresário Nelson Scola, brasileiro de São José dos Campos, SP, dizia ser uma reserva dele. Ocorre que a conversa foi em inglês e PC não percebeu o perigo. Tampouco cedeu aos argumentos do brasileiro. Teimou e ganhou. O empresário deixou o local contrariado e imediatamente avisou a embaixada brasileira, que cancelou o passaporte de Farias. Dessa forma, PC foi detido e repatriado, pois estava ilegalmente naquele país. Era 1993.

No ano seguinte, descobriu-se que ele tinha contas na Europa que eram movimentadas pela máfia. PC acabou responsabilizado, juntamente com outros acusados, de movimentação bilionária de propinas durante o governo Collor. Ele foi preso e conheceu Suzana na prisão, por iniciativa dela mesma. A moça insistiu em visitá-lo e acabou conseguindo. Aquela jovem morena encantou PC, principalmente nas condições de encarceramento em que ele se encontrava.

Após condenação, em 1995, Farias conseguiu progredir no regime de cumprimento de pena e recebeu liberdade condicional. Quando morreu, faltava uma semana para que prestasse depoimento na Justiça sobre ligações entre empresas e governo. Por isso, a primeira suspeita foi de assassinato com o fito de evitar mais revelações. Sua morte impediu seu interrogatório que seria na semana seguinte e eliminaria um comprometedor arquivo ambulante. O assassinato do casal era a primeira ideia que ocorria a todos, mas não deixava de ser uma conclusão apressada, apesar de bastante plausível. Ao ver dos adivinhadores, a morte de Suzana teria sido mera consequência de ela se encontrar ao lado de Paulo César no momento do crime. O Brasil acabou entrando em uma verdadeira guerra de palpites, suposições, declarações, laudos periciais, investigações. A perícia elaborada por Badan Palhares, renomado médico legista, concluiu que Suzana matou PC e, em seguida, atirou em si mesma. Segundo ele, tratara-se de um homicídio passional seguido de suicídio, pois a moça descobrira que o namorado mantinha um romance com outra mulher e estava se preparando para abandoná-la. No entanto, essa versão foi contrariada por outros dois peritos, igualmente conhecidos (mas que ficaram muito mais conhecidos por causa justamente dessas mortes), George Sanguinetti e Ricardo Molina, que afirmaram ser impossível a versão de assassinato seguido de suicídio devido à posição dos corpos. Houve um tiroteio de análises e versões. A opinião pública, insuflada pelas matérias jornalísticas, ansiava por encontrar culpados. Poucos acreditavam na versão de crime passional e a pressão pelo encontro dos verdadeiros autores acabou no indiciamento dos policiais militares Adeildo Costa dos Santos, Reinaldo Correia de Lima Filho, Josemar Faustino dos Santos e José Geraldo da Silva. Eles eram os seguranças particulares de PC Farias que estavam na casa de praia na madrugada do crime. Foram levados a Júri Popular por duplo homicídio qualificado em 2013, ou seja, 17 anos após os fatos. Os quatro seguranças foram absolvidos porque os jurados, por maioria (4 votos a 3), entenderam que não havia provas do envolvimento dos réus nas mortes. Dessa forma, a autoria permanecia desconhecida. Na verdade, durante o julgamento pelo Júri, não se conseguira chegar a uma conclusão que esclarecesse como os fatos ocorreram. Os jurados tampouco apreciaram a tese de homicídio seguido de suicídio, tendo em vista que aquele julgamento se referia apenas aos seguranças suspeitos.

Suzana era pessoa ciumenta e controladora, impulsiva e cheia de rompantes. Já em ocasiões anteriores, havia ameaçado matar-se por causa de Farias. O namorado era um conquistador, sempre procurando outras mulheres. Quando ele recebia telefonemas de pessoas com quem se relacionava, aparentemente outras namoradas, Suzana reclamava dramaticamente. Certa vez, atirou-se ao mar dizendo querer matar-se por ciúme de PC. Na ocasião, ele mandou um dos seguranças salvá-la. Suzana era solteira, e o namorado, viúvo. Era natural que ela planejasse se casar com ele ou mesmo que esse fosse seu desejo mais intenso. Ela enfrentava resistência da família de PC, principalmente dos irmãos, que não a consideravam à altura de integrar o clã.

Após a morte do casal, o Brasil conheceu outro personagem que ficou bastante famoso: Augusto Farias, o irmão de Paulo César, um dos suspeitos eleitos pelos especuladores e pela mídia, que estaria interessado em ficar com o dinheiro de PC. Diante das incertezas e da falta de decisões judiciais capazes de resolver o caso, os veículos de comunicação assumiram cada qual a sua versão dos fatos, aquela que lhes parecia mais plausível, e buscavam provas que reforçassem seus próprios pontos de vista. Havia os que acreditavam em queima de arquivo e de forma alguma aceitavam outra hipótese. No entanto, a versão que acabou prevalecendo foi a de crime passional. Suzana matou PC por ciúme, desilusão, vingança e depois se matou. É claro que ainda restam dúvidas no entender de alguns, mas os policiais seguranças particulares foram absolvidos e Augusto Farias jamais foi apontado como suspeito pela Justiça, tendo assumido a criação dos filhos de PC. A mídia, finalmente, serenou. O repórter da revista *Veja* Joaquim de Carvalho, que, por ser um profissional zeloso e empenhado procurou desvendar os fatos até o fim, escreveu o livro *Basta!*[1], sobre sensacionalismo e farsa na cobertura jornalística do assassinato de PC Farias, e deixou claro que não houve a propalada "queima de arquivo". Seu trabalho investigativo demonstra

---

1. São Paulo, A Girafa, 2004.

que Suzana matou PC Farias provavelmente por ciúme e vingança. Em seguida, atirou contra si mesma. Entretanto, como afirma o autor citado[2], "ninguém fora do circuito policial seria capaz de imaginar que o chefe de um tal esquema de corrupção pudesse morrer pelas mãos de uma mulher em desespero, emocionalmente desequilibrada".

Algo que foi pouco ventilado na época dos fatos é que Suzana tinha um relacionamento recente com um dentista, em São Paulo.

Sete dias antes do crime, Suzana havia estado na capital paulista, provavelmente com a ajuda financeira de PC. Sua permanência foi de seis dias, durante os quais ela não falou com o namorado alagoano. Embora tivesse havido esse prolongado silêncio entre os dois, PC parecia preocupado com a viagem, pois ligou para um amigo em São Paulo e pediu que ele contratasse um serviço para segui-la na cidade. PC queria acompanhar os passos de Suzana detalhadamente, talvez no encalço de um motivo para o rompimento final.

As investigações policiais posteriores às mortes descobriram que, na noite anterior ao crime, Suzana foi ao banheiro na casa de PC e discou para (11)999-9191, número pertencente a Fernando Coleone, dentista. Não conseguiu falar com ele. Novamente às 3h53min da madrugada, Suzana ligou para o dentista Fernando e deixou um recado na sua caixa postal: "eu liguei para você, é Suzana, pra dizer que nunca vou esquecer você. Tenho certeza que vou lhe encontrar... em algum lugar... um beijo".

Segundo informado no livro de Joaquim de Carvalho[3], no momento do segundo telefonema de Suzana para Fernando, PC passou pela porta do banheiro e ouviu Suzana falar ao celular. Ele reclamou, perguntou o que ela estaria fazendo, se esperava alguém... Ela respondeu que se arrumava.

Suzana vestiu um pijama de seda cor creme, estampado de rosas vermelhas e outras cores. Ela não tirou o sutiã nem a calcinha. Novamen-

---

2. *Basta!*, São Paulo, A Girafa, 2004, p. 75.
3. *Basta!*, cit., p. 183.

te, às 4h58 daquela madrugada, ela ligou para Fernando e deixou outro recado na caixa postal: "Sou eu novamente. Espero um dia rever você nem que seja na eternidade, em algum lugar, não sei. No outro mundo eu encontro você, tenho certeza absoluta". Algum tempo após, outra tentativa mal-sucedida, às 5h02, e mais um recado: "Amor. Fernando. É Suzana...".

Suzana pegou o revólver e voltou ao quarto. Acendeu a luz e se posicionou ao lado da cama. Em pé, disparou um tiro, segurando o revólver com as duas mãos. O impacto da bala fez com que o corpo de PC girasse como um parafuso, enrolando lençol, colcha e cobertor. Ele foi encontrado virado para cima, os olhos semiabertos em direção ao teto. A morte foi instantânea, apesar da mira torta. A bala atingiu a axila da vítima. Foi um tiro casualmente certeiro, amador apesar de fatal. Em seguida, ela voltou a arma para si mesma, apertando-a junto do peito e abaixando a cabeça. Atirou. A bala atravessou o seio, o pulmão, as costas, a parede e parou no encosto da cadeira que ficava na cozinha. Suzana demorou cerca de 15 minutos para morrer. Seu corpo pendeu para trás e ficou escorado junto à parede, ela sentada na cama. Foi dessa forma que a perícia técnica refez a cena do crime.

Era de conhecimento geral que Suzana comprara uma arma e fizera curso de tiro. Sabia-se, também, que a moça era temperamental e explosiva. Talvez por se tratar de uma mulher, PC nunca pensou em se proteger dela. Dormir com uma mulher emocionalmente ferida e armada de revólver foi uma imprudência de PC. O Brasil é um dos campeões mundiais de crimes passionais. Trata-se de uma norma cultural doentia que empurra as pessoas a matar por ciúme e vingança.

Estudiosos como Eckhart Tolle[4] ensinam que quando o sofrimento nos domina, faz com que desejemos ter mais sofrimento. "Passamos a ser vítimas ou perpetradores. Queremos infligir sofrimento, ou senti-lo, ou ambos. Na verdade, não há muita diferença entre os dois. É claro que

---

4. *O poder do agora*, Rio de Janeiro, Sextante, p. 40.

não temos consciência disso e afirmamos que não queremos sofrer. Mas, preste bem atenção e verá que o seu pensamento e o seu comportamento estão programados para continuar com o sofrimento, tanto para você quanto para os outros. Se você estivesse consciente disso, o padrão iria se desfazer, porque desejar mais sofrimento é uma insanidade, e ninguém é insano conscientemente."

No caso de Suzana, tudo indica que ela já estava apaixonada por outro rapaz. Por que não optou por continuar sua vida e ser feliz com outro? Esta é uma indagação de caráter geral quando ocorre esse tipo de assassinato no Brasil. Embora os crimes passionais sejam cometidos em larguíssima escala no país, pouco se tem feito para impedir sua nefasta proliferação. Os filhos de PC, que já haviam perdido a mãe, perderam também o pai por uma insanidade cultural inoculada na mente de muitas pessoas. Com o passar do tempo, os fatos envolvendo o que podemos chamar de "a revolta do ciúme", vistos de longe, revelam-se irrelevantes, banais, absurdos, vexatórios. Essa reflexão precisa ser feita incessantemente, até que leve à mudança cultural necessária para evitar as tragédias familiares.

> (O caso PC Farias está baseado em notícias de imprensa e no livro *Basta! Sensacionalismo e farsa na cobertura jornalística do assassinato de PC Farias*, de Joaquim de Carvalho, Editora A Girafa, segunda edição, 2005.)

14

Igor Ferreira da Silva e Patrícia Ággio Longo

Em Atibaia, grande São Paulo, existe um bairro de nome Ribeirão dos Porcos, onde se instalou um condomínio residencial batizado de "Jardim Shangrilá". O local era, ainda, pouco habitado, com a maioria das ruas não pavimentadas, quando o Promotor de Justiça Igor Ferreira da Silva, de 34 anos, a pretexto de "cortar caminho", levou para lá sua mulher, Patrícia Ággio Longo, grávida de sete meses, e a matou.

Era por volta de zero hora do dia 4 de junho de 1998. Igor e Patrícia voltavam de São Paulo para sua casa em Atibaia, na camioneta Dodge-RAM de propriedade do marido, quando, na altura do km 45 da Rodovia Fernão Dias, ele resolveu ingressar na estrada de terra de acesso ao condomínio Shangrilá. Não se sabe o que Igor disse à mulher naquele momento, para justificar a alteração de rota. À Polícia, ele alegou ser este o caminho mais curto para alcançar Atibaia, embora o local fosse ermo, perigoso e exigisse mais tempo de percurso.

Igor parou o carro nas proximidades de um córrego existente na alameda Nogueira Garcez, via não pavimentada, e utilizando-se de recurso que impossibilitou a defesa da esposa, desferiu-lhe dois tiros de pistola calibre 380 à queima-roupa, atingindo-lhe a cabeça e matando-a na hora. O laudo pericial atestou que a vítima faleceu em decorrência de hemorragia cerebral, com fratura na base do crânio. Estando a moça grávida de sete meses, Igor provocou, também, o abortamento do feto.

A versão do promotor não foi esta. Ele admitiu, por não ter como negar, que optou pelo caminho mais difícil para chegar à sua casa, mas assegurou não ter matado a mulher e a criança que ela carregava no ventre. Defendeu-se dizendo ter sido vítima de assalto, do qual teria resultado a morte de Patrícia. Explicou, ao ser interrogado na Procuradoria-Geral de Justiça, que, ao ingressar no Condomínio Shangrilá, no portal de entrada, foi rendido por um assaltante. O meliante o teria ameaçado com uma arma de fogo, obrigando-o a descer do veículo e assumindo o volante. Igor teria ficado a pé enquanto o mencionado indivíduo prosseguia no carro, com a vítima a seu lado, seguido por um motociclista. Mais à frente, o assaltante teria matado a vítima, por razões ignoradas, sem nada subtrair. Enquanto o suposto ladrão levava a vítima consigo, Igor, em vez de pedir socorro em alguma casa próxima ou na guarita do condomínio, onde o vigia dormia, correu mais de três quilômetros pela Fernão Dias, até alcançar um posto da Polícia Rodoviária Federal, onde comunicou o ocorrido. Quando a Polícia chegou ao local dos fatos, encontrou Patrícia morta. Igor ainda esclareceu que fazia o trajeto alternativo à Rodovia Fernão Dias todos os dias, para livrar-se dos caminhões.

No dia seguinte ao crime, a moça foi enterrada. Ao velório, compareceram vários membros do Ministério Público do Estado de São Paulo, inclusive o Procurador-Geral de Justiça à época, Luiz Antônio Marrey. Conforme matéria publicada no jornal *O Estado de S. Paulo*, de 1º-4-2001, "na noite do crime, apesar de os policiais já suspeitarem do promotor, o clima no Ministério Público era de luto. Marrey esteve no velório e no enterro para apoiar o colega. Igor era diretor de jurisprudência da Escola Paulista do Ministério Público. Em Atibaia, Marrey soube pelo promotor local, Arthur Migliari Júnior, candidato a deputado estadual, que a suspeita recaía sobre Igor. O motivo: o vigia Daniel Francisco de Mattos afirmara tê-lo visto caminhando de madrugada dentro do Condomínio Shangrilá, o que punha em xeque a versão de Igor, que dizia ter sido abordado, na porta do condomínio, por um mulato claro, de bigode ralo, baixo, 'misto de Maguila com Romário'".

Em face dessas declarações, o alegado assaltante ficou conhecido como "Romário", mas ele nunca apareceu.

As suspeitas da Polícia foram sendo paulatinamente confirmadas até que, concluído o inquérito, o promotor foi denunciado pela Procuradoria-Geral de Justiça, ao Tribunal de Justiça de São Paulo, como autor do homicídio.

Igor foi levado a julgamento perante o pleno do Tribunal de Justiça, acusado de homicídio qualificado pelo uso de meio que impossibilitou a defesa da vítima e de abortamento sem o consentimento da gestante. Por ser promotor, ele não foi levado a Júri, pois, em virtude de lei, seu caso era de competência originária dos 25 membros mais antigos do Tribunal de Justiça.

No dia do julgamento, 18 de abril de 2001, a acusação foi feita pela Procuradora de Justiça Valderez Deusdedit Abud e a defesa pelo advogado criminalista Márcio Thomaz Bastos.

A representante do Ministério Público começou sua fala mencionando o desconforto e o desgosto da Instituição ao ser obrigada "a cortar a própria carne", acusando um de seus membros. No entanto, apesar de tratar-se de colega, a acusação, durante todo o processo, transcorreu da forma mais competente e digna possível, sem nenhum corporativismo. Igor foi tratado como réu, nada mais do que isso.

Os argumentos apresentados contra o acusado foram os seguintes:

1. A versão de assalto, por ele apresentada, era inverossímil. Igor foi contraditório ao descrever a conduta do assaltante, ora dizendo que ele estava parado no local, ora afirmando que ele saiu de trás da casinha do portal. Além disso, em lugar de pedir ajuda em uma das casas próximas, existentes no condomínio, o promotor preferiu correr cerca de três quilômetros pela Rodovia Fernão Dias, passando por outros condomínios, até chegar ao Posto da Polícia Rodoviária Federal que ele já conhecia, para ser socorrido. O vigia Daniel informou ter visto um homem de terno e gravata, que depois reconheceu ser Igor, andando pelo condomínio Shangrilá no meio da noite. O vigia também confirmou

ter visto a camioneta entrar pelo portal e garantiu não ter visto nenhuma motocicleta seguindo o veículo.

Acima de tudo, não convenceu a versão de Igor segundo a qual foi liberado pelos assaltantes e sua mulher sequestrada, quando o contrário seria mais provável. Um marido zeloso, diante da esposa indefesa e grávida, não teria acatado a ordem do assaltante para sair do carro e deixar que a mulher fosse sequestrada. Ainda mais um indivíduo como Igor, que não era fácil de ser intimidado, já havia sido delegado de polícia, era promotor de justiça e andava armado.

Além disso, o acusado não conseguiu convencer ninguém da conveniência de optar pelo caminho mais difícil e arriscado para chegar em casa. O desvio de percurso, para local ermo, deixou evidente a intenção de matar.

Por fim, não houve subtração de qualquer bem, fosse da vítima, fosse de Igor, o que enterra definitivamente a versão de assalto.

2. Na noite do crime, os policiais, já suspeitando de Igor, solicitaram que ele fizesse o exame pericial residuográfico, para verificar se havia vestígios de pólvora em seus dedos. Ao saber que seria submetido ao exame, Igor foi imediatamente ao banheiro e lavou prolongadamente suas mãos, tendo a autoridade policial percebido que o sabonete denotava intenso uso. Na Delegacia de Atibaia, prevendo a possibilidade de o exame residuográfico atestar vestígios de pólvora em suas mãos, o promotor já foi logo informando que fizera uso de sua arma de fogo no domingo anterior, quando efetuara vários disparos. Posteriormente, ao sair o resultado negativo do exame, Igor passou a negar que tivesse feito qualquer disparo anteriormente aos fatos.

3. Durante o velório de Patrícia, a Polícia solicitou que Igor entregasse o paletó, a camisa e a gravata que usava no dia do crime. No entanto, como ele ainda vestisse aquelas mesmas peças e se encontrasse na cerimônia fúnebre, ficou combinado que ele levaria a roupa à Delegacia, no dia seguinte. No entanto, Igor encaminhou para exame um paletó preto, ao passo que o paletó usado no dia do crime era azul-marinho,

e não entregou a camisa e a gravata, senão depois de muitos dias. Posteriormente, alegou "engano", dizendo que "se houve troca de paletó, não foi deliberada". A perícia comprovou a troca de paletós, tendo sido frustrado o exame residuográfico das vestimentas.

4. A vítima foi morta no interior da camioneta, onde foram encontradas duas cápsulas calibre 380. As pistolas automáticas, como é o caso da Taurus 380 mm, ejetam o estojo vazio após o disparo, o que esclarece a existência dos dois estojos, da mesma marca, no interior do veículo. Outros estojos idênticos foram encontrados na residência de Igor, provenientes de uma arma por ele utilizada. Antes do homicídio, o promotor havia declarado possuir e portar uma arma marca Taurus, calibre 380, sendo que tal arma desapareceu. Conforme mencionado pela acusação, "o sumiço dessa arma não foi justificado de maneira convincente".

5. Ficou comprovado nos autos ter havido uma desastrada intervenção dos irmãos de Igor, antes do recebimento da denúncia, no intuito de ajudá-lo a escapar da Justiça. Foi engendrado, por eles, um plano para arranjar um culpado pela morte de Patrícia. Para isso, procuraram o preso João Genivaldo Ramos, que estava recolhido na Delegacia de Guarulhos e era acusado de latrocínio e estupro, para que ele assumisse o homicídio da mulher de Igor, mediante o pagamento de 5 mil reais e a proteção na prisão. Tanto o preso quanto sua mulher, Ana Lúcia Pereira Leite, foram procurados por Eger e Iudi Ferreira da Silva e, no primeiro momento, acabaram aceitando a oferta. Genivaldo escreveu uma carta à juíza corregedora de Atibaia dizendo ter sido ele o assassino da mulher do promotor, que estava grávida. No entanto, a farsa foi rapidamente desmascarada.

A mulher do preso, Ana Lúcia, foi ouvida nos autos e informou ter sido procurada por Eger, que se dirigiu a ela nos seguintes termos: "O promotor matou a mulher dele e o Genivaldo vai segurar essa bronca. Nós vamos fornecer dinheiro para ele e se quiser mudar daqui a gente arruma... Você sabe que Genivaldo vai pegar uma condenação de trinta anos. Então para ele, uma a mais, uma a menos não vai fazer diferença".

Ana Lúcia ainda frisou novamente: "O Genivaldo não tinha matado essa mulher grávida. Quem tinha matado era o promotor, porque, depois, no fim do dia, (Eger) *falou que era irmão do promotor e o promotor tinha matado a mulher*". Essas declarações da companheira de Genivaldo foram feitas ao desembargador relator do processo de Igor, Franciulli Netto, que, posteriormente, deixou o caso em virtude de sua nomeação para o Superior Tribunal de Justiça.

A defesa de Igor não teve muito a dizer. Mostrou que o exame residuográfico resultou negativo, que a família da vítima deu apoio ao réu e alegou que o Ministério Público procurou transformar meros indícios em provas. Afirmou, ainda, que a essência de um crime é o seu motivo e a acusação não apontou esse motivo em momento algum. Ao se referir ao fato do suposto assaltante ter matado Patrícia e deixado Igor livre sem razão de ser, o defensor observou que "hoje em dia mata-se por qualquer ou nenhum motivo".

De fato, o motivo do crime ou é informado pelo seu autor, ou evidenciado por provas inequívocas, ou permanece incógnito. Não compete à acusação desvendar as razões que levam alguém a matar. O desconhecimento do motivo não significa que não houve crime ou que o acusado não tenha sido seu autor.

No caso de Igor, o motivo do crime até hoje permanece um mistério. Foram aventadas as hipóteses de passionalidade e de "queima de arquivo", entre outras, mas nenhuma se confirmou.

A fim de eliminar suspeitas sobre a ocorrência de crime passional, a defesa do réu pediu a realização de exame de DNA do feto e de seus pais para a confirmação da filiação. Concluída a perícia técnica, para espanto de Igor e de seu defensor, o laudo indicou que o promotor não era o pai da criança que Patrícia esperava. Tal conclusão complicava ainda mais a situação de Igor. Por isso a defesa, durante a instrução criminal, reiterou pedidos de nova realização de exame de DNA, alegando que o que fora feito não mereceria crédito. O Tribunal de Justiça indeferiu os pedidos de perícia, dizendo que a filiação da criança de Patrícia não iria influenciar o julgamento do caso, pois o que contava era o que o réu pensava sobre aquele filho e não a verdade sobre a paternidade.

Ao final do julgamento, Igor Ferreira da Silva foi condenado, por unanimidade, pela morte de Patrícia Ággio Longo e de seu filho, a dezesseis anos e quatro meses de reclusão, mais a perda do cargo de Promotor de Justiça. O condenado fugiu para não ser preso.

Em impecável e minucioso voto, o desembargador relator José Osório falou sobre todos os aspectos do fato, analisou prova por prova e chegou à conclusão, acompanhado pelos demais desembargadores, de que Igor havia assassinado Patrícia.

Sobre o motivo do crime, o Acórdão trouxe a seguinte ponderação: "O motivo não é circunstância elementar do tipo penal. Em tese, o motivo pode ser causa de diminuição da pena ou de qualificação do delito. Pode ser sopesado como circunstância agravante ou atenuante... (mas) o motivo não é figura elementar do delito nem tampouco exclui o dolo. (...) Na verdade, a prova dos autos não permite detectar qual o motivo do crime. Por certo que ele existe, como sempre existe em qualquer crime. Mas permaneceu oculto, nos recônditos insondáveis da alma humana. A própria defesa, aliás, foi além e chegou a admitir, em certa passagem, que 'hoje em dia mata-se por qualquer ou nenhum motivo'. O fundamental é que a prova dos autos — ainda que não detectado o motivo — não deixa dúvida sobre a autoria do crime".

Com relação ao exame de vínculo genético realizado no feto, disse o Acórdão:

"O acusado foi quem pediu, com empenho, esse exame. A única interpretação possível para tal comportamento é a de que ele, acusado, tinha a convicção plena de que era pai do nascituro. Caso não tivesse tal convicção, não haveria de requerer uma perícia de tal gravidade e precisão, pois estaria correndo desnecessariamente risco de a prova vir em seu prejuízo. (...) Na realidade, o que interessa ao presente julgamento é a verdade subjetiva, ou seja, aquilo que era real para o acusado no momento em que praticou o ato e no momento em que requereu a perícia. (...) Desnecessário, portanto, na presente ação penal tomar-se posição sobre a questão da paternidade".

Uma outra questão que surpreendeu os profissionais que atuaram no processo de Igor e que deixou perplexa a opinião pública foi o apoio constante que os pais, irmãos e demais familiares de Patrícia deram ao réu durante todo o transcorrer das apurações. A família da moça demonstrou confiar cegamente no promotor e insistiu sempre na sua inocência, mesmo diante de todas as evidências.

Sobre esse fato surpreendente, o Acórdão proferido faz algumas observações:

"O que se conclui é que os familiares da vítima só conheceram parte da personalidade do acusado. Os autos mostram outras facetas. (...) Com efeito, em torneio internacional de voo livre, realizado em Governador Valadares, ocorreu fato considerado 'triste' pela imprensa especializada, e que consistiu em desentendimento com um piloto de nacionalidade suíça contra o qual o acusado apontou uma arma de fogo. É o que se vê do depoimento do administrador de empresas Maurício José Prado Silva — Apenso 7, fls. Pelo depoimento da testemunha de defesa Rogério Becil Nogueira (fls.), verifica-se que, em dia de competição de voo livre, o acusado desacatou o juiz de decolagem, Sr. Luiz Carlos Laghe, que havia dito para o acusado esperar sua hora para decolar com sua Asa, até que os *paragliders* decolassem. Houve discussão e o acusado decolou, gerando a ocorrência certificada pela Delegacia de Polícia de Atibaia como 'Desinteligência'".

Além desses fatos desabonadores com relação à personalidade de Igor, ele também admitiu ter respondido a procedimento no Setor de Competência Originária Criminal da Procuradoria-Geral da Justiça, relativo ao porte de arma semiautomática calibre 380.

Constou, ainda, dos autos do processo, que Igor confessou revisar as petições de seu irmão Iudi, defensor de assaltantes, auxiliando-o na advocacia, o que é vedado por lei ao promotor de justiça.

Por essas razões, o Acórdão concluiu que "os pais da vítima não tiveram uma visão ampla e realista da personalidade do acusado".

Assim, são dois os mistérios que envolvem a morte de Patrícia Ággio Longo: o motivo do crime, que pode ou não ter sido passional, e o comportamento de sua família, que, apesar de perder um ente tão próximo, procurou sempre defender seu assassino.

Depois da condenação de Igor e de sua fuga, ninguém mais ouviu falar dele. Cinco anos após o seu julgamento, pelo Tribunal de Justiça, Igor perdeu o cargo de Promotor de Justiça, por decisão do mesmo Tribunal que o condenou pelo assassinato de sua mulher.

Houve boatos de que ele estaria em algum lugar do Brasil ou da América Latina, que teria sido visto praticando voo livre e até que fora encontrado pela Polícia, mas conseguira fugir novamente. Nada, porém, se confirmou.

Em 2003, ocorreu a publicação de um livro de autoria de Henrique Caire Martel[1], intitulado *Alegações finais*, no qual o autor faz uma defesa intransigente da inocência de Igor. Todos os argumentos utilizados pela acusação e constantes também do Acórdão que o condenou são rebatidos minuciosamente. Igor insiste que foi vítima de assalto, assegurando que sempre quis cooperar com as investigações e nada teve que ver com o crime. Do ponto de vista da narrativa do livro, torna-se perfeitamente natural o apoio que a família de Patrícia lhe deu, pois ele não teria matado sua mulher. Igor atribui, ainda, ao Ministério Público e à polícia uma conduta desrespeitosa, agressiva e arbitrária contra ele, desde o começo das investigações.

E conclui sua defesa dizendo-se vítima de uma grande injustiça.

Igor Ferreira da Silva ficou oito anos foragido. Em 19 de outubro de 2009, foi reconhecido por populares em uma rua da Vila Carrão,

---

1. Esse é o pseudônimo atribuído ao pai de Igor. O livro foi publicado pela Lilivros Gráfica Editores, São Paulo, 2003.

na Zona Leste da capital paulista. A Polícia foi avisada, e ele foi preso às 19h30 sem apresentar resistência. Estava magro e muito abatido. Na presença do Delegado, declarou que "iria provar sua inocência".

Em agosto de 2012, a defesa de Igor, assumida por seu próprio pai, Henrique Ferreira da Silva Filho, pediu a progressão no regime de cumprimento de pena, pleiteando o semiaberto. A juíza Sueli Zeraik, da Vara das Execuções de Taubaté, negou a progressão, considerando a periculosidade do condenado e a falta de assimilação da terapêutica carcerária, pois Igor nunca admitiu a prática do crime nem demonstrou arrependimento, postura que não favorece o condenado aos olhos da Justiça. No entanto, o Tribunal de Justiça, em decisão proferida em virtude de agravo em execução penal, acabou concedendo a progressão.

Igor cumpriu pena na P2 de Tremembé, em Taubaté, estabelecimento destinado a presos especiais, assim considerados aqueles que costumam sofrer rejeição da população carcerária comum por terem cometido crimes contra pessoas da família, ou de estupro ou pedofilia, por exemplo.

No Ministério Público de São Paulo, as opiniões dos colegas que atuaram no processo de Igor variaram muito. Foram desde a compreensão, com uma certa piedade, até a reprovação máxima de sua conduta e a intolerância com a farsa da negativa de autoria.

> (A história de Patrícia Ággio Longo e de Igor Ferreira da Silva está baseada em matérias de imprensa e no Processo n. 51.812.0/4, do Tribunal de Justiça de São Paulo.)

15

Antônio Marcos Pimenta Neves e Sandra Florentino Gomide

No dia 20 de agosto de 2000, em um haras localizado no município de Ibiúna, em São Paulo, por volta das 14 horas, o jornalista Antônio Marcos Pimenta Neves, de 63 anos, diretor de redação de *O Estado de S. Paulo*, tomado de ciúme e rancor pela ex-namorada e colega de profissão Sandra Gomide, de 32 anos, alvejou-a com dois tiros. O primeiro, dado pelas costas, provocou a queda da vítima ao solo. O segundo, disparado à queima-roupa no ouvido da moça, acabou de matá-la. O assassinato foi presenciado pelo funcionário do haras João Quinto de Souza.

Diziam os amigos que Pimenta Neves era metódico e muito sério. Tinha algumas manias. Foi qualificado pela revista *Veja São Paulo*, de 28-9-2000, de "mitômano, ciclotímico e dado a fazer intrigas entre amigos". Conhecera Sandra em 1995, na *Gazeta Mercantil*, quando retornou dos Estados Unidos, onde morou durante anos, para ser editor e diretor-chefe do jornal. Sandra era repórter da mesma empresa havia sete anos e, devido ao trabalho conjunto, ocorreu uma aproximação entre eles. O namoro propriamente dito começou cerca de um ano depois e durou quatro anos.

A relação foi conturbada, com várias brigas e reconciliações. A cada rompimento, Pimenta pedia a Sandra que devolvesse tudo o que ele lhe havia dado. Roupas, joias, selas de cavalo etc. Ele atribuía muita importância ao fato de tê-la presenteado com objetos de algum valor e não admitia que a moça ficasse com eles depois de uma separação. Achava que tudo o que Sandra possuía devia a ele, desde o emprego nos jornais, o salário que ganhava, os amigos que tinha, até a prática de equitação e a vida que levava. O problema é que, a cada ameaça de rompimento do namoro, Pimenta queria tudo de volta, negando qualquer mérito pessoal da moça em ser ou ter alguma coisa.

Pimenta e Sandra pertenciam a mundos diferentes. Ela era filha de um mecânico de automóveis da Vila Mariana, em São Paulo, e lutava para sobreviver na sua profissão. Ele havia sido assessor do Banco Mundial e, ao voltar para o Brasil, ocupou cargo de direção em dois jornais de grande circulação.

Pimenta casara-se nos Estados Unidos com a americana Carol, com quem teve duas filhas gêmeas e com quem viveu durante trinta anos. Separou-se da mulher e voltou para o Brasil para dirigir a *Gazeta Mercantil*, mas acabou se desentendendo na direção do jornal e teve de se afastar. Na época do crime estava em *O Estado de S. Paulo*, um dos maiores jornais do País. Pimenta era egocêntrico, achava-se superior aos outros. Ou seja: ele era poderoso, bem de vida e arrogante; ela era uma jovem simples, em posição subalterna a ele na carreira jornalística. Entre ambos havia uma diferença de idade de 32 anos.

Ex-colegas de Pimenta, ouvidos pela revista *Veja*[1], disseram que, "logo depois que começaram a namorar, Pimenta promoveu Sandra a repórter especial. Romperam e ele a transferiu para uma função destinada a aprendizes. Ela se recusou e pediu férias. Ele não deu. Reataram. Ela, então, pôde entrar em férias, das quais voltou já promovida a editora de um caderno de empresas". Os amigos não duvidavam de que os dois se gostassem, mas percebiam que Pimenta manipulava a moça com a hierarquia da redação.

Algum tempo depois de ter sido contratado por *O Estado de S. Paulo*, Pimenta levou Sandra para o mesmo jornal.

---

1. *Veja São Paulo*, de 28-8 a 3-9-2000, matéria *Um caso de amor e morte*.

Devido à diferença de idade, ele ficava extremamente enciumado quando Sandra se aproximava de algum colega de sua geração e tinha rompantes assustadores. Contratava motoristas para seguir os passos da namorada, tendo chegado ao cúmulo de alugar um apartamento em frente ao dela apenas no intuito de vigiá-la.

Certa noite, após o último rompimento, ao chegar em casa por volta das 21 horas, Sandra encontrou seu apartamento todo revirado. Inicialmente, pensou em assalto, mas, logo depois, encontrou Pimenta escondido atrás de um armário existente no escritório. Conforme relato feito pela revista *Veja*[2], "ele sacou uma arma calibre 38 e apontou para a cabeça dela. Levou-a para o quarto, jogou-a na cama e, sob uma saraivada de palavrões, estapeou-a duas vezes com as costas das mãos. O telefone tocou e Sandra correu para atendê-lo. Era seu pai. Pimenta, assustado, foi embora. Ela registrou essa queixa na Polícia, mas deixou um recado para que as investigações não prosseguissem, talvez acreditando que apenas o Boletim de Ocorrência fosse suficiente para assustar o ex-namorado. Esse erro lhe custaria a vida".

Sandra havia rompido definitivamente a relação. Pimenta fez vários pedidos para voltar, mas não conseguiu modificar a decisão dela. Os colegas de trabalho notavam o desequilíbrio emocional em que mergulhara o jornalista, que se mostrava totalmente obcecado e inconformado com o fim do namoro. Evidentemente, demitiu Sandra do *Estadão*. Em seguida, passou a fazer de tudo para que ela não conseguisse outro emprego. Telefonava aos amigos para falar mal de Sandra, pedindo que ela não fosse admitida em nenhum outro veículo de comunicação. Perseguia os amigos da moça e qualquer outra pessoa que se mostrasse simpática a ela. Convocou uma reunião em seu local de trabalho para explicar aos colegas a saída de Sandra do jornal. Negou que ela tivesse sido demitida por ter terminado o namoro e insinuou que a jornalista estaria recebendo propina da Vasp. Assegurou que a moça

---

2. Idem.

era incompetente como repórter especial e como editora e não poderia ocupar nenhum outro cargo no Grupo Estado.

Era tanta a confusão mental de Pimenta que ele pediu demissão do jornal. Depois, voltou atrás. Ainda segundo as informações da revista *Veja*[3], o diretor de *O Estado de S. Paulo*, Ruy Mesquita, diante da trágica desintegração mental de Pimenta, recomendou a ele que se tratasse, sugerindo-lhe um psiquiatra. O jornalista aceitou a ideia e compareceu a dez sessões de análise, mas não apresentou melhora.

Ele desconfiava que Sandra estivesse apaixonada por outro homem. Em maio de 2000, a jornalista fazia reportagens sobre as empresas de Wagner Canhedo na América Latina, quando teve de viajar para Quito, capital do Equador. Lá, conheceu Jayme Mantilla Anderson, proprietário do jornal *Hoy*, um tipo aristocrático, bem-vestido, de 50 anos, loiro, olhos claros. De volta ao Brasil, ela começou a trocar *e-mails* com ele, tendo chegado a admitir a parentes e amigos que "rolou um clima" entre ambos. A notícia chegou aos ouvidos de Pimenta, deixando-o ainda mais enlouquecido.

Era um domingo de sol quando Pimenta matou Sandra. Ela tinha paixão por cavalos e, justamente para aliviar a tensão pela qual vinha passando em virtude da conduta do ex-namorado, decidiu ir ao Haras Setti, em Ibiúna, onde montava. Levou duas sobrinhas. Ao chegarem, as meninas foram para a horta e Sandra para a selaria. Pimenta já estava a sua espera. Segundo ele mesmo relatou à autoridade policial, iniciou-se, então, uma discussão entre ambos. Pimenta "queria saber alguns fatos relacionados ao Boletim de Ocorrência do 36º D.P. versando sobre a invasão de domicílio da moça e a atitude tomada durante o tempo em que esteve no apartamento de Sandra"[4]. Negou que tivesse usado uma arma naquela ocasião. Disse que tampouco desferiu dois tapas em seu rosto, como constou da ocorrência. Pimenta também queria saber por

---

3. Idem.
4. Conforme narrou Pimenta, quando ouvido pela polícia.

que a ex-namorada não aceitava conversar com ele nem se importou com uma operação sofrida por uma de suas filhas, que estava com câncer.

Ainda conforme a narrativa de Pimenta ao Delegado Marcelo Guedes Damas, ele "tentou intimidá-la para que ela entrasse no seu veículo, entretanto a vítima conseguiu desvencilhar-se"[5]. Nesse momento, Pimenta desferiu dois tiros, a moça caiu ao solo e ele saiu "alopradamente do local do crime com seu Clio preto e, depois de rodar com seu veículo, o abandonou ali próximo. Ligou para o jornal onde trabalhava e noticiou que havia atirado em Sandra, pedindo que o viessem buscar. Um motorista foi pegá-lo e o deixou em um apartamento em São Paulo. Depois de dois dias neste mesmo apartamento, ingeriu um total de setenta e dois comprimidos dos remédios Lexotan e Frontal, o que originou sua internação no hospital".

Ainda sobre o momento dos tiros, Pimenta disse em seu interrogatório policial: "Quando eu atirei na Sandra, não saquei a arma para atirar nela, mas sim para intimidá-la a conversar comigo, dar as explicações de que eu precisava. (...) Eu sempre fui um homem extremamente racional, lógico, mas naquele momento eu não estava em um estado emocional que me teria impedido de cometer esse gesto brutal... Eu acho que foi o Orson que disse que todos matam a pessoa que amam. Matam em palavras, em gestos. Toda a minha vida foi construída em torno dela nestes últimos quatro anos. (...) Eu idolatrava o chão que ela pisava".

Após o crime, Pimenta ficou internado para tratamento de saúde até se recuperar. Foi, então, transferido para o 13º Distrito Policial, onde dividiu a cela com um vereador acusado de corrupção e um estudante de medicina que havia matado, gratuitamente, várias pessoas em um cinema de *shopping*.

Antônio Marcos Pimenta Neves confessou detalhadamente o crime. Esteve preso, em razão de prisão preventiva, até 23 de março de 2001, quando um *habeas corpus*, impetrado pelo advogado Antônio

---

5. Interrogatório policial de Pimenta.

Cláudio Mariz de Oliveira, foi-lhe concedido pelo Supremo Tribunal Federal. Por decisão do Ministro Celso de Mello, Pimenta foi solto e aguardou o julgamento em liberdade.

Por sua vez, amigos e familiares de Sandra Gomide criaram uma associação com o fim de acompanhar a apuração dos fatos e o andamento do processo criminal contra Pimenta. Contrataram os advogados Luiz Flávio Gomes e Márcio Tomaz Bastos como assistentes de acusação.

Pimenta foi julgado pelo Tribunal do Júri somente em 3 de maio de 2006, ou seja, seis anos após a data do crime. Sua defesa fez o possível para adiar o julgamento e, como se vê, obteve sucesso, mas não conseguiu absolvê-lo.

Depois de trocar algumas vezes de advogado, o jornalista foi defendido em plenário do Júri de Ibiúna por Ilana Muller e seu irmão Carlos Frederico Muller. A acusação ficou a cargo do Promotor de Justiça Sérgio Rodrigues Horta Filho. O julgamento foi tenso e durou três dias. Ao final, Pimenta viu-se condenado a dezenove anos, dois meses e doze dias de reclusão, em regime integralmente fechado, por se tratar de homicídio duplamente qualificado, um crime hediondo.

Como o réu estava aguardando o julgamento em liberdade, por decisão anterior do Supremo Tribunal Federal, o Promotor de Justiça Rodrigues Horta, logo após ouvir a sentença condenatória, pediu a imediata prisão do réu, alegando, entre outros argumentos, que a decisão imposta pela sociedade, representada pelo Conselho de Sentença do Júri, deveria ser respeitada e posta imediatamente em prática.

O Juiz Diego Ferreira Mendes, porém, indeferiu o pedido de prisão e manteve a liberdade provisória concedida a Pimenta Neves pelo Supremo Tribunal Federal, fundamentando sua decisão no fato de não estarem presentes os pressupostos da prisão preventiva, ou seja, não haveria risco de fuga nem ameaça à segurança pública com a liberdade do réu. Assim, a prisão teria de aguardar o trânsito em julgado da sentença condenatória, o que somente ocorre após esgotados todos os recursos possíveis.

Tal desfecho frustrou imensamente os jurados e a família da vítima. Além disso, para a população, que acompanhou o julgamento pelos meios de comunicação com enorme interesse, ficou a sensação de impunidade. Uma amarga revolta contra a Justiça foi sentida nas declarações prestadas nas matérias de jornais e programas de televisão. O Ministério Público recorreu da decisão, mas o Tribunal de Justiça não deu provimento ao recurso.

Dessa forma, Pimenta Neves, apesar de condenado a quase vinte anos de reclusão, em regime integralmente fechado, saiu livre e tranquilo das dependências do Tribunal do Júri e recolheu-se, discretamente, ao conforto de sua residência.

Onze anos depois da prática do crime, o Supremo Tribunal Federal julgou definitivamente o processo do assassinato de Sandra. Pimenta foi preso em maio de 2011 e não apresentou resistência. Sua pena fora reduzida para 15 anos de reclusão por decisão do Superior Tribunal de Justiça. Aos 74 anos, no momento da prisão, Pimenta estava em sua casa, no bairro de Santo Amaro, na cidade de São Paulo.

Ao saber da notícia, o pai de Sandra, João Gomide, declarou que essa prisão era tudo o que ele mais queria. Depois, ficou intensamente emocionado e apresentou confusão mental. Precisou tomar calmantes e se recolher. A mãe de Sandra ficou doente após o crime. Acometida de edema pulmonar, no momento da prisão de Pimenta, estava acamada. A morte de Sandra desestruturou irremediavelmente toda a sua família.

> (A história de Pimenta Neves e Sandra Gomide está baseada em matéria publicada pela revista *Veja São Paulo*, de 28-9-2000, nos autos do Processo n. 270/00, da 1ª Vara Criminal de Ibiúna/SP e em matérias do jornal *Folha de S. Paulo*.)

16

Lindemberg Alves e Eloá Cristina Pimentel

Depois de cem horas em cativeiro, acompanhadas de perto por toda a população brasileira pelo rádio, pela televisão e pelos jornais, no dia 17 de outubro de 2008, na cidade de Santo André, grande São Paulo, terminaram a tortura e o cárcere privado de Eloá Cristina Pimentel, de 15 anos, alvejada na virilha e na cabeça por seu ex-namorado Lindemberg Alves, 22 anos, que a matou por ciúme e vingança.

Eloá não foi um caso isolado de homicídio passional. Foi, apenas, mais um, e é inacreditável que com tantos avanços conquistados pelas mulheres, ao longo do último século, a violência de gênero continue ocorrendo no país com a mesma intensidade.

A passionalidade não se confunde com a violenta emoção. O termo "passional" deriva de paixão, não de emoção, nem de amor. Não é um homicídio de impulso, ao contrário, é detalhadamente planejado, exatamente como fez Lindemberg. Ele foi à casa de Eloá preparado para acertar as contas, armado até os dentes, com os bolsos cheios de munição para fazer o que fosse necessário a fim de alcançar o seu objetivo: matar aquela que o rejeitou e talvez o estivesse trocando por outro.

Lindemberg, conhecido no círculo íntimo pelo apelido de Liso, conheceu Eloá quando a moça tinha doze anos e ele dezenove. Namoraram durante dois anos e sete meses. O relacionamento foi conturbado, com muitas brigas e agressões por parte do rapaz, que era excessivamente ciumento e possessivo. Ele proibia Eloá de sair de casa, de ir a festas e de encontrar amigos. Mesmo assim, em acessos de raiva, brigava com a moça e rompia o namoro. Depois voltava, querendo fazer as pazes. Eloá cedeu muitas vezes, mas, na última, decidiu não mais reatar. Queria ter independência para estudar, fazer cursos, manter as amizades. Liso não se conformou. Pôs na cabeça que deveria matá-la e, em seguida, se matar.

No dia 13 de outubro, no final da manhã, Eloá havia retornado da escola e estava em casa com o irmão Douglas, no Conjunto Habitacional do Jardim Santo André, quando Liso apareceu, a pretexto de convidar Douglas para passear de moto. Os dois eram amigos e foi em decorrência dessa amizade que Eloá conheceu seu algoz.

Liso convenceu o irmão da moça e levou-o para um parque usualmente frequentado por jovens. Lá chegando, disse que estava com fome e que iria buscar sanduíches para ambos. Abandonou Douglas no local e retornou para o apartamento onde, acreditava, encontraria Eloá sozinha. Ao chegar, percebeu a porta destrancada e entrou sem avisar. Surpreendeu a ex-namorada em companhia da amiga Nayara e de mais dois amigos, Vitor e Iago, este último namorado de Nayara. Os estudantes estavam juntos para fazer um trabalho escolar em equipe.

Mais um contratempo. Liso não esperava encontrar outras três pessoas, mas não titubeou. Transformou todas em reféns. Começou ameaçando todos com uma arma de fogo e, em seguida, espancou Eloá. A moça gritou muito, porém em vão. Os amigos, amedrontados, não reagiram. Liso avisou, então, que iria matar Eloá, os amigos dela e se matar depois.

Enquanto isso, Douglas se cansa de esperar o amigo retornar ao parque e volta para casa. Não consegue entrar, a porta está trancada, o rapaz espera até o pai chegar, com a chave. Nesse momento, Lindemberg avisa: se ele entrar, morre. Por fim, quem avisou a polícia foi o pai de um dos rapazes sequestrados, assustado com o desaparecimento do filho. Acompanhado de policiais militares, o pai vai até o apartamento e, então, Liso determina que ninguém se aproxime. A situação se esclarece como cárcere privado e se torna pública; outras viaturas policiais acorrem ao local. Um sargento tenta se aproximar da porta para iniciar uma negociação e Lindemberg atira contra a polícia, mas não atinge ninguém. A área foi cercada.

Eloá, percebendo o perigo, tenta ser carinhosa com Liso e diz que gostaria de voltar para ele. O rapaz, porém, tomado de ódio, não se deixa enganar e avisa que não a quer mais.

O cárcere privado se estendeu por cinco dias. Durante esse período, Liso soltou os demais reféns e manteve apenas Eloá em seu poder. As negociações foram comandadas pelo capitão Adriano Giovaninni, do GATE.

Ainda durante o período de cativeiro, Lindemberg apareceu sozinho na janela duas vezes, encapuzado. Foram duas chances que a polícia teve de atirar para neutralizá-lo, mas a opção foi por não atirar. Em outro momento, ele surgiu na janela com uma arma apontada para o pescoço de Eloá. Tudo foi filmado, fotografado e gravado pela mídia, em tempo real. A foto mais divulgada nos jornais e revistas foi de Eloá machucada, chorando, na janela, implorando por calma, com as mãos estendidas.

A situação causou comoção nacional. A população acompanhou o desenrolar do drama, rezando para que tudo terminasse bem, mas o final foi trágico, como sempre acontece em casos de crime passional.

Lindemberg, desde o começo, estava decidido a matar Eloá. Ele demorou uns dias para realizar seu intento por ter se transformado em celebridade; chegou a ser entrevistado ao vivo, por telefone, por Sônia Abrão, para a RedeTV. Mas todo homicida passional é determinado; dificilmente alguém o demove da sua obsessão assassina.

Por essa razão, a negociação que se estabeleceu durante todo o período de cativeiro não teria chance de prosperar, como não prosperou. Lindemberg não queria dinheiro, não queria garantir sua fuga, não queria proteger sua integridade física. Estava obcecado por matar Eloá. Assim, não adiantou procurar pessoas experientes em negociações com sequestradores para cuidar de um caso que era passional. O efeito do rompimento da relação afetiva na psique desse tipo de agressor exige tratamento diferenciado, tendo em vista que a negociação não tem bases materiais, mas emocionais. O intento assassino não comporta barganha material. A única certeza que se poderia ter tido durante o desenrolar dos fatos é a de que a neutralização de Lindemberg teria salvado Eloá, mas os policiais que centralizavam as negociações alegaram que tinham ordens para não atirar.

Inexplicável foi o fato de Nayara, 15 anos, uma das reféns que havia sido libertada, ter voltado ao cativeiro pelas mãos da própria polícia. Dessa forma, depois de quatro dias de negociações, além de Eloá não ter sido libertada, ainda surge mais uma refém, que retorna ao cativeiro espontaneamente, com a anuência da polícia, depois de ter conseguido sua liberação!

Em dado momento, Eloá, esgotada, surta, quebra objetos dentro do apartamento. Começa a gritar e pede para que Lindemberg a mate. Não aguenta mais a situação. Em reação a isso, o agressor toma Nayara pelo pescoço, aplicando-lhe uma gravata e pergunta a Eloá se ela quer ver a amiga morta. Com isso, a moça se controla.

A ação da polícia foi decisiva, em todos os momentos. Após cinco dias de alta tensão, de negociações que não avançavam e do totalmente inexplicável retorno da amiga Nayara ao apartamento onde a ação se desenrolava, a polícia decidiu invadir o local. Para tanto, colocou explosivos na porta de entrada do apartamento e detonou-os, provocando pânico nos jornalistas e curiosos que ali faziam plantão.

Alertado pelo barulho ensurdecedor, Lindemberg disparou sua arma imediatamente, alvejando duas vezes Eloá e ferindo Nayara no rosto. Por mero erro de pontaria, ele não matou a amiga, demonstrando verdadeira fúria assassina contra o gênero feminino. O tiro em Nayara passou de raspão, ferindo-lhe o nariz. Eloá foi atingida na virilha, evidenciando a intenção de atingir predeterminada região, como "vingança sexual".

Embora muitas indagações possam ser feitas e algumas lições devam ser tiradas para evitar erros futuros, é crucial entender melhor o crime passional e a força que move seu autor. Por que o homem precisa matar a mulher que o rejeita? Não seria suficiente separar-se dela e arrumar outra? Por que tantos homens aparentemente normais e pacíficos reagem de forma brutal e insana quando são desprezados ou simplesmente substituídos? São numerosos os casos de homicídio passional ao longo da história de nosso país, mas muito pouco se discute sobre eles.

Na conduta do criminoso passional encontra-se embutida uma causa exógena, ou seja, uma pressão social para que ele não aceite a autodeterminação da mulher. Além do fato em si de ter sido desprezado, o passional preocupa-se em mostrar aos amigos e familiares que ainda continua no comando de sua relação amorosa e que castigou com rigor aquela que ousou desafiá-lo. É a face deplorável do patriarcalismo. Por essa razão, o sujeito comete o crime na presença de testemunhas e, depois, confessa a autoria do delito sem rodeios e em detalhes. Para ele, praticar o ajuste de contas e não demonstrá-lo publicamente de nada adianta.

É evidente que o passional vai dizer que "matou por amor". Com todas as provas contra si, nada lhe resta a declarar. A cadeia não é um lugar agradável. No entanto, é óbvio que ninguém mata por amor. Lindemberg, durante as conversas que manteve com o irmão da moça por telefone, que foram gravadas pela polícia e divulgadas pela mídia, informou que "estava com ódio de Eloá, que não conseguia nem olhar para a cara dela".

Lindemberg não se matou, como disse que faria quando invadiu o apartamento. Foi preso em flagrante e espancado pelos policiais porque resistiu à prisão.

O coronel Eduardo Félix, em entrevista coletiva após o lamentável desfecho, indagado por um repórter se a polícia não deveria ter atirado quando possuía condições para isso, deu a seguinte resposta:

"— Os policiais tiveram condições de atirar em Lindemberg, sim. Nós poderíamos ter dado o tiro de comprometimento. Mas era um garoto de 22 anos, sem antecedentes criminais e vivendo uma crise amorosa. Se tivéssemos atingido com um tiro, fatalmente estariam questionando por que o GATE não negociou mais, por que deram um tiro em um jovem de 22 anos de idade em uma crise amorosa, fazendo algo de que se arrependeria?"[1].

É uma experiência que precisará ser levada em conta se uma situação semelhante ocorrer no futuro. Melhor atirar no agressor assim que possível, mesmo "em crise amorosa" e "com 22 anos", do que permitir que ele mate uma moça de 15 anos e tente matar outra da mesma idade, ambas completamente inocentes e indefesas.

Lindemberg foi condenado pelo Tribunal do Júri a cumprir 98 anos e 10 meses de reclusão pela prática de um homicídio (Eloá), duas tentativas de homicídio (Nayara e um sargento da Polícia Militar), cinco cárceres privados e quatro disparos de arma de fogo. O Júri foi formado por seis homens e uma mulher. Na ocasião, ele tinha 25 anos.

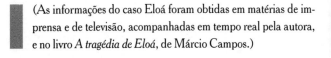
(As informações do caso Eloá foram obtidas em matérias de imprensa e de televisão, acompanhadas em tempo real pela autora, e no livro *A tragédia de Eloá*, de Márcio Campos.)

---

1. Declaração transcrita no livro *A tragédia de Eloá – uma sucessão de erros*, de Márcio Campos, ed. Landscape, 2008, p. 102.

17

Mizael Bispo de Souza e Mércia Mikie Nakashima

Em 23 de maio de 2010, a advogada Mércia Mikie Nakashima almoçou com a família na residência de sua avó, em Guarulhos, na grande São Paulo, e saiu de lá dirigindo seu carro por volta de 18h30, informando que iria voltar para casa. No entanto, desapareceu misteriosamente. Seu corpo foi encontrado dezenove dias depois, dentro da represa da cidade de Nazaré Paulista.

Antes de sair, Mércia havia recebido um telefonema de seu ex-namorado, Mizael Bispo de Souza, ex-policial militar que também fora seu sócio de escritório de advocacia. Ele a atraiu para um encontro que, na verdade, era uma emboscada que culminou com o assassinato da moça, então com 28 anos.

Mércia era brasileira, filha de japoneses. Estava em plena juventude, era linda, educada e discreta. O namoro com Mizael fora conturbado devido ao temperamento dele, ciumento, complexado, rude. Mizael havia nascido em Paratinga, Bahia, era bem mais velho do que ela, e tinha 40 anos quando o crime aconteceu. Ele costumava reclamar que Mércia sentia vergonha dele e, por isso, não assumia publicamente o namoro. Achava que a moça o humilhava. Por outro lado, o casal tinha muitos desentendimentos relacionados aos honorários advocatícios, dos tempos em que haviam sido sócios de escritório. O fato é que, por um motivo ou por outro, Mércia decidiu dar um fim ao relacionamento de quatro anos, mas Mizael não se conformava. Ligava para ela várias vezes por dia, atormentava e perseguia a moça.

Quando Mércia desapareceu, a família se desesperou; acionou a Polícia, mas o tempo passava e ninguém a encontrava. Os familiares, então, iniciaram a busca por conta própria, passavam dia e noite procurando pistas, vestígios, pessoas que poderiam tê-la visto, pedindo a colaboração da comunidade, fazendo apelos nos meios de comunicação até que em 10 de junho seguinte os parentes receberam um telefonema anônimo informando que o carro da vítima havia sido jogado na represa da cidade de Nazaré Paulista. As equipes de resgate fizeram uma busca no local e encontraram o carro da moça submerso a uma profundidade de seis metros, com o vidro do motorista aberto. Dentro dele, os pertences da advogada. No dia seguinte, o corpo de Mércia foi localizado na mesma represa.

A testemunha que fez o telefonema anônimo e possibilitou o início das investigações era um homem que estava no local no momento do crime e alegava ser pescador. Ele presenciou a execução do delito, mas os assassinos não perceberam sua presença, pois estava do outro lado da margem, a uns cem metros do carro de Mércia. Nos primeiros momentos, o homem informou que pescava na represa, mas a realidade, posteriormente esclarecida, é que ele era casado e namorava outra moça naquele local. Por isso, sua identidade nunca foi revelada e seu depoimento foi sigiloso. Ele se inscreveu no programa de proteção à testemunha e não foi ouvido no plenário do Tribunal do Júri, mas seu testemunho já constava dos autos. Identificado posteriormente por "testemunha Ômega", ele relatou que, na noite do crime, ouviu gritos de mulher e viu um carro ser empurrado para dentro da água. Antes de o carro submergir completamente, uma pessoa saiu de dentro dele.

Pouco tempo depois, descobriu-se que um vigia de nome Evandro Bezerra Silva, amigo de Mizael, nascido em 1971, em Olho D'Água das Flores, Alagoas, estava envolvido no caso. Interrogado, o vigia confessou ter auxiliado Mizael a assassinar Mércia. Por sua vez, familiares da vítima começaram a ser intimidados e ameaçados. Os Nakashima contrataram o advogado Alexandre de Sá para atuar como assistente de acusação, a fim de se certificar de que os responsáveis por aquele brutal assassinato fossem punidos. Na ocasião, Mizael e Evandro se evadiram.

Em 23 de janeiro de 2011, a mãe e o irmão de Mércia trafegavam em Bom Jesus dos Perdões, retornando de Piracaia, quando foram perseguidos e encurralados por dois homens armados em uma motocicleta. O carro dos Nakashima caiu em uma ribanceira e ambos os ocupantes ficaram feridos. Os familiares da vítima tiveram de pedir proteção à Justiça.

Concluída a primeira fase da instrução criminal, a Justiça pronunciou Mizael e Evandro, ou seja, considerou haver prova suficiente para que ambos fossem levados a julgamento pelo Júri Popular. Com a pronúncia, foi decretada a prisão preventiva de ambos. Depois de mais de um ano foragido, em 24 de fevereiro de 2012, Mizael se entregou e foi recolhido ao Presídio Romão Gomes. Três meses depois, Evandro foi preso no povoado de Candú, em Alagoas.

O laudo de exame necroscópico concluiu que Mércia foi ferida com três tiros antes de morrer: um tiro no rosto, outro no braço esquerdo e o terceiro na mão direita. Dentro de seu carro, ainda viva, foi empurrada para o fundo da represa, onde morreu por afogamento.

Especialista em mapeamento de telefones celulares e GPS por meio de ERBs (Estações de Rádio Base), o investigador de polícia Alexandre Simone Silva analisou os registros das ligações feitas e recebidas por Mizael, Evandro e Mércia no dia do crime e constatou que os três estavam nas imediações da represa no momento em que ocorreu o assassinato. A perícia técnica também demonstrou que no sapato que Mizael usava no dia do crime havia vestígios de sangue, partículas ósseas, latão e algas subaquáticas, estas últimas da mesma espécie das existentes na represa de Nazaré Paulista. Não restou dúvida de que Mizael e Evandro cometeram o crime. Além do que, Evandro confessou tudo.

O Júri foi marcado para 11 de março de 2013 e desmembrado em relação ao corréu Evandro.

Mizael foi julgado primeiro. A decisão saiu em 14 de março: o Júri considerou-o culpado pela morte de Mércia e o juiz aplicou a pena de 20 anos de reclusão. Foi a primeira vez na história do Brasil que um julgamento pelo Júri obteve autorização da Justiça para ser televisionado ao vivo, integralmente. Os espectadores puderam acompanhar os depoimentos testemunhais, a atuação do promotor de justiça Rodrigo Merli Antunes, do assistente de acusação Alexandre de Sá Domingues, dos defensores Ivon Ribeiro, Samir Haddad Júnior e Wagner Aparecido Garcia. O juiz, muito ponderado, foi Leandro Bittencourt Cano, que fez um esforço hercúleo para impor a ordem durante o julgamento, não raras vezes conturbado pela agressividade da defesa, que chegou a discutir acaloradamente com uma das testemunhas de acusação, o irmão de Mércia.

Mizael advogou em causa própria e não assumiu a postura de réu. Movimentava-se com desenvoltura no plenário do Júri, consultava os autos, falava com os advogados, o que deixou a assistência indignada. Seus defensores procuraram atacar o trabalho da Polícia, do Ministério Público e do Juiz por não conseguirem argumentar com a prova dos autos, que lhes era desfavorável. Os jurados perceberam isso, bem como os populares que acompanhavam o julgamento. O Promotor de Justiça Rodrigo Merli Antunes portou-se de forma muito controlada e objetiva, mas em determinado momento, irritado com os argumentos do defensor Ivon Ribeiro que tentava induzir os jurados em erro, citou João, Capítulo 8, Versículo 44: "O Diabo é pai da mentira, o Diabo é o pai da mentira e o senhor é amigo do Diabo". No dia seguinte, pessoas que compareceram para assistir ao julgamento gritavam para o defensor: "Abo, abo, abo, Advogado do Diabo!".

Foram quatro dias de tensão, emoção e fadiga.

Ao final do julgamento, quando leu a sentença, o juiz chegou às lágrimas. Ele disse que Mizael demonstrou "absoluta insensibilidade para com a vida humana, valorando-a para menos que seu prazer possessivo, totalmente descabido". Qualificou a conduta do réu como "desprezível e altamente repugnante". Além disso, criticou o fato de o réu ter mentido descaradamente em suas declarações, ao negar a autoria do delito, e lamentou a inexistência do crime de perjúrio no ordenamento jurídico brasileiro. Por fim, agradeceu a Deus por lhe ter dado sabedoria para levar a bom termo aquele julgamento.

De fato, o réu "jurou por sua filha" que não matou Mércia e assegurou nunca ter estado na represa, local do crime. No entanto, a comprovação da autoria era segura e a prova contra Mizael era farta. A condenação foi inevitável. Do público presente no julgamento, Mizael ouviu gritos de "assassino" e "psicopata". Ele foi responsabilizado por homicídio triplamente qualificado: motivo torpe, uso de recurso que dificultou a defesa da vítima e meio cruel. Sua defesa recorreu da decisão para o Tribunal de Justiça de São Paulo, em busca da anulação do julgamento ou, ao menos, a diminuição da pena. O Ministério Público também recorreu para aumentar a pena e para cassar a aposentadoria de Mizael.

O vigia e comparsa de Mizael, Evandro Bezerra da Silva, foi julgado separadamente, no final do mês de julho de 2013, em Guarulhos, na grande São Paulo, e seu julgamento durou três dias. Os jurados condenaram o réu, e a juíza Maria Gabriela Riscali Tojeira aplicou-lhe a pena de 18 anos e 8 meses de reclusão.

Em junho de 2017, o Tribunal de Justiça de São Paulo acatou recurso do promotor Rodrigo Merli e aumentou a pena de Mizael Bispo de Souza para 22 anos e 8 meses de prisão.

Em comentário publicado no jornal *O Estado de S. Paulo*[1], o jurista Luiz Flávio Gomes afirmou que "a violência machista por quem se sentia o *lixo dos lixos* diante do fim do relacionamento deparou-se com o sinal vermelho da Justiça, indicativo de que essa vergonha nacional não pode ter continuidade em nosso país, que é o 7º no *ranking* mundial nesse tipo de delito. Nós, os humanos, somos diferentes dos animais porque temos liberdade de escolher (dentro de certas circunstâncias) e podemos reconhecer a vulnerabilidade da nossa existência. Se tivéssemos

---

1. *O Estado de S. Paulo*, Caderno Metrópole, 15-3-2013, p. C1.

mais consciência dessa vulnerabilidade, teríamos mais cuidado com a vida dos outros. Existem mil maneiras de resolver conflitos. Recorrer à violência é um atraso civilizatório abominável".

> (A história de Mizael e Mércia está baseada na prova dos autos, em matérias dos jornais *O Estado de S. Paulo* e *Folha de S. Paulo* e na cobertura do julgamento pela televisão.)

18

Elize Araújo Kitano Matsunaga e Marcos Kitano Matsunaga

Em 19 de maio de 2012, pouco depois das 20:00 horas, no interior do apartamento n. 172-A do edifício localizado na Rua Carlos Weber 1376, bairro de Vila Leopoldina, São Paulo, Capital, Elize Araújo Kitano Matsunaga matou seu marido Marcos Kitano Matsunaga mediante um único disparo de arma de fogo na região frontal esquerda, sendo que o tiro penetrou de frente para trás e de cima para baixo. Conforme constou da denúncia, enquanto o marido agonizava, Elize armou-se de uma faca e seccionou-lhe o pescoço, conseguindo decapitá-lo antes que ele estivesse morto.

Marcos e Elize se conheceram no final de 2004, quando a vítima a procurou em um site de relacionamento chamado MClass, que oferecia programas sexuais mediante pagamento. Na época, Marcos era casado e tinha uma filha, mas mesmo assim iniciou um relacionamento estável com Elize, que durou aproximadamente 3 anos, até que se divorciou para se casar com ela. Algum tempo depois, Elize engravidou e deu à luz uma menina.

Seis meses depois do nascimento da filha, o relacionamento do casal começou a se deteriorar, com a ocorrência de brigas constantes. Elize suspeitava de que Marcos tivesse um caso extraconjugal e contratou uma agência de detetives para segui-lo. Comprovada a existência de outra mulher, por fotos e vídeos, e diante dos maus-tratos que o cônjuge lhe dispensava nos últimos tempos, agredindo-a fisicamente em várias oportunidades, Elize passou a planejar um desfecho para aquela relação. Ela era exímia atiradora, havia feito curso de tiro e possuía armas de fogo em casa, assim como seu marido.

No dia dos fatos, ela regressara de viagem que fizera ao Estado do Paraná, onde residia sua família, e Marcos foi buscá-la no aeroporto. Ao chegarem em casa, Elize informou ao marido que havia contratado um detetive e realizado uma investigação. Sabia que ele a traía com outra mulher, fato que gerou uma discussão acalorada entre o casal. Foi então que Marcos decidiu sair do apartamento e buscar uma pizza que havia encomendado. As câmeras do prédio registraram sua chegada de volta ao apartamento, com a pizza nas mãos. Ocorre que os ânimos de sua mulher não estavam aplacados, mas, ao contrário, Elize armara-se de uma pistola Imbel, calibre 380, registrada em seu nome e aguardava a volta do marido. Assim que ele entrou em casa, ocorreu uma nova discussão durante a qual Marcos teria dito que iria mandar a esposa "de volta para o lixo de onde ela veio" (segundo matéria da revista *Veja* de 13-6-2012, p. 90). Foi nesse momento que Elize tirou de uma gaveta a pistola calibre 380, que havia ganhado do marido, e se aproximou dele. Mesmo diante da arma de fogo, Marcos ainda teria dito "você é fraca, não vai ter coragem de atirar. Vou mandar te internar, não vou deixar minha filha ser criada por você. Nenhum juiz vai dar a guarda a uma prostituta" (revista *Veja*, idem). Nesse momento, Elize disparou a arma. Em seguida, iniciou o esquartejamento do corpo.

Segundo a denúncia, ainda enquanto a vítima agonizava, a moça "armou-se de uma faca, aproximou-se do seu pescoço e o seccionou, conseguindo decaptá-lo".

Por ter trabalhado anteriormente em um Centro Cirúrgico, ela sabia como realizar os cortes. Começou pelas pernas, depois cortou os braços, antebraços e mãos; em seguida, cortou a barriga, na região da cintura, separou a genitália, as coxas e o tronco. Elize trabalhou a noite toda, pois, após o esquartejamento, ela colocou as partes do corpo em sacos plásticos usados para lixo e ocultou os restos mortais em malas de viagem, facilitando o transporte. Em seguida, limpou o local e, na manhã seguinte, desceu com os despojos pelo elevador de serviço, quando foi filmada pelas câmeras do edifício. Colocou a bagagem em seu veículo Mitsubishi Pajero, que estava na garagem, e rumou para o Paraná, seu Estado de origem. No trajeto, foi parada pela Polícia que constatou irregularidade na documentação do carro por ela apresentada. Como as malas estavam com ela e representavam um grande perigo, Elize pagou a multa, livrou-se dos policiais o mais rápido que pôde e voltou para o veículo. Desistiu de empreender uma viagem longa, para outro Estado. Acabou descartando as partes do corpo na Estrada dos Pires, em Caucaia do Alto, Cotia/SP, onde foram encontradas as malas posteriormente, à beira do caminho, em uma extensão de 4,2 km. A localização dos restos mortais de Marcos foi possibilitada pelas antenas de celular (URBs) que registraram os locais por onde ela passou no dia do descarte das partes do corpo.

A denúncia, oferecida pelo Promotor de Justiça José Carlos Cosenzo atribuiu à conduta da acusada três qualificadoras do homicídio: motivo torpe (vingança), uso de recurso que impossibilitou a defesa da vítima (surpresa) e meio cruel (esquartejamento), esta última qualificadora tendo em vista haver informação nos autos de que a autora decapitou a vítima enquanto esta ainda estava viva.

Além do homicídio triplamente qualificado, Elize foi acusada e condenada por ocultação e destruição de cadáver e também teve sua pena agravada por ser cônjuge da vítima. Ela foi incursa no art. 121, § 2º, I, III e IV; art. 211 e art. 61, II, *e*, *in fine*, todos do Código Penal Brasileiro e, no julgamento pelo Tribunal do Júri, em 2016, foi condenada a 19 anos, 11 meses e 1 dia de reclusão. Em março de 2019, o STJ acolheu pedido da defesa para a diminuição da pena de Elize, que foi fixada em 16 anos e 3 meses de reclusão, tendo em vista que ela confessou espontaneamente o crime e informou ter ocultado o cadáver.

O laudo de exame necroscópico definiu a causa da morte como "choque traumático (traumatismo cranioencefálico por agente pérfuro-

-contundente (projétil de arma de fogo), associado à asfixia respiratória por sangue aspirado devido à decapitação".

Como Elize era conhecedora de armas, substituiu o cano da arma utilizada por um outro cano que mantinha consigo, a fim de inviabilizar eventual exame pericial de confronto do projétil com a pistola e a comprovação de disparo recente.

Mesmo com tudo isso, todas as técnicas empregadas e toda a preparação bastante planejada, o crime foi desvendado pela Polícia e Elize acabou presa. Quando saiu de casa com as malas que continham as partes do corpo da vítima, ela também descartou um computador, que usara para mandar falsas mensagens à família da vítima, no lixo de um shopping, e a faca que usara para esquartejá-lo em outro shopping; o cano da arma foi substituído pelo outro para prejudicar eventual futura perícia. Ao final das providências de ocultação do crime, Elize ainda teria ido a um outro shopping comprar uma bolsa de grife.

Porém, ao ser presa e interrogada ela confessou a prática do crime.

O assistente de acusação, contratado pela família de Marcos, o advogado Luiz Flávio Borges Durso, avaliou o júri de Elize como "exaustivo e extenuante". O julgamento durou 10 dias, com muitas testemunhas, muitos peritos, laudos e provas que, afinal, demonstraram claramente como os fatos se deram. E, realmente, a conclusão a que se chegou foi de que Elize matara o marido por ciúme e por vingança, como é próprio do crime passional.

Marcos Kitano Matsunaga era neto do empresário que, no início dos anos 1960, fundara a Yoki. Com o tempo, a empresa transformou-se em uma importante indústria do ramo de alimentos. Quando Marcos desapareceu, a Yoki estava sendo vendida para uma gigante americana, General Mills, por 1,7 bilhão de reais. O comando da Yoki era das duas filhas de seu fundador, uma delas Misako, a mãe de Marcos. A empresa tinha cinco mil funcionários e, quando do desaparecimento de Marcos, as negociações estavam em andamento e não foram interrompidas porque ele não tinha influência sobre os destinos da companhia.

Interessante notar que a vítima, ao ser cobrada pela esposa por suas "traições", utilizou-se de agressões verbais violentas, como o fato de a esposa ter sido "prostituta". No entanto, Marcos não era o tipo de homem que se importava com o fato de namorar mulheres que faziam programas, ao contrário, essa parecia ser sua indiscutível preferência. De fato, ele havia se separado da esposa anterior para se casar com Elize e, após o matrimônio, ele passou a se encontrar com outras garotas de programa do mesmo site de relacionamento no qual conheceu Elize.

A grande contradição do sistema patriarcal é justamente o fascínio dos homens pelas mulheres profissionais do sexo e, ao mesmo tempo, o repúdio grotesco pela atividade sexual da mulher.

Mesmo sabendo, desde sempre, que Elize era garota de programa, Marcos se apaixona e se casa com ela. Porém, no momento das discussões acaloradas, agride-a por ter sido prostituta, situação da qual ele sempre teve total conhecimento. Nesse aspecto, o caso Yoki se presta a uma grande reflexão sobre o comportamento hipócrita dos exploradores de mulheres e o desejo incontrolável de dominar seres humanos em condição de subalternidade, imposta pelo patriarcado.

(O caso de Elize e Marcos está baseado nos autos do processo--crime, em matéria da revista *Veja*, de 13-6-2012, e em matéria da *Folha de S. Paulo*, de 6-6-2012.)

PARTE II

Teoria

1

A paixão e o crime

Certos homicídios são chamados de "passionais". O termo deriva de "paixão"; portanto, crime cometido por paixão. Todo crime é, de certa forma, passional, por resultar de uma paixão no sentido amplo do termo. Em linguagem jurídica, porém, convencionou-se chamar de "passionais" apenas os crimes cometidos em razão de relacionamento sexual ou amoroso.

Em uma primeira análise, superficial e equivocada, poderia parecer que a paixão, decorrente do amor, tornaria nobre a conduta do homicida, que teria matado por não suportar a perda de seu objeto de desejo ou para lavar sua honra ultrajada. No entanto, a paixão que move a conduta criminosa não resulta do amor, mas sim do ódio, da possessividade, do ciúme ignóbil, da busca da vingança, do sentimento de frustração aliado à prepotência, da mistura de desejo sexual frustrado com rancor.

Paixão não é sinônimo de amor. Pode decorrer do amor e, então, será doce e terna, apesar de intensa e perturbadora; mas a paixão também resulta do sofrimento, de uma grande mágoa, da cólera. Por essa razão, o prolongado martírio de Cristo ou dos santos torturados é chamado de "paixão".

O dicionário *Michaelis* define paixão como um "sentimento forte, como o amor e o ódio; movimento impetuoso da alma para o bem ou para o mal; desgosto, mágoa, sofrimento prolongado"[1].

---

1. *Michaelis*: Moderno dicionário da língua portuguesa, São Paulo, Melhoramentos, 1998, p. 1529.

Léon Rabinowicz[2], ao abordar a paixão, menciona que Epicuro falava de três paixões: o desejo, a alegria e a dor. Os estoicos, de quatro: o desejo, a tristeza, a alegria e o medo. Os cartesianos elevaram esse número a seis: o desejo, a alegria, a tristeza, a admiração, o amor e o ódio. Para eles, a causa profunda das paixões era a "agitação que os espíritos animais produzem no movimento da pequena glande que está no meio do cérebro".

Podemos, é certo, enumerar paixões até o infinito. A realidade mostra que mesmo o jogo, a avareza, a ambição podem transformar-se em paixões descontroladas. São emoções intelectualizadas, que se prolongam no tempo e transtornam a mente humana.

Benedito Ferri distingue duas espécies de paixão: as sociais e as antissociais, conforme sejam úteis ou danosas, favoráveis ou contrárias à ordem e ao desenvolvimento da sociedade civilizada. No seu entender, são paixões sociais o amor, a honra, o patriotismo, o afeto materno; são paixões antissociais o ódio, a vingança, a cólera, a ferocidade, a cobiça, a inveja.

A paixão não basta para produzir o crime. Esse sentimento é comum aos seres humanos, que, em variáveis medidas, já o sentiram ou sentirão em suas vidas. Nem por isso praticaram a violência ou suprimiram a existência de outra pessoa.

A paixão não pode ser usada para perdoar o assassinato, senão para explicá-lo. É possível entrever os motivos que levam um ser dominado por emoções violentas e contraditórias a matar alguém, destruindo não apenas a vida da vítima mas, muitas vezes, sua própria vida, no sentido físico ou psicológico. Sua conduta, porém, não perde a característica criminosa e abjeta, não recebe a aceitação social.

Ivair Nogueira Itagiba[3] afirma ser o verdadeiro amor "resignação e autossacrifício, ternura e perdão... Transpira animalidade o amor que assassina, gerado do egoísmo paroxístico, da sensualidade bestial, da

---

2. *O crime passional*, São Paulo, Saraiva, 1933.

3. *Homicídio, exclusão de crime e isenção de pena*, Rio de Janeiro, 1958, p. 334.

ameaça da exclusividade da posse, do despique do amante preterido, do ciúme da mulher ofendida na vaidade, da prepotência da concupiscência e do ódio, a que chama sentimento de honra. Nada colhe o argumento de que o crime, na vida dos passionais, é meramente episódico. Esses delinquentes, à verdade, não reincidem. Mas a ameaça de pena exerce intimidação sobre todos. A impunidade açularia, ao revés, o incremento do passionalismo".

A literatura mundial está repleta de romances que relatam homicídios passionais. Tanto se escreveu sobre o tema, e de forma por vezes tão adocicada, que se criou uma aura de perdão em torno daquele que mata seu objeto de desejo. O homicídio passional adquiriu *glamour*, atraiu público imenso ao teatro e, mais modernamente, ao cinema; foi, por vezes, tolerado, resultando disso muitas sentenças judiciais absolutórias até que a sociedade, de maneira geral, e as mulheres, de forma especial, por serem as vítimas prediletas dos tais "apaixonados", insurgiram-se contra a impunidade e lograram mostrar a inadmissibilidade da conduta violenta "passional".

O exemplo de paixão assassina trazido por Shakespeare em *Otelo*, é bastante atual, pois mostra o aspecto doentio daquele que mata sob o efeito de suspeitas de adultério por parte de sua esposa. Após o crime, o grande dramaturgo atribui ao matador a seguinte frase: "Dizei, se o quereis, que sou um assassino, mas por honra, porque fiz tudo pela honra e nada por ódio". Na verdade, a palavra "honra" é usada para significar "homem que não admite ser traído". Aquele que mata e depois alega que o fez para salvaguardar a própria honra está querendo mostrar à sociedade que tinha todos os poderes sobre sua mulher e que ela não poderia tê-lo humilhado ou desprezado. Os homicidas passionais não se cansam de invocar a honra, ainda hoje, perante os tribunais, na tentativa de ver perdoadas suas condutas.

Roque de Brito Alves[4] observa que, "no delito passional, a motivação constitui uma mistura ou combinação de egoísmo, de amor próprio,

---

4. *Ciúme e crime*, Recife, Ed. Fasa/Unicap, 1984, p. 18.

de instinto sexual e de *uma compreensão deformada da justiça*" (grifo nosso). Essa deformação consiste na convicção que o criminoso passional tem de ter agido conforme seus "direitos".

Rabinowicz[5], ao comentar a perplexidade que nos causa esse tipo de acontecimento, observa: "Curioso sentimento o que nos leva a destruir o objeto de nossa paixão! Mas não devemos extasiar-nos perante o fato; é, antes, preferível deplorá-lo. Porque o instinto de destruição é apenas o instinto de posse exasperado. Principalmente quando a volúpia intervém na sua formação. Porque a propriedade completa compreende, também, o *jus abutendi* e o supremo ato da posse de uma mulher é a posse na morte".

O sentimento de "posse sexual" está intimamente ligado ao ciúme. Há quem entenda não existir amor sem ciúme, mas é preciso verificar que o amor afetuoso é diferente do amor possessivo. Em ambas as categorias amorosas pode existir ciúme; amigos sentem ciúmes uns dos outros; irmãos sentem ciúmes do amor dos pais; crianças demonstram, sem rodeios, seus ciúmes generalizados de tudo e de todos. Embora esses sentimentos tenham a mesma natureza do ciúme sexual, são diferentes na sua intensidade e nas consequências que produzem na vida dos envolvidos. O amor-afeição não origina a ideia de morte porque perdoa sempre, ainda que haja ciúme. Já o amor sexual-possessivo é muito egoísta, podendo gerar ciúmes violentos que levam a graves equívocos, inclusive ao homicídio.

O ciúme incomoda, fere, humilha quem o sente. Roland Barthes[6] diz: "Como ciumento, sofro quatro vezes: porque sou ciumento, porque me reprovo em sê-lo, porque temo que meu ciúme magoe o outro, porque me deixo dominar por uma banalidade. Sofro por ser excluído, por ser agressivo, por ser louco e por ser comum".

O ciúme nasce de um profundo complexo de inferioridade; é um sintoma de imaturidade afetiva. Roque de Brito Alves[7], ao falar

---

5. *O crime passional*, cit.
6. *Fragmentos de um discurso amoroso.*
7. *Ciúme e crime*, cit., p. 19.

do ciúme e do crime passional, comenta que "o ciumento não se sente somente incapaz de manter o amor e o domínio sobre a pessoa amada, de vencer ou afastar qualquer possível rival como, sobretudo, sente-se ferido ou humilhado em seu amor próprio. O ciúme não é como se afirma apressadamente ou romanticamente — sem fundamento científico — uma 'prova de amor', confundindo-se ou identificando-se amor com ciúme, como dois sentimentos inseparáveis e sim, em verdade, é a distorção ou deformação do amor". Em outra passagem, acrescenta Brito: "o ciumento considera a pessoa amada mais como 'objeto' que verdadeiramente como 'pessoa' no exato significado desta palavra. Esta interpretação é característica do delinquente por ciúme".

O ser humano tortura-se insistentemente quando não sabe dividir; não suporta a ideia da perda e não quer sujeitar-se a mudanças. O instinto de sobrevivência nos obriga a um egoísmo extremo e, por mais que nossas culturas tenham tentado modificar a natureza humana de todas as formas possíveis, os sentimentos de exclusividade, propriedade, egocentrismo e narcisismo parecem permanecer incólumes.

Nietzsche escreveu que "todo grande amor faz nascer a ideia cruel de destruir o objeto desse amor, para o subtrair para sempre ao jogo sacrílego das mudanças, porque o amor teme mais as mudanças do que a destruição".

Göethe, ao criar o apaixonado Werther, deu-lhe características de homem dócil e afetuoso, que sofre acima do limite do suportável. Ama Carlota, que é casada. A impossibilidade romântica desse amor leva-o ao desespero. O desfecho não poderia ser outro que não a morte. O apaixonado, nesse caso, decide pela própria morte; não aceita a ideia de homicídio. Ele confessa: "no meu coração invadido pelo furor ainda brilhou a horrorosa ideia de matar o teu esposo! De te matar a ti! É, pois, necessário que eu parta!"

Werther jamais realizou-se, sexualmente, com o objeto de seu desejo. A impossibilidade de concretização era a razão de ser daquele amor que sentia, essencialmente platônico. Mas o fato de não ter havido relação sexual entre ele e sua amada impedia que Werther se sentisse "proprietário" de Carlota. Sua imagem de macho perante a sociedade não havia sido arranhada por uma traição, não havia o medo do ridículo, não poderia ele alegar questões de "honra", ainda mais porque a mulher objeto de seu desejo era de outro desde o início. Por isso, Carlota não morre, nem seu esposo. Quem desaparece é o próprio Werther. O suicídio passional, porém, não é comum. Na maioria dos casos, a ira do rejeitado se volta contra a pessoa que o rejeita, não contra si mesmo.

O autor de crime passional possui uma ilimitada necessidade de dominar e uma preocupação exagerada com sua reputação. O horror ao adultério se manifesta claramente, mas não pelo que este último significa para o relacionamento a dois e sim em face da repercussão social que fulmina o homem traído.

A literatura traz poucos casos de mulheres que mataram seus companheiros. A vida real é também assim; nossos tribunais raramente se defrontam com casos de mulheres possessivas e vingativas que não suportaram a rejeição de seus amados e se acharam no direito de matar.

O pequeno número de crimes passionais praticados por mulheres talvez possa ser explicado por imposições culturais. Mulheres sentem-se menos poderosas socialmente e menos proprietárias de seus parceiros. Geralmente, não os sustentam economicamente. Desde pequenas, são educadas para "compreender" as traições masculinas como sendo uma necessidade natural do homem. Há religiões que, ainda hoje, admitem a união de um homem com várias mulheres, exigindo que a mulher aceite dividir, passivamente, o marido. Já para os homens, há outros padrões de comportamento. Talvez por isso eles tenham mais dificuldades em suportar a rejeição, sentindo-se diminuídos na superioridade que pretendem ter sobre a mulher, e busquem eliminar aquela que os desprezou.

Agenor Teixeira de Magalhães[8] menciona que "a sociedade sempre teve com a mulher adúltera grande rancor; a punia, em todos

---

8. Tese apresentada no I Seminário Sergipano do Ministério Público, publicada na *Revista do Conselho Penitenciário Federal* de julho a dezembro de 1969.

os tempos, com penas as mais atrozes. ... Enquanto as mulheres eram tratadas duramente, os homens o foram com grande complacência. Demóstenes dizia: 'Nós temos heteras para os nossos prazeres e concubinas para o serviço cotidiano, mas as esposas destinam-se a dar-nos filhos legítimos e a velar fielmente pelos negócios da casa'".

Embora o adultério não seja facilmente tolerado na maioria das culturas, o desejo sexual pela mesma pessoa, a longo prazo, não se mantém e não é fiel, tanto no homem quanto na mulher. Todo ser humano sabe, por experiência própria, que a atração física é instável, passageira, múltipla. A natureza não determinou a exclusividade de parceiros; ao contrário, ditou a diversificação. Pode-se considerar que a fidelidade existe, mas, quando ocorre, é temporária. É isso que transtorna os amantes; é o medo da mudança que leva ao extremo da violência; é a incapacidade de dividir a atenção do outro que traz o desespero. Mas não é por isso, apenas, que os homens matam.

Os homicidas passionais trazem em si uma vontade insana de autoafirmação. O assassino não é amoroso, é cruel. Ele quer, acima de tudo, mostrar-se no comando do relacionamento e causar sofrimento a outrem. Sua história de amor é egocêntrica. Em sua vida sentimental, existem apenas ele e sua superioridade. Sua vontade de subjugar. Não houvesse a separação, a rejeição, a insubordinação e, eventualmente, a infidelidade do ser desejado, não haveria necessidade de eliminá-lo.

Para solucionar a insatisfação amorosa-sexual entre parceiros há várias alternativas, dentre as quais o diálogo, a compreensão, o perdão ou a separação, sem violência. Por que alguns matam?

Porque padecem de amor obsessivo, de desejo doentio, de insensatez. São narcisistas, querem ver na outra pessoa o engrandecimento de seus próprios egos, transformando o ser amado em ideia fixa, em única razão de existir.

O assassino passional busca o bálsamo equivocado para sua neurose. Quer recuperar, por meio da violência, o reconhecimento social e a autoestima que julga ter perdido com o abandono ou o adultério da mulher. Ele tem medo do ridículo e, por isso, equipara-se ao mais vil dos mortais. O marido supostamente traído fala em "honra", quando mata a mulher, porque se imagina alvo de zombarias por parte dos outros homens, sente-se ferido em sua masculinidade, não suporta a frustração e busca vingança. Na verdade, está revoltado por não ter alcançado a supremacia que sempre buscou; padece de imaturidade e de insegurança. Certamente, qualquer pessoa pode passar por situações em que esses sentimentos aflorem, porém o indivíduo equilibrado encontra barreiras internas contra atitudes demasiadamente destrutivas. O assassino não vê limites e somente se satisfaz com a morte. É a exceção, não a regra.

As palavras de ordem pronunciadas pelas feministas durante o julgamento de Doca Street — "Quem ama não mata!" — procuram demonstrar que o amor não traz destruição, como muitos chegaram a alegar. O relacionamento afetivo-sexual maduro é fonte de compreensão e não termina em morte.

O psiquiatra norte-americano Brian Weiss[9] aconselha: "É sempre seguro amar completamente, sem reservas. Nunca seremos verdadeiramente rejeitados. É só quando nos deixamos envolver pelo ego que nos tornamos vulneráveis e nos machucamos. O amor em si é absoluto e abrangente. Nunca tire a alegria do outro". E podemos acrescentar: acima de tudo, nunca tire a vida do outro.

---

9. *A divina sabedoria dos mestres*, Rio de Janeiro, Sextante, 1999.

2

Feminicídio

O crime passional, na grande maioria dos casos, é um feminicídio, cuja tipificação é recente no Código Penal brasileiro.

No ano de 2015, mais exatamente em 9 de março, foi sancionada a Lei n. 13.104, que prevê o crime de "feminicídio" como circunstância qualificadora do crime de homicídio, descrito no art. 121 do Código Penal. Na mesma ocasião, foi alterada a Lei n. 8.072/90 (Lei dos Crimes Hediondos) para incluir o feminicídio no rol dos crimes punidos com maior rigor penal.

Nos termos do Código Penal, art. 121, *caput*, o homicídio é "matar alguém — pena — reclusão de 6 (seis) a 20 (vinte) anos". O § 1º do referido artigo prevê o caso de diminuição de pena, estabelecendo que "se o agente comete o crime impelido por motivo de relevante valor social ou moral, ou sob o domínio de violenta emoção, logo em seguida a injusta provocação da vítima, o juiz pode reduzir a pena de um sexto a um terço". Em seguida, no § 2º, o Código Penal define o homicídio qualificado, estabelecendo cinco incisos que, com a criação do feminicídio, se estenderam para seis incisos, estabelecendo-se o seguinte:

Homicídio qualificado
"§ 2º. (...)
Feminicídio.
VI — contra a mulher por razões da condição de sexo feminino.
(...)

§ 2º-A — Considera-se que há razões de condição de sexo feminino quando o crime envolve:

I — violência doméstica e familiar;
II — menosprezo ou discriminação à condição de mulher."

A Lei n. 13.104/2015 também estabeleceu causas de aumento de pena para o feminicídio, de um terço até a metade, se o crime for praticado:

"I — durante a gestação ou nos 3 (três) meses posteriores ao parto;

II — contra pessoa menor de 14 (catorze) anos, maior de 60 (sessenta) anos ou com deficiência;

III — na presença de descendente ou de ascendente da vítima."

Sendo o feminicídio um homicídio qualificado, foi incluído no rol dos crimes hediondos previstos na Lei n. 8.072/90, *Lei dos Crimes Hediondos*.

Embora seja uma inovação bastante fácil de entender, permanecem algumas dúvidas, pois se trata de uma alteração ainda pouco comentada e não incluída na maioria dos livros de doutrina jurídica. No entanto, como a própria palavra já diz, *feminicídio* é, obviamente, o assassinato de pessoa do sexo feminino. No entanto, para que essa conduta esteja configurada de maneira destacada e não abrangida pelo tradicional crime de *homicídio*, está claro que alguma peculiaridade esse delito contém. Não se trata de qualquer homicídio de mulher, mas, como explicitado na Lei, consiste em *"matar mulher por razões da condição de sexo feminino"* (art. 121, § 2º, VI, do CP). Assim, a Lei deixa muito clara a diferença entre homicídio de mulher e feminicídio. Em resumo, a criação da figura penal do feminicídio veio esclarecer que uma pessoa que morreu assassinada não teria morrido nas mesmas circunstâncias se não fosse *mulher*. Trata-se de escancarar a violência de gênero e aumentar seu rigor punitivo, medida importante na intimidação do agressor.

Nem toda a comunidade jurídica do Brasil entendeu as razões que levaram o Congresso Nacional a aprovar o projeto de lei do feminicídio e a Presidência da República a sancioná-lo, criando um novo tipo penal. A exemplo do que aconteceu com a Lei Maria da Penha, algumas críticas mordazes e improcedentes, a princípio, foram feitas ao feminicídio, no sentido de que "homicídio seria homicídio, sem necessidade de especificação, não importando se de homem ou de mulher, de jovem ou de idoso", mas é bom lembrar que nossa lei penal já há tempos prevê formas específicas de homicídio, como o infanticídio, o aborto e o genocídio. Além disso, a doutrina penal destaca também o parricídio, o matricídio e o fratricídio, mas, ainda que assim não fora, o feminicídio teria de ser criado, pois o morticínio de mulheres por motivos passionais (e portanto de gênero, resultante de violência doméstica) é gigantesco no Brasil e precisa ser mais severamente coibido.

Com uma taxa de 4,8 homicídios por cada 100 mil mulheres, em um grupo de 83 países, o Brasil ocupa a vergonhosa posição de quarto pior país no *ranking* da violência de gênero, segundo dados da Organização Mundial de Saúde (OMS) de 2015. Em comparação com os dados referentes aos países considerados *civilizados*, o Brasil tem 48 vezes mais feminicídios do que o Reino Unido, 24 vezes mais do que a Dinamarca e 16 vezes mais do que o Japão. Nosso país está atrás apenas de El Salvador, que ocupa o lamentável primeiro lugar mundial de violência contra a mulher, com uma taxa de 8,9 mulheres assassinadas a cada 100 mil; da Colômbia, com 6,3; da Guatemala, com 6,2; e empata com a Federação Russa com 4,8. O país que menos mata mulheres é a Nova Zelândia, com uma taxa de 0,8 mortes a cada 100 mil (dados colhidos pelo IPEA entre os anos de 2011 e 2013).

A análise das estatísticas mostra que a violência de gênero está intimamente ligada à brutalidade do patriarcalismo, pois o feminicídio é, em regra, praticado pelo homem, que se sente superior à mulher. E não se trata de qualquer homem, não se trata de um desconhecido, mas daquele que se relaciona com a vítima.

Levantamento realizado pelo Instituto Avante Brasil apontou que, em 2012, o Datasus (órgão do Ministério da Saúde), que registra as estatísticas vitais da população, registrou 4.719 mortes de mulheres resultantes de agressão. O Centro-Oeste foi a região com o maior número de mortes violentas, registrando 6,5 óbitos para cada 100 mil habitantes. A Região Norte apresentou a segunda maior taxa, chegando a 6,3 mortes para cada 100 mil, seguido da Região Nordeste que registrou 5,2, a Região Sul com 4,8 para cada 100 mil e por fim o Sudeste, que computou 3,9 mortes para cada 100 mil mulheres.

Dessa forma, conclui-se que, na verdade, os maiores genocídios da história não precisaram de mísseis, pois os homens tornam-se armas de destruição massiva em relação às mulheres. Verifica-se que os efeitos da cultura patriarcal são tão destruidores que se trava no mundo uma verdadeira e contínua guerra de homens contra mulheres.

Em vista disso, a criação de uma nova definição criminal inserida no ordenamento jurídico penal brasileiro não se mostra desnecessária ou inócua. Ao contrário, tem função esclarecedora e inibidora, educativa e elucidativa, ao tornar visível e estatisticamente computável algo que estava oculto sob o manto da palavra genérica "homicídio". Em verdade, praticar homicídio, no sentido estrito do vocábulo, significa "matar um homem". Aplicado em sentido amplo, quer dizer matar uma pessoa de qualquer gênero, mas essa amplitude apenas acarreta mais invisibilidade à mulher.

Até o ano de 2015, 14 países da América Latina possuíam leis versando sobre o crime de feminicídio: Argentina, Bolívia, Chile, Colômbia, Costa Rica, Equador, El Salvador, Guatemala, Honduras, México, Nicarágua, Panamá, Peru e Venezuela.

O Brasil já deu vários passos na defesa da integridade física e psicológica da população feminina, mas as medidas adotadas ainda não se mostraram suficientes para fazer diminuir os índices de violência de gênero. Por essa razão, devemos continuar buscando caminhos para alcançar a eficiência que nos possibilitará viver em uma comunidade pacificada.

A Lei Maria da Penha (Lei n. 11.340/2006), no intuito de evitar os feminicídios, estabelece uma série de medidas protetivas à mulher vítima de violência em seus arts. 18 ao 24-A, estabelecendo distância mínima de aproximação do agressor, encaminhamento da protegida e de seus dependentes a programa oficial ou comunitário de proteção ou atendimento, afastamento do lar, a recondução da ofendida ao seu domicílio após o afastamento do agressor, matrícula dos dependentes da ofendida em estabelecimento de ensino mais próximo de seu domicílio ou a transferência deles para tal instituição, independentemente da existência de vaga, a restiuição de bens indevidamente subtraídos, proibição temporária para a celebração de atos e contratos de compra, venda e locação de propriedade comum, salvo expressa autorização judicial, suspensão das procurações conferidas pela ofendida ao agressor, dentre outras medidas. Em caso do não cumprimento das medidas protetivas retromencionadas, o agressor sofrerá as sanções previstas na Lei n. 13.641/2018 que acrescentou à Lei Maria da Penha o art. 24-A estabelecendo a pena de detenção de 3 meses a 2 anos em caso de descumprimento das medidas protetivas estabelecidas.

Importa comentar, ainda, a discordância doutrinária e jurisprudencial com relação à qualificadora que define o feminicídio, tendo em vista a polêmica sobre ser a qualificadora subjetiva ou objetiva. A nosso ver, não há dúvida de que a qualificadora que caracteriza o feminicídio é subjetiva. Trata-se de um comportamento decorrente de sentimentos que abalaram emocional e psicologicamente o autor do crime; observe-se que são emoções injustificáveis e mortíferas, tais como ódio, vingança, prepotência, ciúme, orgulho ferido e vaidade. O autor do feminicídio, em geral, é aquele que assimilou conceitos patriarcais desumanos e julga que as mulheres são inferiores aos homens e que, por isso, teriam direito de vida e morte sobre elas. Esse é o indiscutível móvel do assassino feminicida.

JURISPRUDÊNCIA DO FEMINICÍDIO

"Ementa: PENAL. RECURSO EM SENTIDO ESTRITO. RÉU PRONUNCIADO POR HOMICÍDIO COM MOTIVO TORPE. MORTE DE MULHER PELO MARIDO EM CONTEXTO DE VIOLÊNCIA DOMÉSTICA E FAMILIAR. PRETENSÃO ACUSATÓRIA DE INCLUSÃO DA QUALIFICADORA DO *FEMINICÍDIO*. PROCEDÊNCIA. SENTENÇA REFORMADA. 1 Réu pronunciado por infringir o artigo 121, § 2º, inciso I, do Código Penal, depois de matar a companheira a facadas motivado pelo sentimento egoístico de posse. 2 Os protagonistas da tragédia familiar conviveram sob o mesmo teto, em união estável, mas o varão nutria sentimento egoístico de posse e, impelido por essa torpe motivação, não queria que ela trabalhasse num local frequentado por homens. A inclusão da qualificadora agora prevista no artigo 121, § 2º, inciso VI, do Código Penal, não poderá servir apenas como substitutivo das qualificadoras de motivo torpe ou fútil, que são de natureza subjetiva, sob pena de menosprezar o esforço do legislador. A Lei 13.104/2015 veio a lume na esteira da doutrina inspiradora da Lei Maria da Penha, buscando conferir maior proteção à mulher brasileira, vítima de condições culturais atávicas que lhe impuseram a subserviência ao homem. Resgatar a dignidade perdida ao longo da história da dominação masculina foi a *ratio essendi* da nova lei, e o seu sentido teleológico estaria perdido se fosse simplesmente substituída a torpeza pelo *feminicídio*. Ambas as qualificadoras podem coexistir perfeitamente, porque é diversa a natureza de cada uma: a torpeza continua ligada umbilicalmente à motivação da ação homicida, e o *feminicídio* ocorrerá toda vez que, objetivamente, haja uma agressão à mulher proveniente de convivência doméstica familiar. 3 Recurso provido" (TJDF, Recurso em Sentido Estrito RSE 20150310069727, *DJ* 11-11-2015).

"Ementa: *HABEAS CORPUS*. HOMICÍDIO QUALIFICADO PELO RECURSO QUE DIFICULTOU A DEFESA DA VÍTIMA E *FEMINICÍDIO*. PRISÃO PREVENTIVA.

GARANTIA DA ORDEM PÚBLICA. *MODUS OPERANDI*. GRAVIDADE CONCRETA DOS FATOS. PERICULOSIDADE REAL DO PACIENTE. Mantém-se a prisão preventiva com fundamento na garantia da ordem pública, quando se denota a periculosidade do paciente, em razão dos graves fatos a ele imputados como caracterizadores de homicídio de sua esposa (*feminicídio*), qualificado pelo recurso que dificultou a defesa da vítima. *Habeas corpus* denegado" (TJ DF, Habeas Corpus HBC 20150020150506, *DJ* 16-6-2015).

3

Do julgamento pelo Tribunal do Júri

> "O Júri não é instituição de caridade, mas de justiça. Não enxuga lágrimas integradas no passivo do crime, mas o sangue derramado da sociedade."
>
> *Roberto Lyra*

Os crimes dolosos contra a vida — o homicídio, o infanticídio, o aborto e a instigação ao suicídio — são julgados pelo Tribunal do Júri. Trata-se de uma categoria de crimes que não obedece à regra geral de julgamento por juízes togados.

A instituição do Júri tem como objetivo fazer com que os autores desses crimes sejam julgados por seus pares, isto é, por membros da comunidade, e não por juízes de carreira como é a regra. Trata-se de uma exceção aberta pela lei para os casos em que uma pessoa tira a vida de outra — entende-se que, por serem crimes extremamente graves e, por vezes, resultantes de situações peculiares, devem ter tratamento especial. Como mencionado por Antônio Cláudio Mariz de Oliveira[1], "o homicídio é um crime de ímpeto. Ele, muitas vezes, é praticado no calor de uma específica situação de vida, por isso, é importante que todas as circunstâncias que o rodeiam sejam levadas a julgamento, para que se avalie a conduta do homicida naquelas circunstâncias. E ninguém melhor do que seus pares, isto é, as mulheres e os homens do cotidiano". É esta

---

1. Entrevista concedida à *Folha de S. Paulo* de 2-9-1996.

a justificativa doutrinária para a existência, em nosso país e em muitos outros, do julgamento por um colegiado de juízes leigos.

A instituição do Júri Popular tem adeptos e opositores. Há quem defenda sua extinção, assim como há aqueles que pregam sua permanência. O Brasil consagrou-o exclusivamente para casos de crimes dolosos contra a vida. Nos Estados Unidos da América, o Júri decide quase todas as querelas jurídicas, tanto na área cível como na penal.

É certo que o Júri Popular é uma forma democrática de julgamento, mas as dificuldades que apresenta são numerosas, além de seu custo ser muito mais alto do que o do julgamento por juiz de carreira. A permanecer o Júri em nosso país, seria importante que algumas reformas fossem realizadas, a fim de simplificar o seu funcionamento e evitar anulações. Seria mais lógico que os jurados decidissem apenas se o réu é culpado ou inocente, ficando as demais questões jurídicas a cargo do juiz togado. A parte técnica da sentença não pode ser avaliada por leigos. Assim, os quesitos formulados aos jurados ficariam reduzidos ao essencial (culpado ou inocente), e as demais circunstâncias do crime, bem como as características pessoais do seu autor, que influenciam na aplicação da pena, seriam analisadas exclusivamente pelo juiz presidente, que tem preparo técnico para fazê-lo.

O berço da instituição, em seu formato atual, foi a Inglaterra, em 1215, mas a nomeação de jurados já era utilizada no direito processual romano. Com a Revolução Francesa, o Júri espalhou-se pela Europa, transformando-se em símbolo da reação ao absolutismo monárquico. Na época, era uma instituição essencialmente política, com nuances místicas e religiosas, que ainda persistem no Júri inglês e americano (juramentos sobre a Bíblia e expressas invocações de Deus).

Sobre o histórico do Júri em nosso país, James Tubenchlak[2] relata que "a iniciativa da criação do Tribunal do Júri coube ao Senado da

---

2. *Tribunal do Júri — contradições e soluções*, 3. ed., Rio de Janeiro, Forense, 1991, p. 5.

Câmara do Rio de Janeiro, dirigindo-se, em 4-2-1822, ao príncipe regente D. Pedro, para sugerir-lhe a criação de um 'juízo de Jurados'. A sugestão, atendida em 18 de junho, por legislação que criou os 'Juízes de Fato', tinha a competência restrita aos delitos de imprensa. A nomeação desses juízes — vinte e quatro homens bons, inteligentes e patriotas — competia ao Corregedor e aos Ouvidores do crime. Da sentença dos 'Juízes de Fato' cabia somente recurso de apelação direta ao Príncipe. Promulgada a Constituição do Império, em 25 de março de 1824, veio o Tribunal do Júri a ser novamente consagrado, na parte relativa ao Poder Judiciário (arts. 151 e 152), ganhando competência para todas as infrações penais e ainda para fatos civis. Posteriormente, a Lei de 20-9-1830 organizou o Júri de forma mais específica, prevendo o 'Júri de Acusação' e o 'Júri de Julgação'".

Com o decorrer do tempo, várias infrações foram sendo subtraídas da competência do Júri, mas, findo o Império, a República manteve o Júri nos moldes anteriores, estabelecendo na Constituição de 1891 a lacônica frase: "É mantida a instituição do júri" (art. 72, § 31).

Ultrapassadas as Constituições de 1946, 1967 e 1969, e sob a Constituição democrática de 1988, permanece o Júri com sua soberania inalterada, como garantia constitucional, apesar de subsistir a polêmica quanto à conveniência de sua existência.

É importante compreender, ainda que sem muitos detalhes técnicos, o funcionamento do Tribunal do Júri porque é ele, justamente, que vai julgar os crimes passionais nos quais o autor causa a morte da vítima ou, pelo menos, tenta fazê-lo.

Estão afetos ao Júri os delitos de: homicídio doloso, infanticídio, participação em suicídio e aborto, em suas formas tentada e consumada. São esses os crimes dolosos contra a vida.

Em regra, os julgamentos são públicos, e podem ser acompanhados por qualquer cidadão ou cidadã interessados, tanto nos Tribunais quanto nas Varas de juízes singulares.

A ação penal nos crimes da competência do Júri possui duas fases: a primeira, que analisa a admissibilidade da acusação, começa com o oferecimento da denúncia e termina com a decisão de pronúncia; a segunda, que irá decidir se o réu será condenado ou absolvido pelo Tribunal do Júri, começa após o trânsito em julgado da decisão de pronúncia e termina com a decisão do juiz presidente do Conselho de Sentença.

A Lei n. 11.689, de 9 de junho de 2008, modificou o procedimento relativo aos processos de competência do Tribunal do Júri, eliminou a apresentação do libelo crime acusatório e, obviamente, de sua contrariedade. Foram mantidas as duas fases processuais, as chamadas *judicium acusationis* (admissibilidade da acusação) e *judicium causae* (decisão sobre a causa).

Na primeira fase, após o oferecimento da denúncia, o juiz deverá ordenar a citação do réu para responder à acusação, no prazo de dez dias (providência inovadora). Se o acusado apresentar preliminares ou juntar documentos, o Ministério Público será ouvido novamente.

O novo procedimento também inverteu a ordem de oitiva do réu. Anteriormente, este era o primeiro a ser interrogado e, em seguida, vinham as testemunhas de acusação e de defesa. Agora, o acusado será ouvido por último, ou seja, após a inquirição das vítimas e das testemunhas de ambas as partes. Além disso, as provas deverão ser produzidas em uma só audiência, após o que a acusação e a defesa farão alegações orais de vinte minutos cada, prorrogáveis por mais dez.

Encerrados os debates, o juiz proferirá decisão imediatamente, ou no prazo de dez dias. Esse procedimento judicial deverá durar, no máximo, noventa dias.

A decisão do juiz, relativamente a essa primeira fase, refere-se à pronúncia, ou à impronúncia, ou à absolvição sumária, ou, ainda, à desclassificação do delito. Se ele se convencer da materialidade do fato e da existência de indícios suficientes de autoria ou de participação do acusado, irá pronunciá-lo, ou seja, julgar admissível, plausível, cabível a acusação apresentada até o momento e remeterá o réu a julgamento pelo Tribunal do Júri (art. 413 do CPP). Nessa fase, o juiz também se manifestará sobre a manutenção ou a revogação da prisão; por outro lado, tratando-se de acusado solto, poderá ser decretada a prisão.

No entanto, se o juiz não se convencer da materialidade do fato nem da existência de indícios suficientes de autoria, impronunciará o réu (art. 414 do CPP). A impronúncia não impede, porém, que, futuramente, havendo prova nova, seja o réu novamente denunciado.

A terceira hipótese dessa fase processual é a absolvição sumária, que ocorrerá se o juiz se convencer da inexistência do fato, ou se estiver provado que o acusado não foi o autor do fato, ou se o fato não constituir infração penal, ou se ficar demonstrado que ocorreu uma causa de isenção de pena (inimputabilidade) ou de exclusão do crime (legítima defesa, p. ex.).

Por fim, se restar indicado nos autos que o delito praticado não tem as características de crime doloso contra a vida, configurando crime diverso daqueles previstos como da competência do Júri Popular, o juiz irá desclassificar a infração e remeter os autos a uma das Varas Criminais competentes para apreciar a matéria. Um exemplo comum de desclassificação é a tentativa de homicídio acabar sendo classificada como lesão corporal, ou seja, afastado o dolo de homicídio e havendo indícios de que o acusado somente pretendia ferir a vítima, mas não matá-la, o processo não pode mais ser submetido ao Júri Popular.

Contra a sentença de impronúncia ou de absolvição sumária, caberá apelação.

Da decisão de pronúncia, caberá recurso em sentido estrito.

Preclusa a pronúncia, inicia-se a segunda fase do procedimento, preparando-se, então, o julgamento em plenário do Júri, dispensado o libelo crime acusatório. No entanto, nessa fase, as partes deverão apresentar o rol de testemunhas a serem ouvidas em plenário, até no máximo cinco, e poderão juntar documentos e requerer diligências.

O alistamento de jurados está regrado no art. 425 e parágrafos do CPP. O serviço do Júri é obrigatório e somente poderá ser exercido por maiores de 18 anos, de notória idoneidade. Tendo em vista que a Constituição Federal proíbe todas as formas de discriminação e preconceito, ninguém poderá ser excluído da lista de jurados por razão de cor, etnia, credo, profissão, classe social, origem ou grau de instrução.

Estão isentos do serviço do Júri o Presidente da República e os Ministros de Estado; os Governadores e seus Secretários; os membros do Congresso Nacional, das Assembleias e das Câmaras; os Prefeitos; os magistrados e os membros do Ministério Público e da Defensoria Pública; os policiais, os militares no serviço ativo; os maiores de 70 anos, que requererem sua dispensa; aqueles que o requererem demonstrando justo impedimento. A nova Lei revogou a possibilidade de isenção das mulheres que não exerçam função pública ou provem que, em virtude de ocupações domésticas, o serviço do Júri lhes é particularmente difícil" (antigo art. 436, IX). Conforme observei nas edições anteriores deste livro, tal dispositivo é discriminatório e incompatível com a Constituição Federal, que iguala homens e mulheres em direitos e obrigações (art. 5º, I, da CF). Evidentemente, não se tratava de uma regalia à dona de casa, mas de uma forma de inferiorizá-la, de reafirmá-la escrava do lar, das tarefas domésticas, reforçando a ideia de submissão ao marido. Com a Lei n. 11.689, de 9 de junho de 2008, corrigiu-se o equívoco.

A função de jurado constituirá serviço público relevante, estabelecerá presunção de idoneidade moral e assegurará direito a prisão especial, em caso de crime comum, até o julgamento definitivo. Proporcionará, também, preferência nas licitações públicas, em caso de igualdade de condições, e ainda poderá favorecer o candidato no provimento de cargos por concurso público, bem como em promoção funcional ou remoção voluntária de funcionário público (arts. 439 e 440 do CPP).

Para a instalação do julgamento pelo Júri, são necessários vinte e cinco jurados que serão sorteados dentre os alistados, sete dos quais constituirão o Conselho de Sentença.

Os impedimentos para servir no mesmo Conselho de Sentença encontram-se no art. 448 do CPP, como, por exemplo, nos casos de marido e mulher, irmãos, cunhados etc. Os demais impedimentos constam dos arts. 449 a 451 do CPP.

Definidos os jurados, o juiz deve adverti-los de que não poderão comunicar-se entre si ou com outros, nem manifestar opinião sobre o processo, sob pena de exclusão do Conselho e multa.

Formado o Conselho de Sentença, o presidente, levantando-se e com ele todos os presentes, fará aos jurados a seguinte exortação:

— *Em nome da lei, concito-vos a examinar esta causa com imparcialidade e a proferir a vossa decisão de acordo com a vossa consciência e os ditames da justiça.*

Os jurados, nominalmente chamados, responderão:

— *Assim o prometo.*

Iniciada a instrução em plenário, o juiz chamará, primeiramente, a vítima e, depois, as testemunhas arroladas. O Magistrado fará as perguntas que desejar e, em seguida, será dada a palavra ao Ministério Público, ao assistente da acusação, se houver, e ao defensor do réu, nessa ordem, que se dirigirão diretamente àquele que estiver sendo inquirido, seja vítima ou testemunha. Se desejarem, os jurados poderão formular perguntas, dirigindo-se ao juiz que, por sua vez, reperguntará às testemunhas. Por último, será interrogado o acusado, se estiver presente ao julgamento, franqueando-se a possibilidade de perguntas na forma já descrita, às partes e aos jurados.

Encerradas as inquirições, o Ministério Público se pronunciará sobre a acusação, pelo tempo máximo de uma hora e meia. Em seguida, a defesa se manifestará por igual período de tempo, podendo ocorrer a réplica do Ministério Público e a tréplica da defesa por mais uma hora cada uma.

Se houver mais de um acusador ou mais de um defensor, o tempo deverá ser dividido entre eles, de comum acordo, dentro dos limites máximos impostos por lei. Em não havendo acordo, o juiz decidirá.

O art. 478 do CPP determina que durante os debates as partes não poderão fazer referências à decisão de pronúncia ou às decisões posteriores que julgou procedente a acusação, nem à determinação do uso de algemas, nem ao silêncio do acusado no interrogatório ou à sua ausência em interrogatório, de modo a prejudicar o acusado.

Durante os debates, tampouco será permitida a leitura de documento ou a exibição de objeto que não tenha sido juntado aos autos no mínimo três dias antes do julgamento, dando-se ciência à outra parte.

Os debates, isto é, a fala das partes representadas pelo Ministério Público e pelo advogado do réu, são o momento mais importante do julgamento. Tanto a acusação quanto a defesa tentarão convencer o corpo de jurados de que têm razão, embora a visão dos fatos apresentada por cada uma delas possa ser diametralmente oposta.

As provas constantes dos autos podem não ser absolutamente seguras, gerando dúvidas no espírito dos julgadores. É com relação às lacunas ou incertezas surgidas na apuração dos fatos que os profissionais do Júri buscam demonstrar a "verdade" de suas teses. Evidentemente, nenhuma das partes pode pretender distorcer ou falsear informações, pois isso tornaria nulo o julgamento. O que sempre ocorre é a livre interpretação das provas, que permite diferentes conclusões.

Sobre os debates no Tribunal do Júri, Gabriel Chalita[3] diz que "no discurso de advogados e promotores cabe tanto o aspecto racional quanto o emocional. É o elemento emocional o maior responsável pelo convencimento, aquele que essencialmente influencia e determina a decisão dos jurados. Trata-se de um processo de sedução. Aos advogados e promotores cabe envolver e encantar o júri, conduzi-lo a uma determinada posição".

O julgamento pelo Júri é, em última instância, uma guerra de influências que se estabelece entre acusador e defensor, na qual as habilidades pessoais são muito importantes.

Concluídos os debates, o juiz presidente indagará dos jurados se estão aptos a votar ou se necessitam de outros esclarecimentos. Nessa fase, os jurados poderão ter acesso aos autos do processo. Dirimidas eventuais dúvidas e esclarecidos os jurados, sobrevém a fase de votação.

Nos termos do art. 483 do CPP, os quesitos serão formulados na seguinte ordem, indagando sobre:

I — a materialidade do fato;

II — a autoria ou participação;

III — se o acusado deve ser absolvido;

IV — se existe causa de diminuição de pena alegada pela defesa;

V — se existe circunstância qualificadora ou causa de aumento de pena;

VI — se for o caso, será formulado quesito sobre a desclassificação do delito;

VII — se for o caso, será formulado quesito sobre a forma tentada do delito;

---

3. *A sedução no discurso*, São Paulo, Max Limonad, 1998, p. 16.

VIII — se houver mais de um acusado ou mais de um crime, os quesitos serão formulados em séries distintas.

Se os jurados decidirem que o réu deve ser absolvido, a quesitação será interrompida no terceiro quesito. Se mais de três jurados responderem negativamente a qualquer dos itens I e II *supra*, o julgamento será encerrado e o réu absolvido (art. 483, § 1º, do CPP). Se o julgamento prosseguir, será indagado: "o jurado absolve o acusado?". Se for decidido que o réu deve ser condenado e não absolvido, então o julgamento deverá prosseguir nos moldes supracitados.

A votação dos quesitos deverá ocorrer em sala especial. Aos jurados serão distribuídas sete cédulas contendo a palavra *sim* e sete contendo a palavra *não*.

Se as respostas a qualquer dos quesitos estiver em contradição com outra já dada, o presidente explicará aos jurados em que consiste a contradição e submeterá novamente à votação os quesitos contraditórios.

De cada sessão de julgamento, o escrivão lavrará ata, que descreverá todas as ocorrências, contendo obrigatoriamente as informações estipuladas no art. 494 do CPP.

As decisões do Júri são tomadas por maioria de votos. Terminada a votação, o juiz presidente, que é togado, isto é, de carreira, lavra a sentença, ainda na sala secreta. O réu, então, se vê condenado ou absolvido.

Se o veredicto for absolutório, não há necessidade de fundamentação, bastando que se faça menção às respostas dadas pelos jurados aos quesitos. Se for condenatório, é necessário fundamentá-lo, principalmente com relação à aplicação da pena e às circunstâncias do art. 59 do Código Penal, que se referem à culpabilidade, aos antecedentes, à conduta social, à personalidade do agente, bem como às consequências do crime.

A pena para o homicídio simples consumado vai de seis a vinte anos de reclusão; se o homicídio for qualificado, a pena é de doze a trinta anos. São considerados qualificados os crimes de morte cometidos mediante paga ou promessa de recompensa ou por outro motivo torpe; por motivo fútil; com emprego de veneno, fogo, explosivo, asfixia, tortura ou outro meio insidioso ou cruel, ou de que possa resultar perigo comum; à traição, de emboscada, ou mediante dissimulação ou outro recurso que dificulte ou torne impossível a defesa da vítima; para assegurar a execução, a ocultação, a impunidade ou a vantagem de outro crime (art. 121, § 2º, do CP).

Se o crime não se consumou e ficou na esfera da tentativa, a pena prevista para o delito consumado é diminuída de um a dois terços, dependendo da conduta efetivamente desenvolvida pelo réu e de suas consequências para a vítima.

Redigida a sentença, ela é lida pelo juiz presidente no plenário do Júri, a portas abertas, na presença das partes e dos demais presentes, correspondendo essa leitura à sua publicação. A parte que não se conformar poderá interpor recurso imediatamente.

De cada sessão do Júri, é lavrada uma Ata pelo escrivão, que contém a descrição de tudo o que se passou durante o julgamento. O juiz presidente e o membro do Ministério Público assinam a Ata (art. 494 do CPP).

Ao contrário do que algumas pessoas pensam, nosso sistema de julgamento pelo Tribunal do Júri diverge em muitos aspectos do procedimento americano, este último veiculado com frequência nos meios de comunicação. Em nosso país, poucas pessoas conhecem o procedimento adotado nos julgamentos pelo Júri, entendendo que o modelo americano também se aplica aqui, mas não é assim.

No Brasil, as testemunhas não fazem juramento sobre a Bíblia, o número de jurados por julgamento se limita a sete e as decisões não precisam ser consensuais, acatando-se a vontade da maioria. Outra diferença entre os dois sistemas é que, em nosso país, os réus não precisam dizer a verdade, sendo admissível que eles mintam em defesa própria. Já nos Estados Unidos, os acusados também prestam juramento, pois se entende que eles têm o dever de colaborar com a justiça dizendo a verdade, mesmo que em prejuízo próprio. Se, após o interrogatório, chegar-se à conclusão de que o acusado mentiu, nos Estados Unidos ele pode ser processado por perjúrio, mas, no Brasil, nada lhe acontece. Aliás, a experiência mostra que, em nosso país, a regra é a mentira. Tanto que a lei premia quem diz a verdade, diminuindo a pena imposta ao réu que confessa espontaneamente seu crime, mostrando-se arrependido.

A decisão do Júri é soberana. Isto significa que os Tribunais de Justiça, que têm competência para modificar as decisões tomadas pelos juízes togados de primeira instância, não podem alterar o veredicto proferido pelo Conselho de Sentença.

Tratando-se de Júri, os recursos têm expressa limitação e somente são cabíveis quando:

— ocorrer nulidade posterior à pronúncia;

— for a sentença do juiz presidente contrária à lei expressa ou à decisão dos jurados;

— houver erro ou injustiça no tocante à aplicação da pena ou da medida de segurança;

— for a decisão dos jurados manifestamente contrária à prova dos autos.

Essas hipóteses estão previstas no art. 593 do Código de Processo Penal.

Os tribunais superiores poderão corrigir erros relativos à aplicação da pena ou retificar a sentença se estiver divorciada da decisão dos jurados ou for contrária à lei expressa, mas, com relação ao mérito, a decisão do Júri não pode ser modificada. O que se faz é anular o julgamento, para que outro se realize, em caso de a decisão dos jurados contrariar manifestamente a prova que consta dos autos. Assim, advogados ou promotores de justiça, inconformados com a condenação ou a absolvição do réu, ao interpor recurso de sentença do Júri, devem pedir a anulação do julgamento e a realização de outro. As partes não podem pleitear, em seus recursos, a absolvição do réu condenado pelo Júri ou, de maneira oposta, a condenação de réu absolvido, porque somente outro Tribunal do Júri poderá modificar a decisão proferida pelo anterior. Esta é a essência da soberania do Júri Popular.

Pudemos verificar, nos casos reais relatados na Parte I, que, em muitos deles, houve a anulação do primeiro julgamento pelo Júri e, da segunda vez em que o mesmo réu foi julgado, por outros jurados, houve modificação da primeira decisão. Doca Street, por exemplo, foi absolvido no primeiro julgamento. O Ministério Público recorreu da decisão e conseguiu anulá-la, ocorrendo a condenação da segunda vez em que Street foi julgado. Pela nossa legislação, isto é perfeitamente possível, desde que fique evidenciado que a primeira decisão contrariou manifestamente a prova constante do processo.

Na hipótese de decisão contrária à prova dos autos, havendo provimento do recurso, só será possível realizar outro julgamento uma vez. Não é admissível mais de um recurso sob esse mesmo fundamento, ou seja, decisão manifestamente contrária à prova dos autos.

O recurso do protesto por novo Júri foi eliminado.

Ainda com relação aos julgamentos proferidos pelo Júri, é importante lembrar que pode caber revisão criminal. Embora utilizado como recurso, tal instrumento jurídico tem a natureza de ação penal. Seu objetivo é levar a nova apreciação, em instância superior, decisão que já transitou em julgado e da qual não cabe mais nenhum recurso.

4

O papel do Ministério Público

Nem sempre é claro para a população brasileira o importante papel do Ministério Público na defesa dos interesses da sociedade. Já o disse, mais de uma vez, Agenor Teixeira de Magalhães, Procurador de Justiça do Rio de Janeiro, que "a importância do Ministério Público é tal que a segurança do nosso regime político nele repousa. Quanto mais perfeita for a sua organização; quanto maior apoio tiver das autoridades, tanto mais segura será sua atuação em defesa da ordem e do império da lei. Com muito acerto disse o Dr. Eduardo Cabral que *o Promotor de Justiça é a indormida sentinela da sociedade, cuja atuação, em defesa da lei e do direito, representa a eterna luta da justiça contra as forças do mal*".

Com a consolidação da democracia no País e com a maior disseminação do conhecimento sobre os direitos da cidadania, a visibilidade da Instituição vem aumentando muito em todas as suas áreas de atuação.

Quanto mais se torna conhecido, mais o Ministério Público recebe apoio da população, que descobriu nele um grande aliado na luta pela melhoria da qualidade de vida, tanto no campo quanto nas regiões urbanas.

A Constituição Federal estabelece, em seu art. 127, que o Ministério Público é essencial à função jurisdicional do Estado, incumbindo-lhe a defesa da ordem jurídica, do regime democrático e dos interesses sociais e individuais indisponíveis.

Dentre as funções atribuídas à Instituição, está a de promover, privativamente, a ação penal pública. Isto significa que cabe ao órgão do Ministério Público, se entender que é o caso, dar início à ação penal, após avaliar as informações trazidas pelo inquérito policial ou por outras formas de investigação, toda vez que um delito for praticado.

As funções no âmbito criminal, embora não sejam as únicas, são as que mais identificam o Ministério Público perante a opinião pública, sendo sua atuação de extrema importância na repressão à delinquência e no combate à impunidade.

Não é demais lembrar que, nos primórdios da civilização, a perseguição aos criminosos (*persecutio criminis*) pertencia à parte ofendida. Fazer justiça com as próprias mãos, porém, logo mostrou-se um descalabro, pois o sistema favorecia os poderosos e gerava incontáveis abusos.

Surgiu, então, o que hoje se chama de Justiça Pública, na qual o Estado avoca para si a responsabilidade e o direito de punir os criminosos. Para tanto, necessita de um representante que exerça o mister e esse representante é o Ministério Público.

Por essa razão, na grande maioria dos crimes, compete ao órgão do Ministério Público, o(a) promotor(a) de justiça com atribuição para analisar o caso concreto, decidir sobre a propositura de ação penal, na qual a conduta do acusado é julgada e chega-se a um veredicto: a condenação ou a absolvição.

Não cabe ao Ministério Público fazer a investigação inicial que, nos termos da legislação brasileira, fica a cargo da polícia. Nada impede, porém, que o Promotor de Justiça proceda a uma investigação ou acompanhe os atos executados na fase de inquérito policial, até para colaborar no aprimoramento das peças informativas.

Perante o Poder Judiciário, o Ministério Público tem a função de sustentar a acusação, se entender que há indícios probatórios suficientes a incriminar o suspeito, ou pedir o arquivamento do inquérito ou a absolvição do réu, se estiver convencido de sua inocência ou se não houver prova suficiente com relação à ocorrência de crime ou à sua autoria.

Assim, o órgão do Ministério Público promove a acusação criminal no intuito de defender a sociedade dos maus indivíduos, procurando, por vezes, privá-los do convívio comunitário por representarem um perigo constante à segurança de todos.

Há algumas exceções com relação à ação penal, nas quais não cabe ao Ministério Público dar início ao processo, mas sim à parte ofendida. São delitos de ação penal privada, que representam uma pequena parcela dos crimes definidos em nossa legislação penal. Mesmo assim, o órgão do Ministério Público é chamado a se manifestar em todos os atos do processo, inclusive quanto à admissibilidade da acusação que se pretende instaurar. Nesses casos, a pessoa que se sente vítima de delito procura, por conta própria, um advogado e pede a ele que tome as providências necessárias para a punição do suspeito, arcando com eventuais honorários advocatícios e demais despesas.

Nos casos de homicídio, como na maioria dos delitos, a ação penal é pública. Compete ao Estado julgar e, eventualmente, punir o acusado, sem que a vítima ou sua família arque com qualquer custo. Assim, ocorrendo crime passional, no qual a vítima morre ou sofre tentativa de homicídio, haverá julgamento pelo Tribunal do Júri, e a acusação será proferida por um membro do Ministério Público Estadual.

É dever da vítima, quando tiver sobrevivido à violência que sofreu, colaborar, na medida de suas possibilidades, com as investigações, comparecendo à Delegacia de Polícia para prestar declarações e narrar a conduta do agressor. Posteriormente, em juízo, a vítima deve cumprir o mesmo procedimento (nosso sistema, infelizmente, é repetitivo: a prova colhida na Polícia precisa ser refeita perante o juiz) para confirmar as informações que já prestou e acrescentar outras, se for o caso.

As testemunhas, por sua vez, têm a obrigação de colaborar com as investigações, comparecendo ao Distrito Policial e em juízo para prestar depoimento. Sem as informações da vítima e das testemunhas, o órgão do Ministério Público, por mais combativo que seja, não conseguirá provar a acusação formulada contra o réu, que, mesmo sendo culpado, poderá ser absolvido por falta de provas.

É comum surgirem reclamações da população com relação à impunidade de determinados suspeitos da prática de crime. No entanto, a repressão à violência não depende apenas do Estado, mas também da colaboração da comunidade, que muitas vezes não cumpre com a parcela que lhe cabe. É preciso que todos se disponham a depor, tanto na delegacia quanto no Fórum, informando a verdade sobre os fatos. Sem prova testemunhal é difícil condenar criminosos; sem a participação da comunidade a Justiça terá sempre dificuldades em cumprir sua missão.

É verdade que, em muitos casos, a testemunha ou a vítima podem correr risco de vida se colaborarem com a Justiça. Quando esse tipo de perigo ficar evidente, caberá ao "Serviço de Proteção à Vítima e à Testemunha" providenciar a segurança necessária, durante todo o tempo em que persistir a situação de perigo.

Nos casos de violência doméstica e de crimes passionais a colheita de prova é tarefa delicada; há muita omissão por parte da vítima e de familiares que poderiam testemunhar. No entanto, para que possa haver uma diminuição nesses tipos de ocorrência, as pessoas precisam comparecer à Delegacia e denunciar as ameaças ou agressões que, eventualmente, estejam sofrendo, pedindo a instauração de inquérito policial. É possível, também, recorrer diretamente ao Ministério Público para solicitar providências com relação a determinada situação de perigo.

Houve casos em que a omissão da vítima, quando da primeira agressão sofrida, acabou acarretando sua morte em agressão posterior.

É preciso que a população acorde para a existência da Polícia, do Ministério Público e do Poder Judiciário não apenas nos casos de crimes contra o patrimônio, como roubos, furtos e sequestros, como também nos casos de agressões praticadas por pessoas conhecidas e muito próximas. Todo crime passional é praticado por pessoa próxima da vítima, que deu sinais anteriores de que seria capaz de matar, mas não foram tomadas as providências necessárias e o Estado não pôde agir para evitar o pior. Quanto antes as agressões ou ameaças forem noticiadas às autoridades, melhores serão os resultados. A polícia e, neste particular, as Delegacias de Defesa da Mulher, bem como o Ministério Público, existem, justamente, para dar apoio à população no combate à violência e à criminalidade.

5

A acusação no plenário do Júri

Como vimos, a acusação no Tribunal do Júri é feita pelo órgão do Ministério Público e, eventualmente, também por um assistente da acusação.

É comum que a imprensa e demais meios de comunicação atribuam grande importância ao assistente de acusação quando, em casos rumorosos, a família da vítima contrata advogado renomado e de grande competência no exercício de seu mister para também acusar o réu. No entanto, o assistente é facultativo; fundamental, mesmo, é a atuação do Ministério Público, que propõe a ação penal, acompanha passo a passo a instrução e tem a responsabilidade de representar o Estado na repressão ao crime. Além disso, a Instituição conta com um corpo funcional qualificado e admitido por concurso público para defender os interesses da sociedade. Sem a presença do órgão do Ministério Público não pode haver julgamento; já a presença do assistente da acusação é apenas um reforço.

Pode haver acusação particular em se tratando de ação privada subsidiária da pública, isto é, se o Ministério Público não agir dentro de prazo legal e não der início à ação penal pública conforme previsto em lei, a parte ofendida poderá fazê-lo para sanar a omissão do órgão oficial (arts. 29 do CPP e 5º, LIX, da CF). Essa situação raramente ocorre.

Em todos os processos criminais, a acusação fala primeiro, pela simples razão de que o réu precisa saber, antes de se manifestar, do que está sendo acusado. Assim, o Promotor de Justiça formaliza a acusação criminal na peça inicial do processo, descrevendo o crime, identificando o suspeito e definindo o artigo de lei no qual a conduta incriminada se encontra prevista. No momento das alegações finais, também o Promotor de Justiça fala primeiro e, depois, a defesa se manifesta, rebatendo os argumentos da acusação.

Em plenário do Júri não é diferente. Os debates se iniciam com a sustentação oral do órgão do Ministério Público, que tem o tempo de duas horas para falar, podendo usar menos tempo se julgar conveniente. Ele começará com a leitura do libelo, que é a exposição do fato delituoso com todas as suas circunstâncias e os artigos de lei em que o réu se encontrar incurso. Segue-se a argumentação acusatória, baseada nas provas colhidas durante a instrução.

No entender de Marcelo Fortes Barbosa[1] "nada existe no julgamento pelo Júri mais tecnicamente importante do que a acusação no plenário. Tem ela reflexos no direito de ampla defesa, no contraditório e na própria aceitação pelo Conselho de Sentença dos argumentos acusatórios".

É orientação funcional no Ministério Público que o acusador jamais deve injuriar o réu ou proferir juízos de valor que extrapolem os limites processuais e atinjam sua honra ou suas características pessoais que nada tenham que ver com o fato delituoso, faltando com o devido respeito ao Tribunal e aos mandamentos constitucionais que baniram o preconceito e todas as formas de discriminação.

A acusação será tanto mais convincente quanto mais serena e ponderada, proferida sem cólera e exageros.

O argumento técnico é o que costuma prevalecer, principalmente nas grandes metrópoles, nas quais os jurados, em geral, não conhecem nem réu nem vítima.

A acusação busca, sempre, provar o fato delituoso e as razões que levaram o réu a praticá-lo. Os fundamentos da acusação estão nas provas existentes no processo e naquelas produzidas em plenário, pela oitiva das

---

1. "A acusação no plenário do Júri", do livro *Tribunal do Júri*, de Rogério Lauria Tucci, São Paulo, Revista dos Tribunais, 1999.

testemunhas e peritos, além da vítima, quando possível. Não pode, porém, a acusação ler peças ou documentos que não tenham sido juntados aos autos ou comunicados à parte contrária com pelo menos três dias de antecedência da realização do plenário do Júri, incluindo-se na proibição a leitura de matérias de jornais que versem sobre o fato que está em julgamento (art. 475 do CPP). A inobservância dessa regra gera nulidade relativa (STF, *RTJ* 98/927; HC 61.740, *DJU* 29-6-1984, p. 10742).

Uma dúvida que costuma surgir entre os leigos refere-se à possibilidade de o representante do Ministério Público pedir a absolvição do réu, em vez de persistir na acusação. Sim, pode o Promotor de Justiça entender que não houve crime ou, em estando comprovada a ocorrência do crime, entender que o réu não foi o seu autor ou mesmo não encontrar nos autos provas suficientes a incriminar o acusado. Além disso, pode ter ocorrido alguma excludente de antijuridicidade como a legítima defesa, que leva, também, à absolvição.

Na dúvida, decide-se pela absolvição do réu (princípio do *in dubio pro reo*).

A respeito do assunto, Flávio Tribuzy[2] afirma que "o Ministério Público não é acusador oficial sistemático. O Ministério Público é, sim, o fiscal da lei, defensor da sociedade e, por isso, deve e pode, por dever de consciência e até funcional, pedir a absolvição do acusado, sempre que a isso levem as provas dos autos. Observa, com muita propriedade, Roberto Lyra: *Não sou máquina de acusar. Sob esta beca, palpita um coração. A defesa considera-me um apaixonado. Obrigado. Minha paixão vem da consciência. Não é criada pela arte mas pelo fato. Como o juiz, o Promotor de Justiça forma, serenamente, a convicção jurídico-social, de acordo com a lei e a prova. Uma vez convencido, deve escrever e falar a caráter*".

A acusação formulada pelo Ministério Público tem ainda maior credibilidade diante de sua posição independente perante os autos. Não

---

2. *Tribunal do Júri em linguagem popular*, Manaus, Imprensa Oficial, 1987.

encontrando provas da culpabilidade do réu, não tem o(a) Promotor(a) de Justiça a obrigação funcional de acusar, mas, apenas e tão somente, de promover a Justiça, como a denominação do seu cargo já diz.

Com relação ao advogado de defesa, não pode ele fazer o mesmo, isto é, desistir de defender o réu e passar a acusá-lo, por ter se convencido de sua culpabilidade. A defesa tem a obrigação irredutível de defender o réu mesmo que, em sua convicção pessoal e inconfessável, o advogado o considere culpado. Não havendo defesa, qualquer julgamento é nulo; não havendo acusação por convicção do representante do Ministério Público, não há qualquer nulidade processual, mas apenas, no mais das vezes, a absolvição do réu.

Dessa forma, o Ministério Público se encontra em situação peculiar, tão nobre quanto difícil: a um tempo, deve agir como acusador, sendo parcial e buscando a condenação do réu; por outro lado, é também fiscal da lei, deve agir como juiz, de maneira serena e imparcial, observando a prova dos autos sem paixão e construindo sua convicção com vistas a alcançar a verdade.

Tribuzy[3], repetindo palavras do jurista italiano Piero Calamandrei, diz: "Entre todos os cargos judiciários, o mais difícil, segundo me parece, é o Ministério Público. Este, como sustentáculo da acusação, devia ser tão parcial como um advogado; como um guarda inflexível da lei, devia ser tão imparcial como um juiz. Advogado sem paixões, juiz sem imparcialidade, tal é o absurdo psicológico no qual o Ministério Público, se não adquirir o sentido de equilíbrio, se arrisca, momento a momento, a perder, por amor da sinceridade, a generosa combatividade do defensor, ou por amor da polêmica, a objetividade sem paixão do magistrado".

---

3. *Tribunal do Júri*, cit.

6

Crime passional e homicídio qualificado — teses da acusação

Partindo do mesmo fato delituoso, provavelmente a acusação terá uma versão e a defesa outra. Em se tratando de crime passional, o Ministério Público, no mais das vezes, denuncia o réu pela prática de homicídio qualificado, que é considerado hediondo e para o qual a pena prevista é de doze a trinta anos de reclusão.

Já foram mencionadas as hipóteses de homicídio qualificado, que estão previstas no art. 121, § 2º, do Código Penal. Iremos rever as hipóteses que mais comumente se enquadram no homicídio passional.

A) Motivo torpe

Dentre as circunstâncias que tornam mais reprovável a conduta de matar alguém, está o fato de o homicídio ter sido praticado por *motivo torpe* (art. 121, § 2º, I, do CP).

Luiz Ângelo Dourado[1] procura demonstrar que o homicida passional é, acima de tudo, narcisista. Sendo assim, as razões que o levam a matar serão sempre ignóbeis, configurando o motivo torpe de que fala a lei. Diz ele: "O narcisismo é o enamoramento de si mesmo.

---

1. Psicologia criminal — o crime passional e suas relações com o narcisismo, *Revista Brasileira de Criminologia e Direito Penal*, Ed. Alba, n. 17, junho de 1967.

Gregory Zilboorg conceitua: *o termo narcisismo não é apenas egoísmo ou egocentrismo, mas um estado de ânimo, uma atitude em que o indivíduo se elege a si próprio, ao invés de aos outros, como objeto de 'amor'.* Da mesma maneira que, normalmente, o enamorado não vê defeitos na amada, vislumbrando apenas virtudes e qualidades, o narcisista não possui autocrítica. Considerando-se indiscutivelmente admirável é natural que exija ser amado, exaltado, adorado pelas qualidades que na verdade não possui ou, se existem, não atingem o grau suposto. (...) o narcisista exige a admiração ou o amor dos outros. Assim não acontecendo, julgar-se-á desprezado, morto, destruído, liquidado. Contra isso, como é evidente, lutará com todas as suas forças, podendo até cometer homicídio. Desta forma, o narcisista não escolherá a esposa ou amante por suas qualidades intrínsecas, mas pelo que renderem em bajulação, amor incondicional, lisonja, que serão aceitos como sentimentos autênticos, naturais, necessários para que seu prestígio e segurança aumentem sempre. As mulheres devem preferi-lo entre todos, sem que ele faça qualquer coisa para merecer a distinção. Pelos mesmos motivos, jamais admitirá qualquer traição, por menor que seja, responsabilizando o próximo pelos eventuais fracassos que venha a sofrer. Quem não o ajudar docilmente no processo de autoglorificação, terá em troca seu ódio implacável. (...) A tese de que o passional tornou-se criminoso porque estava dominado por um grande amor ferido só pode ser admitida, a nosso ver, se considerarmos esse 'amor' como traduzindo o monstruoso amor a si mesmo, amor próprio, vaidade, medo ao ridículo ou narcisismo maligno. Nessa altura, emerge o conceito psicanalítico do narcisismo que, no dizer de E. Fromm, impede que a pessoa possa perceber a realidade de alguém discordar dela. Para o narcisista, ele é o mundo, não existe mundo exterior. Logo, quando o narcisista é ferido em seu autoamor, destrói-se a imagem idealizada de si mesmo, cai sua única proteção, levantada a duras penas, contra a própria debilidade e seu ego entra em colapso. Desesperado, em pânico, agride cega e furiosamente. No transe, consuma-se o homicídio. Tudo isso porque um não eu inferior ousou traí-lo! A imagem narcisista do formidável eu despenca-se dos páramos incomensuráveis da egolatria para a nivelação aviltante dos traídos, ofendidos e humilhados. É evidente que o narcisista, por uma questão de sobrevivência, não assistirá impassível à morte do próprio eu, querido e exaltado. Reage, explode em incontrolável reação emocional contra quem teve a audácia de julgá-lo uma pessoa comum, que pode ser traída, não amada, desprezada".

Continua Dourado: "Em sua esmagadora maioria, o passional não é um super-homem, que lavou sua honra com sangue, mas infeliz desajustado no sentido psicológico-social, necessitando de ajuda médica, além das sanções penais. Perigoso será fazer do criminoso passional, que matou por suposta paixão, por 'amor' ou por ciúme — sentimentos bem humanos, quando autênticos — uma espécie de herói marcado por implacável destino. Como já foi exposto, a pessoa narcisista não nutre interesse real, sincero pelo parceiro, porque só admira a si mesma, só ama verdadeiramente o próprio eu, logo, não poderá ter amor e muito menos paixão por ninguém".

Prosseguindo na análise do criminoso passional, Dourado lembra que "nos delitos por adultério existe a famosa força delitógena-exógena, representada pela opinião pública que, em certos grupo sociais, atua intensamente sobre o indivíduo no sentido de que se converta em delinquente. Como se a honra de alguém fosse afetada pela conduta do próximo. Somadas as forças delitógenas externa e interna, esta representada pelos traços narcisistas acentuados, porventura existentes no futuro criminoso, a vítima terá seu destino selado. A pressão delitógena-exógena será entendida pelo delinquente como a verdadeira motivação; na verdade, é apenas aparente. A real decisão, se bem que inconsciente, provém do impulso narcisista incontrolável. Além disso, as possíveis repercussões do uxoricídio veiculadas pelos meios comuns de divulgação, colocam o narcisista em foco, o que não deixa de ser inefável ganho secundário para o desajustado emocional. Quanto à decantada 'violenta emoção', ordinariamente, encontra-se presente em todos aqueles que cometem crimes, se estes não são obra de louco ou de profissional já embotado. O fato é que o 'simpático passional' interessa romanticamente às multidões sensibilizadas, inclusive ao júri que, não raro, o absolve. Deixa-se, desta forma, de expor corajosamente ao público todo o horror do homicídio, mesmo que seja por razões passionais e o homicida narcísico continuará a carregar o fardo negativo, antissocial de sua enfermidade, ao invés de procurar ajuda médica".

O texto citado deixa evidente que o crime passional é praticado, na maioria esmagadora das vezes, por motivos de indiscutível torpeza. O amor, o ciúme controlado, o desejo sexual não levam ao assassinato. A eliminação da vida alheia só pode resultar do rancor, da vingança, do ódio e de todos os demais sentimentos resultantes do narcisismo e da frustração.

Entende a jurisprudência de nossos tribunais que o marido ou amante que mata a companheira por vingança, ciúme ou ódio age por *motivo torpe*, o que qualifica a conduta, tornando-a mais severamente punível. Evidentemente, existem julgados em sentido contrário, entendendo que o homicida passional não esteve movido pelo motivo torpe. Tal entendimento resulta de equívoco interpretativo, pois o homicídio nunca resulta do amor ou de boas intenções. Mesmo assim, convém citar um acórdão estampando opinião singular e, a meu ver, absurda: "Sendo réu e vítima casados, embora na ocasião do evento separados, não se pode cogitar ter sido torpe o móvel do crime, se a intenção do agente era, como o afirma, tentar reconciliação com a vítima, concitando-a a manter consigo congresso carnal" (TJSC, Rec., Rel. Aloysio Gonçalves, *RT* 534/390). Ora, se a intenção do agente era a reconciliação e, não obtendo a concordância da ex-mulher para uma relação sexual, resolveu matá-la, agiu por motivo torpe, abjeto, vil, cruel, vingativo.

Na maioria dos casos, será possível para a acusação demonstrar por que a qualificadora da torpeza deve prevalecer.

Voltando, um pouco, ao início do processo penal, vimos que a acusação se consolida na peça inicial que dá ensejo à instauração do procedimento contra o réu e que recebe o nome de "denúncia".

A denúncia descreve a conduta do suspeito, atribuindo-lhe fatos incriminados em lei, e pleiteia sua condenação pela prática de determinado crime, ao qual é cominada uma pena que tem um mínimo e um máximo.

Ao atribuir ao acusado a prática de homicídio qualificado, a denúncia precisa, também, descrever a qualificadora. Assim, se o motivo é considerado torpe pelo promotor de justiça, ele deve dizer em que consiste a torpeza, ainda que em breves palavras. Posteriormente, para convencer os jurados do acerto de sua tese, que resultará na procedência da denúncia e na condenação do réu, o membro do Ministério Público deverá usar de ampla argumentação, que, no mais das vezes, envolve a citação de jurisprudência, isto é, decisões tomadas pelos Tribunais Superiores em casos anteriores semelhantes ao que está em julgamento no momento.

Em se tratando de motivo torpe, Alberto Silva Franco[2] cita vários julgados, alguns dos quais se transcreve:

"Caracteriza motivo torpe o fato de o marido, desprezado pela mulher que com ele não mais quer conviver, resolver vingar-se, desejando matá-la. O motivo é o antecedente psíquico da ação. No caso, a força que colocou em movimento o querer do agente ativo, que o levou ao gesto de matar a sua companheira, que somente não se consumou pelo fato de a vítima ter fingido que já se encontrava morta" (TJRJ, AC, Rel. Paulo Sérgio Fabião, *RT* 733/659).

"É certo que a vingança, por si só, não torna torpe o motivo do delito, já que não é qualquer vingança que o qualifica. Entretanto, ocorre a qualificadora em questão se o acusado, sentindo-se desprezado pela

---

2. Alberto Silva Franco e outros, *Código Penal e sua interpretação jurisprudencial*, São Paulo, Revista dos Tribunais, 1997.

amásia, resolve vingar-se, matando-a" (TJSP, AC, Rel. Jarbas Mazzoni, *RT* 598/310).

"O motivo, escreve Maggiore, é o antecedente psíquico da ação, a força que põe em movimento o querer e o transforma em ato: uma representação que impele à ação (in Euclydes da Silveira, *Crime contra a Vida*, p. 43, 1973). No caso, a força que pôs em movimento o querer do agente ativo, o antecedente psíquico que o levou ao ato de matar sua ex-companheira, foi a vingança, o ódio reprimido. Vingança contra quem não mais queria sujeitar-se a um companheiro incompreensivo, agressivo, mau, que a espancava sem motivo, que a deixava sem meios de subsistência. Justa e humana a vontade da ofendida de desejar e efetivar a separação. Lembra o jurista Baldassari Corurullo, referindo-se à torpeza do motivo, que 'a baixeza do fim não está na natureza da necessidade, nem na do sentimento, está, precisamente, na antissocialidade que mostra o delinquente, em cujo ânimo o sentimento do altruísmo necessário à conservação da sociedade e, portanto, de si mesmo, não lograram vencer os impulsos próprios dos seres primitivos" (TJSP, Rec., Rel. Weiss de Andrade, *RJTJSP* 73/312).

"A vingança, o ódio reprimido, que levam o agente à prática do crime, configuram o motivo torpe a que alude o art. 121, § 2º, I, do CP" (TJSP, AC, Rel. Weiss de Andrade, *RT* 560/323).

"Ocorre a qualificadora do motivo torpe se o acusado, sentindo-se desprezado pela amásia, resolve vingar-se, matando-a" (TJSP, Rec., Rel. Cunha Bueno, *RT* 527/337).

Como se vê, o Tribunal de Justiça de São Paulo já se pronunciou várias vezes no sentido de que o marido, ex-marido, namorado, amante ou ex-amante que mata a mulher age por motivo torpe.

Ainda em termos de suporte jurisprudencial, o Tribunal de Justiça de Mato Grosso do Sul, ao julgar a Apelação n. 2.546/97 (1ª Câmara, rel. Des. Paulo Inácio Dias Lessa, j. 18-11-1997), entendeu que:

"Caracteriza-se a qualificadora do motivo torpe quando o ciúme extravasa a normalidade a ponto de se tornar repugnável à consciência média, por ser propulsionador de vingança ante a recusa da ex-mulher em reconciliar-se".

B) Motivo fútil

O Código Penal também qualifica o homicídio quando praticado por *motivo fútil* (art. 121, § 2º, II, do CP). Em caso de crime passional, há quem considere ser o motivo do homicídio fútil, e não torpe, como acabamos de ver.

Fútil é o mesmo que insignificante, irrelevante, sem importância, de modo que a reação do acusado, ao matar a vítima, afigura-se totalmente desproporcional ao motivo que o levou ao ato. Na maioria dos casos, o homicida passional terá agido por motivo torpe, mas se, ao analisar os fatos detidamente, a acusação se convencer de que o motivo do crime foi fútil, terá de fundamentar seu entendimento nas circunstâncias reais que determinaram a conduta do réu e acusá-lo com base em conceitos firmados pela doutrina e pela jurisprudência.

É preciso observar que a cumulação das qualificadoras do motivo torpe e do motivo fútil não deve ocorrer. O móvel do crime ou é torpe ou é fútil. A jurisprudência também entende assim:

"Inadmissível no homicídio o reconhecimento de dúplice qualificadora fundada em motivo simultaneamente fútil e torpe, uma vez que ambos são de caráter subjetivo" (TJSP, AC, Rel. Renato Nalini, *RT* 657/282).

No intuito de melhor explicar a diferença de conceituação entre futilidade e torpeza, o Tribunal de Justiça de São Paulo, em acórdão que analisa os motivos do crime, assim se pronunciou: "A futilidade deve ser apreciada segundo *quod prelumque accidit*. O motivo é fútil quando notadamente desproporcionado ou inadequado, do ponto de vista do *homo medius* e em relação ao crime de que se trata. Se o motivo torpe revela um grau de particular perversidade, o motivo fútil traduz o egoísmo intolerante, prepotente, mesquinho, que vai até a insensibilidade moral" (JTSP, Rec., Rel. Onei Raphael, *RJTJSP* 73/310).

Com relação à embriaguez, a jurisprudência vem entendendo que, se a turvação da consciência não for completa, não se afasta o motivo fútil que deu causa ao homicídio.

Há julgados que consideram o ciúme motivo fútil, mas a jurisprudência não é pacífica, havendo decisões no sentido de que o ciúme não é um sentimento irrelevante. Concordo com o entendimento de que o ciúme não é insignificante e, portanto, não é fútil, mas pode ser egoístico, prepotente, possessivo, ignóbil, isto é, torpe. Deve qualificar o crime de morte.

É importante conhecer as duas posições.

No sentido do não reconhecimento do ciúme como motivo fútil, transcrevo alguns acórdãos citados por Alberto Silva Franco e outros (*Código Penal*, cit.):

"Quando o agente atua impulsionado, premido, pressionado pelo sentimento do ciúme, fundado ou não, não se pode dizer que se cuida de motivo irrelevante, insignificante, fútil" (TJSP, Rec., Rel. Diwaldo Sampaio, *RT* 595/349).

"O homem que, embora esteja separado da mulher, a encontra em sua casa juntamente com as filhas, na companhia de outro, não age por motivo fútil, podendo o motivo ser até injusto, mas sua injustiça, embora desconforme com a ética ou com o direito, não é desconforme com o antecedente psicológico" (TJMG, AC, Rel. Costa Loures, *RT* 676/322).

"É cristalina a inadequação da qualificadora do motivo fútil. Quem discute por interesse no reatar uma relação conjugal interrompida e, vendo-se rejeitado, pratica um crime, não age por móvel insignificante" (TJSP, Rec., Renato Nalini, *RJTJSP* 141/362).

"Se depois de balear a vítima, sua antiga companheira, por se recusar a voltar ao lar, o acusado alveja a si próprio, tentando suicídio, não há falar em motivo fútil" (TJSP, Rec., Rel. Dirceu de Mello, *RT* 576/365).

"Ciúme não se coaduna com motivo fútil, devendo, pois, a qualificadora ser extirpada da pronúncia" (TJSP, Rec., Rel. Onei Raphael, *RT* 566/309).

"Não se deve confundir motivo fútil com motivo injusto. Aliás, a injustiça da motivação do agente é elemento integrante do crime. Para que se reconheça a futilidade da motivação é necessário que, além de injusto, o motivo seja insignificante. Isso, contudo, não se pode dizer quando entram em jogo a separação de um casal e o crime. Se tais motivos justificassem a motivação do réu, corresponderiam a causas excludentes de criminalidade, que, evidentemente, não são" (TJSP, Rec., Rel. Geraldo Arruda, *RJTJSP* 62/356).

"O fato de ser a vítima prostituta e desejá-la o acusado só para si, por estar com ela envolvido afetivamente, afasta o motivo fútil do homicídio por ele perpetrado ao vê-la em companhia de outro homem" (TJSP, Rec., Rel. Prestes Barra, *RT* 554/347).

Admitindo que o ciúme e outros sentimentos envolvendo a separação de um casal configuram motivo fútil:

"Nos casos em que o ciúme é mencionado como circunstância qualificadora, sempre é enquadrado como motivo fútil e não como motivo torpe" (TJSP, Rec., Rel. Luiz Betanho).

"A separação de um casal induz, constantemente, uma série de traumas, todos previsíveis. Qualquer pessoa sabe disso. É cristalino, pois, que um homicídio tentado, em tais circunstâncias, há de ser erigido à categoria de fútil" (TJSP, Rec., Rel. Onei Raphael, *RT* 577/352).

"O fato de se achar o réu embriagado ao praticar o crime não afasta a futilidade de sua motivação. Se a orientação de nosso Código Penal, quanto à responsabilidade penal, é a adoção da *actio libera in causa*, o mesmo princípio é de ser aceito em relação às circunstâncias qualificadoras ou agravantes, não as exonerando de reconhecimento a embriaguez voluntária do agente" (TJSP, Rec., Rel. Silva Leme, *RT* 591/329).

"Embora o alcoolismo produza alteração no estado psíquico do agente, não se pode afirmar que tal prática elimina a futilidade do motivo de sua conduta criminosa. Somente a embriaguez que comprometa inteiramente o estado psíquico e seja demonstrada pericialmente afasta o juízo crítico do agente, podendo ser considerada para excluir a qualificadora em apreço" (TJSP, AC, Rel. Weiss de Andrade, *RT* 605/302).

"Uma discussão familiar de somenos importância justifica plenamente o reconhecimento do motivo fútil na pronúncia, cabendo ao Júri aceitá-la ou não, conforme for examinado e discutido em plenário" (TJMG, Rec., Rel. Luna Carneiro, *RT* 520/450).

"A ausência de motivo equipara-se, para os devidos fins legais, ao motivo fútil, porquanto seria um contrassenso conceber que o legislador punisse com pena maior aquele que mata por futilidade, permitindo que o que age sem qualquer motivo receba sanção mais branda" (TJMG, Rec., Rel. Costa e Silva, *RTJE* 45/276).

C) Emprego de veneno, fogo, explosivo, asfixia, tortura, ou outro meio insidioso ou cruel, ou de que possa resultar perigo comum

Qualquer um dos meios aqui mencionados, enumerados no art. 121, § 2º, III, do Código Penal, que seja utilizado pelo homicida passional para executar o seu crime, irá qualificar sua conduta, tornando mais severa a pena imposta.

O *veneno* é, em geral, aplicado de modo insidioso, sub-reptício, premeditado. Veneno pode ser considerada qualquer substância capaz de ser letal à vítima. Assim, o açúcar, se propositalmente ministrado à pessoa diabética, é veneno.

O *fogo*, já muitas vezes utilizado para matar pessoas, além de cruel é de perigo comum. O marido que incendeia a casa para matar a esposa, põe em risco, também, a vizinhança.

Explosivo é a substância que atua por meio de detonação; é matéria capaz de causar rebentação. É de perigo comum.

A *asfixia* é o impedimento da respiração. Pode ser conseguida pelo uso de vários expedientes e é tóxica ou mecânica. A primeira ocorre pelos vícios do ar ambiental. A segunda compreende o enforcamento, estrangulamento, esganadura, sufocação, soterramento e afogamento.

A *tortura* consiste em infligir à vítima um sofrimento desnecessário e intenso. Pode ser física ou moral. Explica Magalhães Noronha[3] que "no emprego da tortura, a vontade se biparte: a morte como *fim*, causada, porém, por *determinado modo*. Carrara escrevia que é necessário que a tortura, sob certo aspecto, constitua um fim distinto daquele de tirar a vida".

O artigo de lei que ora se analisa também prevê, de forma genérica, *outro meio insidioso ou cruel, ou que provoque perigo comum.*

O meio não será insidioso quando conhecido pela vítima; não será cruel ou torturante quando não impuser sofrimento descomunal ou desproporcional; não será de perigo comum quando não colocar em risco outras pessoas ou seus bens.

Pode haver a cumulação de qualificadoras, no caso, por exemplo, de o homicídio ter sido praticado por motivo torpe e por um meio insidioso, cruel ou de perigo comum. Não há impedimento para a coexistência

---

3. *Direito penal*, São Paulo, Saraiva, 1988, v. 2.

de várias qualificadoras referentes ao mesmo homicídio, desde que não sejam conflitantes entre si.

A jurisprudência ensina que "o meio insidioso e cruel são coisas distintas. O meio pode ser insidioso, ser cruel ou ambos. A crueldade consiste na reiteração, em forma de agravar o sofrimento da vítima. Já a insídia existe no homicídio cometido por intermédio de estratagema, perfídia" (TJSP, Rec., Rel. Ary Belfort, *RT* 683/303).

Há casos em que o homicida passional se vê tomado de tamanho ódio que, além do motivo que o levou ao crime poder ser considerado torpe ou fútil, ainda há a utilização de meio cruel, como na hipótese de a vítima ser morta com numerosos golpes de faca.

Diz a jurisprudência do Tribunal de Justiça de São Paulo que "o emprego de arma branca contra pessoa indefesa e a reiteração de golpes, infligindo-lhe sofrimento atroz e desnecessário, constituem, sem dúvida, meio cruel" (TJSP, AC, Rel. Jarbas Mazzoni, *RT* 598/310).

D) À traição, de emboscada, ou mediante dissimulação ou outro recurso que dificulte ou torne impossível a defesa da vítima

É comum que o criminoso passional pegue sua vítima de surpresa, utilizando-se de recurso que dificulte ou impossibilite a defesa da pessoa que é atacada.

O marido que convida a mulher para sair, a pretexto de conversar e chegar a um acordo sobre a separação, e, quando se vê a sós com ela, mata-a repentinamente, com várias facadas, vingando-se do fato de não ter sido atendido quando pretendeu reatar a relação, comete homicídio qualificado pelo motivo torpe, pelo meio cruel empregado e pela dissimulação. É um homicídio triplamente qualificado.

No dizer de Magalhães Noronha, a *dissimulação* é a ocultação do próprio desígnio, é o "disfarce" que esconde o propósito delituoso, é a fraude que precede a violência.

A *traição* é a quebra da confiança que a vítima depositava no agente, e a *emboscada* é o ato de esperar alguém de forma oculta, sem ser visto, causando surpresa.

O homicida passional pode voltar sua ira contra a mulher ou contra o suposto amante da mulher ou, ainda, contra ambos. Em qualquer das hipóteses, pode querer utilizar-se de *meio que dificulte ou impossibilite a defesa da vítima*, atacando-a de surpresa, como demonstra o seguinte acórdão:

"Tratando-se de homicídio praticado de surpresa, não sendo antecedido por qualquer discussão, não há falar em legítima defesa da honra, quando o crime foi praticado em razão de meros boatos ou suspeitas de adultério, uma vez que faltou o requisito da iminência entre o fato causador da revolta do agente e sua ação imediata resultante na morte da vítima, mormente quando o executor do crime vinha prometendo acerto de contas com seu desafeto" (TJMS, AC, Rel. Carlos Stephanini, *RT* 712/439).

Outros julgados de interesse ao tema:

"O homicídio qualificado pela traição pode ser praticado em estado de agitação emocional ou passional, pois, 'às vezes, a paixão aguça sobremaneira o engenho para preordenar os meios e escolher as ocasiões'. Assim, só se justifica a sua exclusão da pronúncia quando repele, manifesta e declaradamente, a prova dos autos" (TJSC, Rec., Rel. Eduardo Luz, *RT* 445/460).

"O homicídio à traição (*homicidio proditorium*) é cometido mediante ataque súbito e sorrateiro, atingindo a vítima, descuidada ou confiante, antes de perceber o gesto criminoso. Nesse sentido é que o acometimento pelas costas é considerado traição, isto é, quando colha a vítima desprevenida, de surpresa. Idêntica é a opinião de Frederico

Marques (*Tratado de Direito Penal*, vol. 4/106, Saraiva, 1961). A traição indica uma forma de execução do crime com que o agente procura evitar a defesa. A perfídia que esse procedimento revela é a causa da agravação da pena" (TJSP, Rec., Rel. Mendes Pereira).

"Tendo cometido o homicídio da vítima enquanto ela dormia, o delito é qualificado pela traição" (TJSP, AC, Rel. Cavalcanti Silva, *RT* 467/336).

"O asserto de que o insano não pode praticar homicídio à traição, porque não lhe é dado entender o caráter criminoso do fato ou determinar-se de acordo com esse entendimento, só é verdadeiro com relação à responsabilidade penal. Pode ele, não obstante, praticar os atos exteriores que materialmente constituam traição, ocorrendo, então, a configuração objetiva, ou melhor, a configuração aparente do homicídio qualificado (*RT* 173/84)" (TJSP, Rec., Rel. Humberto da Nova, *RJTJSP* 26/408).

"Caracteriza a surpresa, qualificadora do homicídio, o fato do agente chegar sem prévio aviso ou imperceptivelmente ao local em que a vítima, sua ex-esposa, cantava profissionalmente, matando-a e ferindo com gravidade seu acompanhante" (TJSP, Rec., Rel. Prestes Barra, *RT* 577/346).

"Se o crime ocorre após discussão de somenos importância, fato habitual na vida do casal e ante surpresa da vítima, caracterizadas estão as qualificadoras dos ns. II e IV do § 2º do art. 121 do CP" (TJMT, Rec., Rel. Milton Figueiredo Mendes, *RT* 545/393).

"Age com a qualificadora da surpresa o marido que adentra o lar, quando sua esposa estava na cozinha, e a alveja mortalmente, com diversos tiros de revólver, sem que a mesma pudesse esboçar qualquer defesa" (TJSC, AC, Rel. Ivo Sell, *RT* 523/438).

"Quem, sem motivo plausível e comprovado, toma a faca que a vítima utilizava em seus afazeres domésticos, nela desferindo golpes que a matam, age de surpresa, denotando perversão e ausência de mínima motivação" (TJSP, AC, Rel. Dalmo Nogueira, *RT* 512/375).

"Nos casos indicados em o n. IV, do art. 121, § 2º, do CP, o que qualifica o homicídio não é o meio escolhido ou usado para a prática do crime e sim o modo insidioso com que o agente o executa, empregando, para isso, recurso que dificulte ou torne impossível a defesa" (TJSP, Rec., Rel. Humberto Nova, *RJTJSP* 20/365).

"Mata mediante o *recurso que dificulte ou torne impossível a defesa do ofendido* quem, passada a discussão, aproxima-se da vítima, sentada e desarmada, encosta-lhe o revólver atrás da cabeça e lhe dá um tiro" (TJRS, Rec., Rel. Sylvio Fonseca Pires, *RT* 404/366).

E) Demais qualificadoras

As qualificadoras do homicídio, referentes àqueles praticados para assegurar a execução, a ocultação, a impunidade ou vantagem de outro crime (art. 121, § 2º, V, do CP), por não se aplicarem diretamente aos homicídios passionais, não serão estudadas aqui.

Deixamos de abordar detidamente, também, a qualificadora do homicídio cometido mediante paga ou promessa de recompensa (art. 121, § 2º, I, do CP), apesar dessa modalidade não ser impossível de associar-se ao homicídio passional. No entanto, os casos reais não têm mostrado a ocorrência dessa qualificadora nos crimes objeto do presente estudo.

Mesmo quando a mulher, querendo casar com o amante e ficar na posse exclusiva dos bens do marido, encomenda o homicídio do cônjuge a matador profissional, o motivo do crime não pode ser considerado "passional". Ela não manda matar o marido por ter se sentido traída ou rejeitada por ele, ou, ainda, por não suportar a separação, mas apenas para livrar-se dele de modo a ficar com os bens do casal. Embora se trate de motivo torpe e possa a agente estar movida pela paixão ao dinheiro, não se inclui o delito dentre aqueles objeto do presente estudo.

7

O papel do advogado de defesa

Vimos o papel da acusação, feita pelo Ministério Público, e analisamos suas teses. Faremos o mesmo com relação à defesa do réu.

Todo acusado precisa ter um defensor. Um defensor que trabalhe bem, que lute pela sua absolvição ou tente diminuir a pena a ser imposta. Se a defesa for falha ou insuficiente, o réu é considerado indefeso e o julgamento é nulo. Se o réu for pobre e não puder pagar um advogado, o Estado terá de fornecer-lhe um, que atuará gratuitamente, pois o direito à ampla defesa é garantia constitucional.

Diz o art. 5º, XXXVIII, da Constituição Federal:

"é reconhecida a instituição do júri, com a organização que lhe der a lei, assegurados:

a) a plenitude de defesa;

b) o sigilo das votações;

c) a soberania dos veredictos;

d) a competência para o julgamento dos crimes dolosos contra a vida" (grifo nosso).

Muitos advogados de renome alcançaram reconhecimento da sociedade por suas atuações em plenário do Júri, pois é lá que tanto acusador quanto defensor têm maior visibilidade. Para os advogados, o Júri tem especial relevância e foi usado por muitos para que se tornassem conhecidos e consolidassem suas bancas.

O grande criminalista Evandro Lins e Silva dizia (e repetiu em seu livro *O salão dos passos perdidos*): "Tudo o que fui devo àquela tribuna. Tudo. O que me deu renome, o que me deu notoriedade, me tornou conhecido? Foi a tribuna do júri. O amor que eu tenho por ela é enorme, morro pensando no júri, pensando que fui um atrevido estreante que começou ali".

No plenário do Júri, a defesa tem o mesmo tempo da acusação para fazer sua sustentação oral: *uma hora e meia para cada, uma hora para a réplica e outro tanto para a tréplica (art. 477 do CPP, com a redação dada pela Lei n. 11.689/2008).*

A defesa sempre fala por último, isto é, depois da acusação, a fim de que o réu possa defender-se plenamente das imputações que lhe são feitas pelo Estado, representado pelo órgão do Ministério Público.

O advogado deve preparar, com cuidado e antecedência, a defesa do acusado, para não ser colhido de surpresa e não ter de recorrer à improvisação, pondo em risco a garantia constitucional de ampla defesa do réu.

José Parada Neto[1], citando Evandro Lins e Silva, menciona: "A improvisação não é produto de mágica ou milagre, nem resulta de geração espontânea. Há improvisadores sem cultura, com talento, versáteis, observadores, que conseguem algum sucesso. São raros e nunca chegam ao primeiro plano da profissão. Aprendem de ouvido, sabem repetir e, às vezes, são espirituosos, com bom desempenho na tribuna. Não podem voar alto nas questões técnicas mais complexas, por falta das asas do preparo técnico. É preciso, pois, diante de tão sábia lição, asseverar que a atuação na tribuna do Júri exige do profissional não só talento oratório, mas também e indispensavelmente um permanente e constante estudo do direito e matérias afins, para que possa realizar um trabalho técnico à altura da importância e da responsabilidade da tarefa. É verdade que

---

1. Coletânea *Tribunal do Júri*, São Paulo, Revista dos Tribunais, 1999.

não se pode exigir talento, que para muitos é dádiva da natureza; porém, o profissional deve ser responsável e somente aceitar atuar em sessão plenária após estar devidamente preparado e não cometer erros técnicos. O direito de ampla defesa é garantia constitucional e, assim, caberá ao magistrado que presidir a sessão declarar o réu indefeso e determinar a dissolução do Conselho de Sentença, quando a defesa demonstrar que está sendo feita por profissional despreparado e incompetente".

É de se observar que, tanto para a defesa quanto para a acusação, o processo-crime tem início muito antes da realização do plenário do Júri. A instrução, que vem sendo acompanhada pelas partes, culmina com o julgamento do caso pelos jurados, mas o advogado que acompanhou todos os passos do procedimento não terá dificuldade de fazer a defesa final em plenário. Risco existe para o defensor não habituado à sistemática do Júri ou para aquele que toma conhecimento do processo já no momento do julgamento em plenário e não tem tempo de se inteirar, amplamente, da prova produzida, das diligências requeridas, das alegações do réu nas oportunidades em que foi interrogado, enfim, de todas as peculiaridades do caso.

Conforme pondera o Prof. Manoel Pedro Pimentel[2], "um julgamento feito pelo Tribunal do Júri, ao contrário do que muitos pensam, não é uma loteria. Depende, é certo, de algumas peripécias, mas pode ser o seguro resultado de uma conduta bem planejada e executada com rigor, desde a fase do inquérito policial até o plenário do Júri". Em outra passagem, acrescenta o professor, "a apresentação dos argumentos deve obedecer a um plano previamente traçado, em cuja elaboração o advogado observará tudo aquilo que recomendamos ao tratar da defesa escrita. A exposição deve ser fluente e clara, sem rodeios e tiradas literárias, ferindo os pontos em debate. As proposições devem seguir a forma silogística, e cada conclusão se ajustará às outras, formando um tecido

---

2. *Apud* Adriano Marrey e outros, *Teoria e prática do Júri*, São Paulo, Revista dos Tribunais, 1985.

único. O tom de voz, as modulações não devem seguir o superado critério de exaltação e passionalismo, a não ser que o momento do discurso ou a dramaticidade do tema o imponha. Não terá o advogado, também, a preocupação de formar frases pomposas, bombásticas, geralmente vazias de sentido, cujo único mérito é causar a admiração dos que se deixam impressionar pela beleza da forma. As demonstrações de cultura, quando desnecessárias, soam falso e traem a intenção do orador de se autovalorizar, o que, às vezes, é consagrado à custa do direito do constituinte".

A posição do advogado de defesa, como se vê, é completamente diferente da do acusador. Enquanto este último serve à sociedade e, estando convencido da improcedência da ação penal, pode pedir a absolvição do réu, o defensor está obrigado a lutar pelos interesses de seu cliente, independentemente de sua convicção pessoal. Jamais poderá pedir a condenação do acusado, por mais que esteja convencido de sua culpabilidade. Se, por equívoco do profissional, isto ocorrer, o julgamento será nulo. No entanto, é admissível que o advogado apresente teses contraditórias, desde que formuladas alternativamente, como, por exemplo, pedir a absolvição do réu e, caso não seja esse o entendimento dos jurados, que reconheçam a ocorrência de homicídio privilegiado. O que não pode ser feito é a apresentação de teses conflitantes entre si, de maneira que uma exclua completamente a outra.

O grande Roberto Lyra[3] dedica uma palavra aos advogados: "Sobre os advogados, falem eles mesmos. João da Costa Pinto, uma figura que sempre enaltece com arte e elegância a gloriosa tribuna da defesa, confessa ser ela o lugar 'dos excessos da fantasia e do sentimentalismo'. Evaristo de Morais, o maior advogado criminal contemporâneo no Brasil, escreveu: 'Cada causa tem de ser advogada tal como se apresenta, com a sua feição peculiar, com os seus elementos de êxito, uma vez maiores, outra vez menores. Deve o advogado se inspirar no 'espírito da causa' assim como o ator se inspira na concepção que do personagem lhe

---

3. Conferência *O Ministério Público e o Júri*, proferida em 1932 e publicada posteriormente.

dá a peça e lhe comunica o próprio estudo. Um e outro não é, porém, obrigado a seguir no seu viver os ensinamentos, os exemplos, as práticas inculcadas pelas peças representadas nem pelas causas pleiteadas. Esposando transitoriamente as paixões dos personagens ou as dos clientes, o ator e o advogado resguardam para o restante da vida nas suas atitudes estranhas ao serviço profissional a sua personalidade. Assim se explica que numa peroração patética, ou no meio de uma narração dolorosa, percebam os juízes e as outras pessoas do auditório que a voz do advogado treme, que sua fisionomia se transforma, que o seu corpo é preso de agitação incoercível, que todo o seu ser exprime a sinceridade do que ele diz e as lágrimas brotam, espontâneas, irreprimíveis, atestando um estado d'alma que nenhum artista poderia fingir ou simular. É quando a arte cede perante a natureza'".

Sobre a defesa, é preciso lembrar, ainda, que, para evitar o erro judiciário, se não estiver seguramente comprovada a acusação, o réu será absolvido. Trata-se do princípio *in dubio pro reo*.

Nosso sistema favorece o acusado na medida em que, nas palavras de Roberto Lyra, dá-lhe o benefício da última palavra no debate, o proveito da dúvida, a vantagem do quesito obrigatório da atenuação da pena, com questões sugeridas *ex officio*, e a liberdade de afirmação e de orientação perante o público.

Cabe aos jurados agir com o máximo de discernimento.

8

Homicídio privilegiado — tese da defesa

A criação da figura do homicídio privilegiado resultou da reforma penal de 1940 que, ao modificar o Código Penal de 1890, eliminou o perdão dado ao homicida que matasse em face de "perturbação dos sentidos e da inteligência", geralmente aplicado aos casos passionais, e estabeleceu uma norma segundo a qual a pena poderia ser diminuída se o ato criminoso resultasse de violenta emoção ou atendesse a relevante valor moral ou social.

O então "novo Código" (ainda em vigor e já considerado ultrapassado) não absolvia o homicida dominado por violenta emoção, não o deixava impune como o anterior, mas atribuía-lhe pena menor, prevendo a possibilidade de redução de um sexto a um terço da pena de seis anos de reclusão referente ao homicídio simples. Na época, isto é, nos anos que se seguiram a 1940, os advogados criminalistas não aceitaram passivamente a alteração trazida pelo Código e procuraram evitar a condenação de seus clientes criando a tese da "legítima defesa da honra", que será analisada mais à frente.

De toda forma, a incriminação do "passional" foi um avanço no sentido de se reduzir a impunidade que grassava. Apesar disso, o Júri, refletindo valores sociais patriarcais, continuou a encarar o assassinato de mulheres com lamentável complacência.

Evandro Lins e Silva[1], ao abordar o homicídio privilegiado, comenta ter sido essa "a solução encontrada na lei para, suprimindo a

---

1. *O salão dos passos perdidos*, Rio de Janeiro, Nova Fronteira, 1997.

dirimente da perturbação dos sentidos e da inteligência, também não permitir que se condenasse a uma pena exagerada quem agisse por motivo aceito e compreendido pela sociedade".

Ocorre que, naquela época (primeira metade do século XX), era comum a absolvição do homem que matasse a mulher por suspeita de adultério e, apesar da nova figura do homicídio privilegiado, tal tese era pouco utilizada pela defesa, que ainda pleiteava situação melhor para o homicida, procurando a absolvição completa ou uma sanção que se limitasse ao reconhecimento de excesso culposo na legítima defesa da honra (dois anos de reclusão, com suspensão condicional da pena — *sursis*).

Nossa sociedade mudou muito.

A alegação de homicídio privilegiado, isto é, cometido por relevante valor moral ou social, ou sob o domínio de violenta emoção, nos dias de hoje, é a mais frequente tese apresentada pela defesa em caso de crime passional comprovado. A tolerância com os assassinos de mulheres acabou, a legítima defesa da honra perdeu a sustentação, e se o defensor consegue diminuir consideravelmente a pena do réu já se considera muito bem-sucedido. Ainda assim, não é comum que a tese do homicídio privilegiado seja aceita pelos jurados.

A previsão legal do assassinato com pena reduzida em razão do motivo encontra-se no art. 121, § 1º, do Código Penal, que diz:

"Se o agente comete o crime impelido por motivo de relevante valor social ou moral, ou sob o domínio de violenta emoção, logo em seguida a injusta provocação da vítima, o juiz pode reduzir a pena de um sexto a um terço".

A vantagem, para o agente, da apresentação da versão de homicídio privilegiado é a possibilidade de redução da pena para quatro anos de reclusão.

Se comparada à pena mínima prevista para o homicídio simples, seis anos, a pena do homicídio privilegiado é bem menor, mas, se comparada à pena mínima prevista para o homicídio qualificado, doze anos de reclusão, a diferença é brutal. No entanto, por mais que se esforce a defesa, na maioria dos casos passionais, o Júri já não tem aceitado a alegação de privilégio, nem tampouco os Tribunais de Justiça, como se verá da jurisprudência adiante citada, impondo aos réus penas mais duras.

O art. 121, § 1º, do Código Penal prevê mais de uma circunstância que privilegia o homicídio.

A primeira causa de diminuição de pena, conforme a redação do artigo supracitado, é o *valor social*. Nesse caso, o agente teria em mente os interesses da coletividade e sua conduta indicaria ter ele menor periculosidade.

A segunda causa de diminuição de pena é o relevante *valor moral*. Este diz respeito aos interesses individuais, particulares do agente, entre eles os sentimentos de piedade e compaixão.

Os doutrinadores costumam exemplificar o *valor social ou moral* com a prática da eutanásia, que consiste em tirar a vida de alguém para abreviar-lhe um sofrimento atroz e inevitável, do qual não teria outra possibilidade de se livrar.

Conforme observado por Alberto Silva Franco e outros[2], "nosso Código não aceita nem descrimina a eutanásia, mas não vai ao rigor — ressalta Magalhães Noronha — de não lhe conceder o privilégio do relevante valor moral. Comumente, as pessoas, ao ouvirem falar de eutanásia, exemplo que é do homicídio privilegiado por motivo de relevante valor moral, logo a associam à doença e à enfermidade de desfecho fatal. No entanto, para os efeitos penais da concessão do privilégio, cumpre realçar-se que nem sempre há de estar a eutanásia indissoluvelmente vinculada a doença de desate letal. Sobrepuja ao fato objetivamente considerado a compulsão psíquica que leva o agente a agir, a sua motivação, *punctum pruriens* e cerne do privilégio. Nem é por outra razão que não se contenta a lei penal, nesse passo, com a simples ocorrência do

---

2. *Código Penal e sua interpretação jurisprudencial*, São Paulo, Revista dos Tribunais, 1997.

relevante valor moral presente no episódio, requestando e exigindo, para a concessão da mercê lenitiva da *sanctio juris*, que o crime seja cometido por relevante valor social ou moral. Importa e denota vulto, sobretudo, o motivo ou erupção psíquica do agente, e não o mero episódio em seu envolver objetivo, no seu quadro externo (Fernando de Almeida Pedroso, Homicídio privilegiado, *RT* 695/279-287)".

A terceira causa de diminuição da pena do homicídio é a *violenta emoção, logo em seguida a injusta provocação da vítima*.

Nélson Hungria[3] define emoção como "um estado de ânimo ou de consciência caracterizado por uma viva excitação do sentimento. É uma forte e transitória perturbação da afetividade, a que estão ligadas certas variações somáticas ou modificações particulares das funções da vida orgânica".

A emoção difere da paixão porque, enquanto a primeira se manifesta como reação súbita e passageira, a segunda é um estado crônico, duradouro, obsessivo. No dizer de Kant, a emoção é como uma torrente que rompe o dique da continência, e a paixão é o charco que cava o próprio leito, infiltrando-se, paulatinamente, no solo.

A paixão e a emoção não chegam a anular a consciência. O sujeito tomado de sentimentos fortes mantém sua capacidade de compreensão das coisas e é responsável por todos os atos que pratica nesse estado. Por essa razão, a lei penal não transige com os emotivos ou passionais. O Código somente beneficia, com a possibilidade de diminuição da pena, a emoção violenta e, mesmo assim, quando derivar de *injusta provocação da vítima e a reação do agente ocorra logo em seguida*.

A despeito disso, o homicídio privilegiado pela violenta emoção é tese recorrente da defesa com relação aos crimes passionais.

A opção de alegar o privilégio decorrente da violenta emoção, e não do relevante valor moral ou social, resulta do fato de que, nos dias

---

3. *Comentários ao novo Código Penal*, Rio de Janeiro, Forense, 1958.

de hoje, pouca gente lança mão do extremo cinismo de dizer ter matado a mulher, namorada, companheira ou ex-companheira por "relevante valor moral ou social". Como vimos, os motivos do homicida passional são bem outros e a sociedade sabe disso. Magalhães Noronha[4], ao comentar o homicídio passional, observa que "a Escola Positiva exaltou o delinquente por amor e foi o bastante para que por *passional* fosse tido todo matador de mulher. A verdade é que, via de regra, esses assassinos são péssimos indivíduos: maus esposos e piores pais. Vivem sua vida sem a menor preocupação para com aqueles por quem deveriam zelar, descuram de tudo, e um dia, quando descobrem que a companheira cedeu a outrem, arvoram-se em juízes e executores. Não os impele qualquer sentimento elevado ou nobre. Não. É o despeito de se ver preterido por outro. É o medo do *ridículo* — eis a verdadeira mola do crime. Esse pseudo-amor não é nada mais que sensualidade baixa e grossa".

Nos termos do acórdão transcrito por Alberto Silva Franco e outros[5], "jamais poderá ser considerado como motivo de relevante valor moral o homicídio cometido por homem casado contra a amásia, impelido por egoísmo de ordem sexual" (*RT* 375/164).

Ainda sobre o mesmo tema: "Ao indivíduo que mata a amásia, por lhe ter dito ela que gostava de outro homem, não pode ser reconhecido o motivo de relevante valor moral" (*RT* 487/304).

A violenta emoção, como já foi visto, somente poderá atenuar a pena imposta se a reação do agente ocorrer logo em seguida a injusta provocação da vítima. Tal situação é difícil de se configurar nos casos de crime passional, pois a paixão não provoca reação imediata, momentânea, passageira, abrupta. A paixão que mata é crônica e obsessiva; no momento do crime, a ação é fria e se revela premeditada. O agente teve tempo para pensar e, mesmo assim, decidiu matar. Na grande maioria das vezes, não há nenhuma "provocação" da vítima, mas apenas a

---

4. *Direito penal*, São Paulo, Saraiva, 1988, v. 2.
5. *Código Penal*, cit.

vontade de romper o relacionamento, o que não pode ser considerado "provocação". O desejo de separação ou eventuais críticas ao comportamento do companheiro ou namorado não podem ser considerados suficientes para causar a "violenta emoção" que ameniza a punição de condutas homicidas.

Por outro lado, mesmo havendo provocação da vítima, se o agente já comparece ao local do crime armado, demonstrando estar preparado para matar, não se pode reconhecer o privilégio. A premeditação é incompatível com a violenta emoção.

Nestes termos, a jurisprudência:

"O impulso emocional e o ato que dele resulta devem seguir-se imediatamente à provocação da vítima para configurar o homicídio privilegiado (art. 121, § 1º, do CP). O fato criminoso objeto da minorante não poderá ser produto de cólera que se recalca, transformada em ódio, para uma vingança intempestiva" (TJSP, AC, Rel. Marino Falcão, *RT* 622/268).

"Não se compadece com a legítima defesa, nem com a hipótese de violenta emoção, que autoriza a conclusão do homicídio privilegiado, a conduta de quem vai armar-se para dar continuidade a atrito inicial, pois ambas exigem que a reação seja incontinenti, *sine intervallo*. As agressões findas ou pretéritas não a podem configurar" (TJSP, AC, Rel. Dirceu de Mello, *RT* 585/296).

"O homicídio praticado friamente não será privilegiado, não obstante a ocorrência de provocação" (TJSP, AC, Rel. Jarbas Mazzoni, *RJTJSP* 128/459).

"O desafio da vítima, dizendo ao marido que empunhava um revólver não ser o mesmo homem e que nela não atiraria, não configura a provocação injusta admitida pela lei penal, como capaz de suscitar a violenta emoção no provocado" (TJSP, AC, Rel. Adriano Marrey, *RT* 475/275).

"Evidente que não se pode vislumbrar no gesto da vítima que desfaz ou procura desfazer o namoro ou mesmo noivado com o acusado, injusta provocação, capaz de privilegiar o homicídio" (TJSP, AC, Rel. Weiss de Andrade, *RT* 508/334).

"Dentro dos padrões de moralidade da sociedade em que vivemos, não há caracterizar injusta provocação na recusa da vítima, quaisquer que fossem os seus motivos, de reconciliar-se com o amante casado" (*RT* 379/331).

A aceitação da tese de homicídio privilegiado é decisão que só pode ser proferida pelo Júri. Isto significa que a acusação, ao oferecer a denúncia, não pode adiantar-se e classificar o homicídio de privilegiado, pois este julgamento não lhe cabe. A existência de qualquer das causas que diminuem a pena do homicídio deverá ser apresentada em plenário pela defesa e admitida ou não pelo Conselho de Sentença.

Na fase de recurso, tampouco podem os tribunais de justiça modificar a decisão do Júri, desclassificando o homicídio qualificado para o privilegiado ou vice-versa, em face da soberania do tribunal popular.

A jurisprudência fixou este entendimento:

"O reconhecimento do homicídio privilegiado é providência que só pode ser considerada quando do julgamento pelo Tribunal do Júri" (TJSP, Rec., Rel. Mendes Pereira, *RT* 504/338).

"Não é possível o reconhecimento do homicídio privilegiado na fase da denúncia, decisão que somente ao Júri cabe proferir" (TJSP, Rec., Rel. Gonçalves Santana, *RT* 395/119).

"Inviável, como é cediço, reformar-se a decisão do Júri, desclassificando, por via de apelação, o homicídio qualificado para privilegiado" (TJSP, AC, Rel. Camargo Sampaio, *RT* 505/307).

Finalmente, importa observar que a coexistência de circunstâncias que qualificam o crime com as que o tornam privilegiado é admitida pela jurisprudência, desde que não haja incompatibilidade entre elas.

Para exemplificar:

"A violenta emoção, logo em seguida à injusta provocação da vítima (CP, art. 212, § 1º) — causa especial de diminuição da pena — não é incompatível com emprego de recurso que impossibilita a defesa da vítima (CP, art. 121, § 2º) — qualificadora. Uma não contradiz a outra. A primeira é de natureza subjetiva. A segunda, objetiva. Não se repelem, não se eliminam. Assim, convivem, podem coexistir. Factualmente, admissível o agente, sob violenta emoção, escolher, na execução, modo de impossibilitar, ou tornar impossível a reação da vítima" (STJ, RE, Rel. Luiz Vicente Cernicchiaro, *JSTJ* 86/368).

"Não pode, com efeito, o Júri, sob pena de anulação do julgamento, afirmar que o réu cometeu o crime por motivo torpe e, ao mesmo tempo, reconhecer que agiu sob influência de violenta emoção, provocada por ato injusto da vítima. Pela própria contextura jurídica, vê-se desde logo que esses dispositivos são inconciliáveis, porque duas circunstâncias subjetivas" (TJSP, AC, Rel. Jarbas Mazzoni, *RJTJSP* 128/459).

9

A legítima defesa da honra

No tempo do Brasil-colônia, a lei portuguesa admitia que um homem matasse a mulher e seu amante se surpreendidos em adultério. O mesmo não valia para a mulher traída. O primeiro Código Penal do Brasil, promulgado em 1830, eliminou essa regra. O Código posterior, de 1890, deixava de considerar crime o homicídio praticado sob um estado de total perturbação dos sentidos e da inteligência. Entendia que determinados estados emocionais, como aqueles gerados pela descoberta do adultério da mulher, seriam tão intensos que o marido poderia experimentar uma insanidade momentânea. Nesse caso, não teria responsabilidade sobre seus atos e não sofreria condenação criminal.

O Código Penal promulgado em 1940, ainda em vigor, eliminou a excludente de ilicitude referente à "perturbação dos sentidos e da inteligência" que deixava impunes os assassinos chamados de *passionais*, substituindo a dirimente por uma nova categoria de delito, o "homicídio privilegiado". O passional não ficaria mais impune, apesar de receber uma pena menor que a atribuída ao homicídio simples. Na população, porém, permanecia a ideia de que o homem traído tinha o direito de matar a mulher.

Para a época, a mudança trazida pelo Código Penal significou um avanço, conseguido a duras penas por uma parcela da sociedade, indignada com a complacência com que eram julgados determinados réus, acusados da morte de suas mulheres. A figura do "homicídio privilegiado" resultou, principalmente, de um movimento conduzido pelo inesquecível penalista Roberto Lyra, promotor de justiça de excepcional competência, no sentido de dificultar as reiteradas absolvições produzidas pelo Tribunal do Júri.

Não há dúvida de que a supressão de artigo de lei favorável aos criminosos passionais e sua substituição por outras regras que determinavam que a emoção e a paixão não impediam a responsabilidade penal, apesar de atenuarem a pena, não foi bem recebida pelos advogados de defesa. Eles não queriam a condenação de seus clientes e procuravam soluções para absolvê-los ou para condená-los a pena ainda menor do que a prevista para o homicídio privilegiado.

Dessa forma, surgiu a *legítima defesa da honra e da dignidade*, que os jurados aceitavam, sem muito esforço, para perdoar a conduta criminosa. Até a década de 1970, ainda havia na sociedade um sentimento patriarcal muito forte. A concepção de que a infidelidade conjugal da mulher era uma afronta aos *direitos* do marido e um insulto ao cônjuge enganado encontrava eco nos sentimentos dos jurados, que viam o homicida passional com benevolência.

Por essa razão, embora o novo Código tivesse eliminado a exclusão de ilicitude referente à paixão e à emoção, o Júri Popular passou a aceitar outras teses para absolver o marido ou amante vingativo. A mais popular de todas, a legítima defesa da honra, foi usada numerosas vezes, com sucesso, para absolver assassinos de mulheres.

Evandro Lins e Silva[1] explica que "nos casos passionais, a legítima defesa da honra foi uma criação dos próprios advogados para chegar a um resultado favorável que fosse *além* do privilégio. Com isso, tornou-se muito frequente, aconteceu em inúmeros casos — eu próprio defendi diversos — o júri aplicar uma pena que equivalia à pena do homicídio culposo. Isso era possível porque, no exercício da legítima defesa, a própria lei prevê um excesso culposo. (...) Como o réu era primário, o juiz

---

1. *O salão dos passos perdidos*, Rio de Janeiro, Nova Fronteira, 1997.

normalmente aplicava uma pena de dois anos, que permitia a concessão do *sursis*". Com isso, o acusado não ia para a cadeia e, em dois anos, estava livre de qualquer dívida para com a Justiça.

No entanto, sempre esteve claro que a legítima defesa da honra foi um artifício. Os advogados sabiam, perfeitamente, que lei nenhuma no Brasil falava nessa modalidade de legítima defesa, mas os jurados, leigos que são, não iriam decidir com base no texto expresso de lei, mas de acordo com seus valores culturais.

O machismo era o grande aliado dos homicidas passionais. Não era raro o Conselho de Sentença ser composto exclusivamente ou majoritariamente de homens. A própria lei penal, como já foi visto, dispensava a mulher dona de casa de servir de jurada, obedecendo ao critério, atualmente revogado pela Constituição de 1988, de que a população feminina merecia tratamento diferenciado (para pior). A plena cidadania da mulher é fato recente.

Por sua vez, se a legítima defesa da honra não existe na lei, que somente admite a legítima defesa física, tampouco ela ocorre na vida real. Os motivos que levam o criminoso passional a praticar o ato delituoso têm mais que ver com sentimentos de vingança, ódio, rancor, frustração sexual, vaidade ferida, narcisismo maligno, prepotência, egoísmo do que com o verdadeiro sentimento de honra.

A "honra", de que tanto falam os passionais, é usada em sentido deturpado, refere-se ao comportamento sexual de suas mulheres. É a tradução perfeita do machismo, que considera serem a fidelidade e a submissão feminina ao homem um *direito dele*, do qual depende sua respeitabilidade social. Uma vez traído pela mulher, o marido precisaria "lavar sua honra", matando-a. Mostraria, então, à sociedade que sua reputação não havia sido atingida impunemente e recobraria o "respeito" que julgava haver perdido.

O homem que mata a companheira ou ex-companheira, alegando questões de "honra", quer exercer, por meio da eliminação física, o ilimitado direito de posse que julga ter sobre a mulher e mostrar isso aos outros. Não é por acaso que a maioria dos homicidas passionais confessa o crime. Para eles, não faz sentido matar a esposa supostamente adúltera e a sociedade não ficar sabendo...

Devido à ligação direta que essa tese de defesa da honra tem com a enorme opressão da população feminina, alguns advogados que fizeram defesas usando essa argumentação ficaram estigmatizados e jamais foram perdoados pelas feministas.

Certa vez, em um Júri sobre homicídio passional no qual o acusado era defendido por renomado criminalista, a conduta homicida foi justificada da seguinte forma: "O réu não podia suportar a ideia de que outro homem fosse ejacular nas entranhas de onde ele havia saído". Tal afirmação reduziu a mulher a objeto de uso privado de determinado homem, sem direito a manifestação de vontade. O fato de ela ter escolhido relacionar-se com outro havia "emporcalhado" a propriedade do marido, que por isso a matou... Felizmente, o Júri não se deixou iludir pela argumentação ultrajante à dignidade da mulher e o assassino foi condenado por homicídio qualificado.

Está claro que a mera menção à tese da legítima defesa da honra ofende a todas as mulheres, por tratá-las como "objetos de uso" masculino.

Hoje, com a Constituição Federal que equipara homens e mulheres em direitos e obrigações, proibindo todas as formas de discriminação, sem deixar qualquer dúvida quanto à plena cidadania feminina, seria inadmissível que um defensor ousasse apresentar a tese da legítima defesa da honra em plenário do Júri, por ser inconstitucional.

Entendo que o defensor, por mais que esteja adstrito aos interesses de seu cliente, não pode alegar qualquer barbaridade para tentar livrá-lo das penas da lei. Mesmo contando-se com a hipótese remota de que um determinado corpo de jurados seja ignorante e sensível a argumentos discriminatórios, podendo-se deixar envolver por uma retórica fluente e sedutora, há coisas que, simplesmente, não podem mais ser ditas.

Assim como não se pode admitir que um defensor de criminoso *skin-head* compareça perante a Justiça fazendo a apologia do nazismo, não se pode tolerar que argumentos machistas da mais vil categoria sejam usados para desculpar a conduta homicida passional.

Caso a tese da defesa, apresentada em plenário do Júri, seja atentatória à Constituição Federal por inferiorizar a mulher, o juiz presidente deve advertir o advogado e esclarecer os jurados sobre o fato de que tal argumentação é inadmissível, por incitar à discriminação de gênero.

O estatuto da advocacia (Lei n. 8.906/94), ao tratar da ética na profissão, em seu art. 34, VI, diz constituir infração disciplinar "advogar contra literal disposição de lei".

Advertir as partes em plenário do Júri é procedimento corriqueiro nos julgamentos norte-americanos. Os juízes costumam limitar as possibilidades de argumentação da defesa e da acusação de acordo com a admissibilidade e a licitude do que está sendo apresentado.

Evidentemente, não só a defesa pode dizer inconveniências, mas também a acusação. No entanto, estamos aqui falando mais especificamente do defensor porque a tese da legítima defesa da honra foi criada pelos advogados de defesa, para beneficiar assassinos de mulheres.

Se, porém, o representante do Ministério Público, ao produzir a acusação, referir-se ao réu de forma ofensiva, racista, ou baseada em qualquer espécie de discriminação, fazendo observações de caráter pessoal com o intuito de despertar o preconceito nos jurados, deverá ser interrompido pelo juiz, da mesma maneira.

A igualdade de todos perante a lei é absoluta. As mulheres não são escravas sexuais de maridos, namorados ou amantes. Devem ter respeitada sua liberdade de escolha e a eventual pluralidade de parceiros não pode afetar sua reputação nem anular os seus direitos humanos.

Mesmo porque, a sexualidade é direito de todas as pessoas e deve ser igualmente admitida e respeitada tanto no homem como na mulher.

Ivair Nogueira Itagiba[2], já em 1958, afirmava: "A mulher possui alma que não prescinde do amor. Desde que desprovida de frigidez sexual, tem ela desejos normais que reclamam satisfação. Matar a esposa não é direito que se possa assegurar ao marido. É insuficiente a invocação do sentimento de honra, para ser eliminada a pena do uxoricida".

Nossos tribunais não têm mais aceitado a tese da legítima defesa da honra. A honra é bem pessoal e intransferível; a mulher não porta a honra do marido ou vice-versa. Eventual comportamento reprovável por parte de um dos cônjuges não afeta o outro. As pessoas somente podem ser chamadas a responder por si, não pelos que lhes são próximos, a não ser no caso de filhos menores de idade e, mesmo assim, para os efeitos da vida civil, não por questões de honra.

A absolvição de assassinos de mulheres no Brasil chegou a causar indignação em organizações internacionais de defesa dos direitos humanos como a *Americas Watch* (divisão do *Human Rights Watch*), que publicou um relatório intitulado *Injustiça Criminal*, tratando da legítima defesa da honra e de outras modalidades de violência praticadas contra as mulheres no Brasil. Esse relatório observa que "os juízes, talvez mais do que quaisquer outras autoridades civis, têm a responsabilidade de manter a lei e certificar-se de que ela está sendo respeitada. Mas enquanto continuarem permitindo o uso do argumento da legítima defesa da honra nos tribunais, eles estarão abdicando dessa responsabilidade e perpetuando a cultura de impunidade dos assassinos de mulheres, o que coloca toda mulher brasileira em risco. Somente uma rejeição consistente da defesa da honra em todos os níveis do sistema de justiça poderá assegurar a eliminação desse artifício".

Sobre a legítima defesa da honra, existem alguns julgados proferidos por nossos tribunais superiores que merecem destaque:

---

2. *Homicídio, exclusão de crime e isenção de pena*, p. 351.

"Candente, como é de seu vezo, o ilustre e saudoso penalista Nélson Hungria, dizia: 'o amor que mata, amor-Nemésis, o amor açougueiro, é uma contrafação monstruosa do amor... O passionalismo que vai até o assassínio, muito pouco tem a ver com o amor. Efetivamente, não é amor, não é honra ferida, esse complexo de concupiscência e ódio, de torvo ciúme e estúpida prepotência que os Otelos chamam sentimento de honra, mas que, na realidade, é o mesmo apetite que açula a *uncia tigris* para a caça e a carnagem" (TJSP, Rec., Rel. Camargo Sampaio, *RJTJSP* 53/312).

"José Frederico Marques, depois de salientar que não há desonra para o marido na conduta da esposa, acrescenta judiciosamente que 'tais atos traduzem, antes, desforço e vingança, por isso que a ofensa já estava consumada' (*Curso de Direito Penal*, vol. II/122). Na verdade, o sangue não lava, mancha. A honra, ensina Basileu Garcia, no sentido de pudicícia ou pudor — esta sim — pode ser objeto de legítima defesa. Suponha-se uma mulher assaltada por alguém que lhe quer macular a honra, atentando contra seu pudor. Ela tem o direito de matar, se necessário, o ofensor, em legítima defesa (*Instituições de Direito Penal*, vol. I, t. I/312)" (TJSP, AC, Rel. Rocha Lima, *RJTJSP* 36/292).

"A legítima defesa da honra não tem o mínimo cabimento quando acoberta uma vingança ou extravasamento de ódio" (*RT* 487/304).

"O uxoricida passional, que pratica o crime em exaltação emocional, pode apenas invocar a causa de redução de pena prevista no § 1º do art. 121 do CP, não porém a legítima defesa da honra" (TJSP, AC, Rel. Humberto da Nova, *RT* 486/265).

10

A evolução da posição da mulher e as consequências no julgamento de crimes passionais

Apesar da evolução significativa da posição da mulher na sociedade e dos grandes avanços obtidos na legislação brasileira quanto à garantia dos seus direitos, os homicídios de mulheres continuam aumentando. Infelizmente, as mulheres continuam sendo mortas por seus maridos, companheiros, namorados, ou ex-maridos, ex-companheiros, ex-namorados.

Em contraposição, a condenação dos homicidas passionais pelo Tribunal do Júri aumenta cada vez mais.

Observando-se os acórdãos mais recentes, percebe-se que nem mesmo a tese do homicídio privilegiado tem prevalecido e os assassinos de mulheres vêm sendo condenados, no mais das vezes, por homicídio qualificado, que tem penas altas e é considerado hediondo.

Aliás, se bem analisarmos, a Lei dos Crimes Hediondos — Lei n. 8.072/90 — foi modificada em 1994 em decorrência do movimento gerado pela mãe de uma vítima de crime passional. A novelista Glória Perez, que teve sua única filha, Daniella, assassinada de forma brutal por Guilherme de Pádua, não se conformando com o tratamento benevolente dado por nossas leis aos criminosos autores de homicídios qualificados, iniciou uma campanha para o recrudescimento das punições. Sem dúvida, toda a sociedade brasileira já clamava por maior rigor penal, tendo em vista os crescentes índices de violência em todas as regiões do País, mas o papel de Glória foi muito importante.

Dessa forma, o homicídio passional, considerado qualificado no mais das vezes, passou a receber tratamento mais severo, de forma que seu autor não teria direito a anistia, graça ou indulto; fiança e liberdade provisória; progressão no regime prisional, devendo a pena de reclusão ser cumprida em regime integralmente fechado.

Evidentemente, os advogados de defesa reclamaram das novas regras e, com certeza, lutarão pelo seu abrandamento. Eles estão no seu papel, que sempre cumpriram bem. Mas a sociedade brasileira de hoje é outra. Embora as mulheres ainda sejam vítimas de violência de gênero, essa conduta vem recebendo maior reprovação da comunidade. As Delegacias de Defesa da Mulher foram criadas para dar maior sustentação aos reclamos da população feminina contra as agressões sofridas, no mais das vezes, no âmbito doméstico, assim como outras providências vêm sendo tomadas para evitar a impunidade de homens violentos, como a criação do feminicídio.

Não há dúvida alguma de que a reação das mulheres vem mudando a abordagem do crime passional. Se, até os anos 60, seus autores ainda podiam ser absolvidos, no Brasil, por legítima defesa da honra, nos anos 70 a impunidade começa diminuir com a atuação dos movimentos feministas.

Doca Street foi praticamente absolvido em seu primeiro julgamento. O resultado do Júri, condenando o réu a apenas dois anos de reclusão, por excesso culposo na legítima defesa da honra, provocou revolta social. As mulheres iniciaram um movimento ruidoso pedindo a real punição de Doca Street. Ele, então, foi levado novamente a julgamento e, dessa vez, foi condenado a quinze anos de reclusão. Cumpriu sua pena e hoje está livre.

Quando, mais tarde, Lindomar Castilho foi submetido a julgamento pelo assassinato de Eliane de Grammont, os movimentos feministas, já temendo uma decisão benevolente, organizaram-se em frente ao Tribunal do Júri de São Paulo e pressionaram o quanto puderam, do lado de fora do prédio, para que o réu recebesse um veredicto justo. Lindomar foi condenado a doze anos de prisão e cumpriu sua pena.

Assim vem sendo feito.

Da pesquisa realizada para escrever este livro, foi possível constatar que, na maioria dos casos, os acusados de crime passional, quando comprovada a autoria, foram condenados e não absolvidos. É preciso reconhecer que, se algumas vezes a pena aplicada foi pequena, mesmo assim houve condenação. Ficou registrada a reprovação social da conduta do homem que mata a mulher julgando ter poderes de vida e morte sobre ela. As alegações de ciúme e paixão nem sempre tiveram o condão de perdoar a conduta homicida, embora, em determinados casos, tenham atenuado a pena. A tolerância dos julgadores, ainda que ocasional e vinculada à *performance* do defensor, não é a solução ideal. É fundamental prosseguir na evolução dos conceitos de direitos humanos femininos e eliminar a impunidade de forma radical. No entanto, podemos ver um lado positivo nos julgamentos analisados neste livro: a absolvição dos culpados ocorreu com frequência bem menor do que a condenação.

A imagem de que no Brasil o machismo é muito grande e de que os assassinos de mulheres ficam frequentemente impunes não é exata. É verdade que nem sempre houve punição e que nem sempre a punição, quando ocorreu, foi suficiente, mas não temos uma situação muito inferior ao restante do mundo ocidental. O patriarcalismo não é exclusividade nossa; por isso, os movimentos feministas têm caráter internacional.

Podemos considerar que já tivemos muitos motivos para temer a impunidade dos assassinos de mulheres, mas a reação social, principalmente vinda dos movimentos feministas e das famílias das vítimas, surtiu bons resultados.

As mulheres brasileiras ainda não podem dormir tranquilas, porque resquícios de opressão ainda persistem, mas nada do que foi feito até hoje resultou em vão. Houve grandes progressos, não apenas em relação à impunidade de assassinos de mulheres, mas também quanto à impunidade de criminosos em geral.

Dando prosseguimento à luta pela cidadania feminina, será preciso afastar a possibilidade de o homicídio passional ser considerado *privilegiado*, com a consequente diminuição da pena. Não há *violenta emoção* na conduta do homem que mata sua companheira ou ex-companheira. Ele não age por impulso momentaneamente irrefreável, decorrente de provocação inesperada e injusta da vítima, e sim de caso pensado. Como já foi exaustivamente analisado, seus motivos são os mais reprováveis possíveis, seu caráter é deformado, seu narcisismo é ilimitado. Sua revolta se manifesta de forma violenta porque ele não admite a rejeição, por julgar-se superior aos outros mortais. É um absurdo verificar que até aqueles já separados de suas mulheres ainda se achem no direito de matá-las por ciúme ou rancor, sentindo-se seus eternos senhores.

O crime passional deve diminuir realmente quando o patriarcalismo estiver definitivamente enterrado e as pessoas construírem o relacionamento afetivo-sexual em bases igualitárias. Até lá, que sejam severamente punidos todos os seus autores.

PARTE III

Entrevista e Conclusões

1

Entrevista com Valdir Troncoso Peres

O criminalista Valdir Troncoso Peres (77 anos) concedeu-me uma entrevista sobre crimes passionais em 2 de agosto de 2001, em seu escritório, no centro da cidade de São Paulo. Sua experiência profissional como defensor de acusados dessa modalidade de crime é muito grande e seu sucesso tornou-o conhecido em todo o País. As confidências que ouviu de seus clientes, as reações emocionais que teve a oportunidade de acompanhar de perto tornam suas declarações uma fonte preciosa de conhecimento para que se possa entender melhor o delito e seu autor. Minha atuação profissional de acusadora precisava ser contrabalançada pela visão diametralmente oposta do defensor. Valdir, com sua enorme cultura geral e jurídica, mostrou ser o homem certo para defender o aparentemente indefensável. Ele o fez com maestria e, acima de tudo, simpatia e muita disposição para contar o que aprendeu durante uma vida inteira dedicada à advocacia.

Paulista de Vargem Grande do Sul, Valdir é um homem simples, carismático e cheio de sabedoria.

A entrevista é publicada na íntegra.

Luiza: Gostaria que o senhor falasse um pouco sobre sua vida de advogado criminal.

Valdir: Tenho paixão, eu tenho devoção pela advocacia criminal. Enquanto eu tiver energia, não vou me aposentar. Larguei do Júri porque não tenho mais prontidão de espírito, vigor físico, não tenho mais a capacidade que tinha e não quero morrer nessa agonia intelectual e física. Resisti até mais de setenta anos, acho que tive a mais longa vida de militância no Tribunal do Júri. Eu me formei muito precocemente, com 22 anos em 1946, e advoguei por todo o Brasil, no sertão, no Acre, Rondônia, Mato Grosso.

Luiza: Onde o senhor cursou direito?

Valdir: No largo São Francisco, Universidade de São Paulo. Sempre trabalhei com uma intensidade muito grande, mas isso não me era doloroso. Não conheço o Paraguai, nunca fiz uma viagem, porque sempre vivi dentro do meu paraíso que é a clausura do meu escritório. Aqui é a minha inspiração, aqui é a minha vida, onde dou asas à minha imaginação e onde posso refletir um pouco. Meu escritório é meu ancoradouro sentimental. Convidaram-me para a política e outras mil coisas e sempre recusei tudo. Dante Delmanto falava que a advocacia é a mais linda amante que há, a mais exigente, ela não permite concorrência, não existe o advogado-fazendeiro, o advogado-comerciante, porque a advocacia é trabalho em tempo integral, devoção.

Luiza: Não tirava férias?

Valdir: Não, nunca tirei férias. Em cinquenta anos, nunca tirei quinze dias de férias. Então dizem que martirizei a minha mulher. Respondo que ela pode viajar, que não sou um homem miserável, mas ela não vai porque eu não vou.

Luiza: Em quantos casos passionais o senhor calcula ter atuado?

Valdir: Ah, não dá para calcular.

Luiza: O que o senhor colheu de tão longa experiência?

Valdir: Há coisas que posso dizer a você, para ser objeto de sua meditação. Nunca disse isso no Tribunal do Júri, mas é muito raro um moço praticar um crime passional. Será porque a moça não é adúltera? Será que existe um enlevo, será que existe uma esperança de harmonia, de conjunção, de convergência, que é idealizada no matrimônio nos primeiros tempos e, mais tarde, se perde? Defendi dois jovens, apenas, em crime passional.

Luiza: E o senhor chama jovens pessoas com mais ou menos quantos anos?

Valdir: Menor de trinta anos. Vou lhe dizer mais uma coisa e quero que você a estude como um problema seu, não meu; acho que existe muito de raiz econômica no crime passional. E essa é uma das razões pelas quais eu acho que o moço não mata. Porque você conversa com criminosos passionais e enxerga a alma deles. Precisa ir ao Karl Marx para ver isso. Os maridos vieram aqui e usaram uma frase que é vulgar, mas retrata o sentimento deles: "não se pode segurar a cabra para o outro mamar". Então, ele sente o seguinte: a mulher é adúltera; ele lutou a vida inteira para mantê-la e sustentá-la, ela auferiu o produto do trabalho dele e depois praticou uma injustiça não retribuindo ao amor dele. Isso é uma traição e é uma infidelidade. E é uma infidelidade que absorveu o produto do trabalho dele. E se ele, pura e simplesmente, se separar, ele ainda vai ter que pagar a pensão para ela, para os filhos e para o amante. Essas coisas passam pelo espírito dele. Isto me parece que, muitas vezes, é uma concausa do chamado crime passional porque ninguém sabe o que é crime passional.

Luiza: O que é crime passional?

Valdir: Crime passional é uma coisa de que todo mundo fala, mas ninguém sabe o que é. Não existe nenhuma conduta humana que seja determinada apenas por um fato. Há um fato preponderante, mas existe uma série de concausas ao redor. Então é preciso examinar muito bem o elenco de valores que foram feridos juntamente com a causa principal que é o adultério ou suposto adultério, que é a infidelidade ou a suposta infidelidade, ou que é a falta de correspondência afetiva por parte de um dos cônjuges. Quantas vezes, na véspera de fazer um Júri passional, eu lia três, quatro, cinco vezes o Menotti Del Picchia, para saber se a mulher é que é o pierrô, ou se ela é o arlequim e quem é que é a colombina. Ela fica entre o arlequim que quer o sexo e o pierrô que quer o amor; um idealiza o afeto, o outro concretiza o sexo. Mas a verdade é que você vai encontrar, principalmente nas pessoas mais humildes, uma profunda inter-relação entre o amor e o sexo. Então, é uma pergunta fundamental que eu acho que tem que haver quando o cenário é o crime passional. Existe, efetivamente, essa grande inter-relação entre o amor e o sexo? Na hora em que desaparece por parte de um dos cônjuges, com relação ao outro, o apetite sexual, começa a haver a ruptura do matrimônio. O matrimônio que se erige como paixão no começo e que depois se sedimenta em amor, ainda tem em sua raiz o sexo. Acho que foi uma bela construção poética do Menotti Del Picchia o amor do pierrô que vive na fantasia, mas acho que o amor está profundamente ligado ao sexo. Sommerset Moughan descreve com uma propriedade infinita que a relação do amor é a relação do afeto, é a relação da bem-querença. Esse fenômeno faz com que desapareça muito da personalidade da mulher e da personalidade do homem e eles se unem, se fundem, se tornam uma só pessoa, que vai se exprimir no filho, que é o produto dessa união.

Luiza: Como essa situação amorosa leva ao crime?

Valdir: Quando se fere o mais intenso de todos os afetos do homem e sobrevém uma ruptura unilateral na forma de infidelidade, é terrível. Mas, aí, entra uma porção de outros problemas também, sabe? Tenho notado que o criminoso passional é, em regra, homem que tem pouco recurso fabulatório, imaginativo e criativo, que tem poucos anseios e poucas aspirações, de forma que a vida dele se reduz àquela inter-relação dele com a mulher.

Ele não tem amor à ciência, não tem amor à literatura, não tem amor à arte, não sonha com a felicidade da comunidade, não tem preocupação com os problemas sociais, não tem amor à pátria, quer dizer, ele tem amor à mulher dele. Ela é a vida dele.

Luiza: O criminoso passional é um sujeito limitado?

Valdir: Se você analisar a vida de uma pessoa que tem recursos intelectuais, que tem imaginação, que tem uma porção de ambições, o amor é uma parcela deste universo de vontades e de paixões que ela possui. Mas, em determinados homens, o amor é a única razão de ser e de existir. E acho que ele é a razão de ser e de existir porque o que a natureza quer é se perpetuar. Eu nasci na roça, em Vargem Grande do Sul, aqui no Estado de São Paulo, entre São João da Boa Vista e Casa Branca. Lá na roça, aprendi uma porção de coisas e algumas delas estão escritas duma maneira poética, linda, dentro duma estrutura formal perfeita, pelo seu colega do Ministério Público.

Luiza: Quem?

Valdir: Ibrahim Nobre. Em um discurso, ele fala que São Paulo era como a figueira, porque a figueira, quando não dá fruto, o caipira lenha o tronco e ela dá frutos. Porque a natureza sente que a figueira vai morrer e, então, ela dá frutos. Acho que há determinadas pessoas que são assim.

Luiza: Como surge o impulso de matar?

Valdir: Arrancar o amor de dentro do homem, arrancar o sentimento de vida, arrancar aquilo que lhe é imanente, aquilo que lhe é próprio, aquilo que é a matriz que conduz a sua vida, é a mesma coisa que matá-lo. Então, ele se sente no direito de matar porque ele está em legítima defesa.

Luiza: Que bela defesa!

Valdir: A infidelidade é uma coisa terrível. O homem se sente rejeitado, se sente enganado e se sente rejeitado e enganado naquilo de que ele é mais cioso: a sua virilidade. Então, é muito comum você ouvir deles, na simplicidade, sem malícia, sem perversidade, o seguinte: "Doutor, mas a minha mulher largou de mim porque o amante dela tinha o pênis maior do que o meu e lhe dava maior prazer? Ela largou de mim porque ele era mais rico, ele lhe dava mais conforto? Ela não viu o quanto eu trabalhei para ela? Eu não posso dar aquilo que o amante podia dar, mas não é porque eu não quis dar, é porque eu não pude dar".

Luiza: O senhor não acha que tem um pouco da imagem social dele também, ele se preocupa com o que os outros vão pensar?

Valdir: Ah, isso, um problema social, como componente do crime passional, eu não sei.

Luiza: Eu quero dizer matar para lavar a honra, para mostrar que é macho?

Valdir: Ah, isso é claro, é evidente. Vários autores de literatura transitaram ao redor disso como o próprio Pedro Vergara, mas acho que onde você encontra mais profundamente esta inter-relação entre o social e o crime passional é no Emílio Melli Lopes, quando ele fala do amor. Ele diz assim: "Como é que eles querem dar o gravame da qualificadora ao crime passional se o crime passional é ordenado pela comunidade, se ele é exigido pela coletividade, se há um comando que ordena ao homem que mate?" Quando a etiologia do crime não é exclusivamente endógena, ela tem uma concausa exógena, um fator social que conclama aquela conduta. Quem mandou que ele praticasse aquele fato — a sociedade — não pode puni-lo de forma exacerbada.

Luiza: Existe uma questão de correlação de forças entre o homem e a mulher na sociedade e um componente patriarcal fortíssimo. Por essa razão, as mulheres se revoltam muito contra o crime passional, porque é uma demonstração de que o homem tem o poder de vida e morte sobre a companheira, avalizado por uma sociedade construída de forma opressiva com relação à mulher. Por isso há essa reação dos movimentos de mulheres toda vez que ocorre algum julgamento de crime passional. No direito romano, o homem tinha a obrigação de matar a mulher surpreendida em adultério, quer dizer, se ele não a matasse, seria morto.

Valdir: Até a própria concepção de adultério, antigamente, no código anterior, era diferenciada entre homem e mulher. Para que se configurasse o adultério por parte do homem, era preciso que a mulher fosse "teúda e manteúda", tida e mantida por ele. Já para a mulher, bastava que praticasse um ato, que tivesse uma relação sexual fora de casa, para haver o adultério. Que a mulher sempre foi martirizada não tenho nenhuma dúvida. Mas, então, coloco para você raciocinar outro problema: suponhamos que nós possamos atingir, no ciclo evolutivo, uma identidade de direitos entre a mulher e o homem, o que aspiro profundamente, o que desejo ardentemente. Acho que, ainda assim, o número de homicídios praticados pelo homem seria maior que o praticado pelas mulheres.

Luiza: Também acho. Quais são as suas razões para pensar assim?

Valdir: Em primeiro lugar, a mulher não tem, por estrutura formal, a mesma intensidade agressiva do homem. Tenho um livro chamado *La psicologia della feminillità*, do espanhol Bañellos, no qual ele mostra que a mulher não tem essa agressividade que é imanente ao homem, que a agressividade feminina se dá de outra forma. Você já viu quanto uma mulher é capaz de agredir um homem, de deixar um homem louco? Ela começa a exigir que o homem pague mais do que paga, que dê mais dinheiro em casa do que ele ganha, começa a ter um certo desprezo sexual por ele, diz que ele é menos válido, começa a louvar terceiro, quer dizer, a mulher tem uma série de formas, de artifícios de agredir, e o homem não tem, o homem só agride através de pé de ouvido, ele é muito primário. O homem se vale da superioridade física. Por isso, mesmo que houvesse equivalência total entre as posições sociais de ambos os sexos, ainda assim haveria mais homicídio praticado por homem do que homicídio praticado por mulher. Não falo para agradar as mulheres. Fui me convencendo disso. Certa vez, conversei uma noite inteira com Heber Vargas, que era professor de Medicina em Londrina, e ele queria me provar que a mulher era mais inteligente que o homem. Vargas tinha razão. Convenci-me de que ela tem uma capacidade maior de suportar a vida, que é agreste, e com muito mais altanaria do que o homem. Vejo, hoje, as mulheres liderando os movimentos, até os movimentos operários, enfrentando a metralhadora, enfrentando o fuzil. Vejo que a mulher tem uma grande capacidade de elaboração mental.

Luiza: O senhor reconhece a competência feminina.

Valdir: Eu me coloco no elenco daqueles que sempre lutaram pelos direitos da mulher. Li um livro muito raro de encontrar, de um espanhol, meu patrício, Jiménez de Asúa, chamado *A serviço da nova geração*, em que ele fala que existe uma grande decadência e falta de harmonia no casamento no mundo ocidental, porque a mulher era um pálido reflexo dos sucessos e dos insucessos do marido. Mas a mulher tem aspiração estética e artística, ela tem uma fecundidade espiritual e uma capacidade de produção muito grandes e era preciso liberar essa força que ficava segregada interiormente, dentro da mulher-escrava. Hoje, você vê nos concursos públicos, na competição profissional, como a mulher vai se sobressaindo. Há as compositoras, as escritoras.

Luiza: Ficou claro que as mulheres conseguem fazer a mesma coisa que os homens, até melhor. O incrível é que alguém duvidasse disso!

Valdir: Mas há algumas diferenças. A mulher tem um espírito mais afável, mais meigo. Como ela é mais cordata, tem um espírito de união mais profundo. Acho que, se houvesse a equivalência de direitos e deveres, a mulher ainda delinquiria menos que o homem. Ela seria capaz de resistir, ela tem o superego mais elevado; um comando da obrigação mais elevado que o homem. O homem não tem este comando.

Luiza: Ela tem mais controle, o senhor diz.

Valdir: É um autodomínio, é controle. E existe uma frase. De quem é? Qual foi o pintor que disse que "não pode haver maior domínio na vida do que aquele de si mesmo"? E a mulher tem esse domínio de si mesma, ela parece que tem mais consciência do seu valor, talvez porque o seu valor seja negado, ela tem consciência do seu valor. Mas há um contraponto: a mulher é, por vezes, muito mais machista que o homem. Quando ela assume o poder, como no caso da chefe de seção, da juíza, da promotora, da política, elas são muito mais machistas do que o homem. Há exemplos desde Cleópatra até a Dama de Ferro, na Inglaterra.

Luiza: Há uma explicação para isso.

Valdir: Eu sei. Isto acontece porque a mulher tem que competir com o homem e ela recruta alguns aspectos da sua personalidade. Para que a gente pudesse saber o que seria o "governo da mulher" precisaria que ela tivesse o monopólio dos cargos, que em todos os postos de comando houvesse mulheres. Então, talvez houvesse mais afabilidade e meiguice da alma. Agora, sem dúvida nenhuma, o sentimento de posse é um sentimento da sociedade brasileira.

Luiza: Ele é maior no homem?

Valdir: É muito maior no homem. Não sei se é por um fenômeno pedagógico-educacional ou se é pela postura que o homem toma na relação sexual, em que a mulher fica por baixo, em que ela faz as vontades dele e que não deveria ser assim.

Luiza: O sentimento de posse leva a matar?

Valdir: Sim, mas existem determinados grupos sociais que não matam por razões passionais. Passei cinquenta anos advogando e nunca vi um japonês matar a mulher, nunca vi um judeu matar a mulher.

Então, por que esses grupos, que se integram dentro da comunidade brasileira, não praticam esse tipo de crime? Eles são mais justos, mais conscientes, têm mais autodomínio, eles...?

Luiza: Eles cometem outros delitos, como faz o jovem. O jovem é o que mais comete delitos, só não comete o crime passional.

Valdir: Sim, eles cometem outros delitos. Talvez seja um fenômeno histórico. A sua civilização teria introjetado isso no espírito deles: quando ocorre o adultério, é preciso resolver de forma não violenta. Enfim, a verdade é a seguinte: os ocidentais, em geral, praticam mais crimes passionais. Nunca tive um cliente que fosse um oriental, que fosse um japonês, um chinês.

Luiza: Não seria herança do Direito Romano isso, a indução ao crime passional?

Valdir: O direito para mim não vale nada. A sociedade caminha e o direito se ordena posteriormente. Tanto que eu acho que os penalistas não constroem nada. E, diga-se de passagem: Luiza, a sua obra excepciona isso. Pelo menos, você tem uma tese, que é a tese da posição da mulher. Mas acho que os penalistas não constroem nada no plano social, eles não fazem nada para a civilização. Eles vivem mumificados dentro duma obra. Nós, advogados, é que damos vida à obra dos juristas. Nós somos uma força, nós somos os construtores. Eles ficam apenas elaborando no plano mental. Eles têm uma utilidade menor do que a dos advogados. Os advogados são mais úteis à comunidade do que os juristas. Os juristas são homens que vivem apaixonados pelo nada. Por causa disso, eu brincava muito com Ricardo Andreucci, que era meu companheiro de escritório e foi Professor Titular de Direito Penal. O Ricardo se propôs a ser professor de Direito Penal e ele amava o Direito. Eu dizia: que estranho amor é esse, saber o que é "escalada", o que é "concurso de agentes", o que é "qualificação do crime". Vamos ver isso no mundo concreto, vamos ver como os homens podem ser apenados, vamos ver o índice de reprovabilidade no plano concreto, vamos dar um pouco de alma a essa lei, que ela não tem nada, quer dizer, ela é alguma coisa escrita e cada exegeta dá uma versão. É preciso dar alma para essa lei.

Luiza: O senhor tem alguma obra publicada?

Valdir: Não, não tenho. Nunca me interessei. Nem sou capaz. O meu autor predileto, que é o Henry Frederic Amien (*Diário íntimo*), diz que o escrevedor às vezes se fixa nos caracteres, na sua mão, na sua redação e lhe foge a inspiração. Ele que foi um escritor o tempo todo, quando levantava e deixava o lápis e a caneta e dava uma volta na sala, aí vinha a inspiração e tudo emergia e tudo brotava. Eu até fiz uma palestra no Instituto Brasileiro de Ciências Criminais e disse que a escrita não passa de uma gravação da oralidade que é a forma de comunicação humana. Quando a gente lê a Bíblia hoje não pensa que no tempo da Bíblia não tinha linguagem escrita. O livro dos livros não foi escrito, foi reproduzido depois. Os pássaros se comunicam através da oralidade, a oralidade é a única forma de comunicação que existe entre os homens. E isso é fundamental até na sustentação da validade do Tribunal do Júri.

Luiza: Era isso que eu ia perguntar para o senhor. O senhor acha que o Tribunal do Júri cumpre o seu papel, é uma instituição necessária à Justiça brasileira?

Valdir: Acho o Júri lindo de morrer. Muitas vezes, tive decisões adversas, supondo que ia ter uma decisão favorável.

Luiza: E como o senhor interpreta isso?

Valdir: Eu, depois, meditava. Depois que as coisas esfriavam, via que eles (os jurados) tinham acertado. Acho que eles condensam todos os valores.

Luiza: Os juízes togados não fazem isso?

Valdir: O juiz e o promotor público, e nisso eles têm uma similitude muito grande, vão eliminando os antecedentes do crime e as consequências do crime. Eles julgam o crime naquele instante, naquele átimo, naquele segundo da sua perpetração para ver se, naquele momento, existe alguma excludente da antijuridicidade. Eles deixam de lado todo o elenco de valores circundantes. A legítima defesa não é o ato instantâneo do desfecho do tiro, da facada ou da agressão por instrumento contundente. É toda uma paisagem, um conjunto de circunstâncias. O Júri aceita ou não aceita um painel, ele aceita ou não aceita todos os elementos do crime; os jurados têm uma visão universal do fenômeno da conduta humana. Quando você vê a acusação, a acusação é sempre exacerbada. Uma defesa também o é. E o juiz é sempre um homem que propende a uma solução técnica e a solução técnica é a visualização exclusiva do instante da perpetração do crime. Isso não sou eu quem diz, quem diz é um gênio como Enrico Altavila. A função do advogado, e também a função do promotor, é percutir no espírito do juiz para acordá-lo, porque ele pensa que tudo é igual a tudo, ele tem aquela rotina de decisões. Então, no Júri, existe essa vantagem, no Júri há o debate. O jurado ouve tudo. É evidente que, no Júri, conta muito a eloquência. E eu repito que a eloquência não conta só no Júri, conta na história da humanidade.

Luiza: O senhor fala dos grandes políticos?

Valdir: Acho que o Adolf Hitler chegou a liderar o mundo através da eloquência; o Mussolini chegou a ser ditador da Itália através da eloquência; a eloquência é construtora da história, não confundi-la com a demagogia. A eloquência, enquanto expressão, conspiração no fundo da alma e da verdade, de autenticidade, da legitimidade. O Altavila narra um fato que acho muito curioso de um francês que veio falar ao povo da América do Sul e que foi extremamente aplaudido, tornou-se um ídolo falando em francês, que pouca gente entendia. Há uma linguagem ostensiva e há uma linguagem secreta. Há uma percepção da alma do homem que se projeta quando ele fala.

Luiza: É isso que acontece no Júri?

Valdir: Eu fiz Júri em Rondônia, no Mato Grosso, no Mato Grosso do Sul, no Paraná, em Minas, eu fiz júris em todos os Estados. É difícil uma cidade de médio porte do Estado de São Paulo em que eu não tenha feito júri e houve locais em que os jurados eram analfabetos. Dizem que o estilo é o homem. O estilo de cada um é imutável, tanto que você não pode copiar o outro, eu digo o que penso no meu estilo e com a altitude de linguagem que eu tenho. E os jurados podem perder o que significa uma frase, o que significa outra frase, mas eles captam o pensamento e são capazes de intuir aquilo que eu sinto, aquilo que eu transmito. Por isso, o Júri abarca todos os valores. Os americanos têm paixão pelo julgamento popular. Está escrito no livro *Por detrás da Suprema Corte*. Diz lá que o maior jurista americano era William Douglas, da Suprema Corte. William Douglas, num livro dele sobre a liberdade, fala que uma das razões invocadas pelo povo norte-americano para conseguir a sua independência foi o rei da Inglaterra não permitir que se fizesse julgamento popular nos Estados Unidos.

Luiza: Eles julgam tudo por meio de Júri Popular?

Valdir: Eles julgam quase tudo. Para mim, o ideal seria julgar tudo, sobretudo políticos corruptos. Se você desse para o povo julgar, você ia ver que eles não estavam atrás de ponto e vírgula, atrás de dialética. Se fosse dado ao Júri julgar alguns políticos do Brasil, eu te daria agora o resultado. Você pode pôr um ignorante aqui e uma tropa, uma legião de sábios do outro lado, que eu te dou o resultado, ou não?

Luiza: É isso mesmo. Agora, como está no Brasil, o Júri acaba ficando um pouco confuso. É uma fonte de nulidades. Os quesitos complicados para os leigos, pedindo aos jurados que falem sobre causas atenuantes, sobre antecedentes do réu, se é reincidente ou não, o senhor não acha isso um exagero?

Valdir: Acho um exagero. Precisa ser um ótimo advogado para explicar os quesitos. Simplificar é fundamental, é tudo na vida, a verdade está na simplicidade. O homem que escreveu mais simples no Brasil, talvez seja o nosso maior jurista, é o Clóvis Beviláqua. Todo mundo o entende.

Luiza: Podemos falar um pouquinho de alguns casos seus em concreto, por exemplo, o caso do Eduardo Gallo, do Lindomar Castilho, que foram seus clientes?

Valdir: Não posso falar sobre isso. Mas digo uma coisa: eu, se fosse o... (diz o nome de um dos clientes, mas pede para não transcrever), eu matava. É por isso que eu te digo, não é só a passionalidade. É preciso ver os valores que foram feridos. Todas as criaturas humanas, todas, homem, mulher, criança, velho, até louco tem que ter ao redor de si um círculo, que contenha valores que não podem ser feridos. Não se pode abusar da confiança, da bondade dos outros.

Luiza: Então, surgindo uma atração entre uma mulher casada e outro homem, qual poderia ser a conduta?

Valdir: Separar do marido. Não ir dormir na cama dele com o outro, que ele também ajudou. Não, isso, não... Veja, é por isso que eu te digo que a passionalidade tem um caráter complexo e o que acontece é que o jurista quer pôr uniforme no crime passional, eles querem identidade de todos os crimes passionais. Não existe uniforme. A característica da advocacia criminal é a individualização da conduta, é por isso que é muito boa a advocacia criminal, porque ela é produto do esforço humano, não pode copiar, porque não existe um caso igual ao outro. Se você conseguir tirar o dinheiro que está depositado lá na carteira de poupança com mandado de segurança, dez minutos depois esse mandado de segurança está no escritório de todos os advogados e é só reproduzir o que está escrito ali, é fácil. Agora, na advocacia criminal não, porque cada caso é um caso, cada caso tem a sua estrutura. No crime passional, é preciso que o advogado não se renda.

Luiza: Se o senhor não quer falar sobre o Eduardo Gallo, pode dizer alguma coisa sobre a Margot Proença?

Valdir: Acho que ela era doente e tenho muita pena. Eu a conheci muito porque eu defendi os réus do levante da Ilha Anchieta que o Gallo acusou. O Júri terminava tarde da noite, a Margot ia assistir, depois a gente ia lá na rua Pamplona comer pizza, então eu tive um relacionamento cordial com ela. Posso dizer que houve coisas intoleráveis, devia ter alguma patologia.

Luiza: O marido sabia?

Valdir: Sim. Há uma carta dela que é uma das coisas mais lindas que já vi; ela era muito inteligente e escrevia muito bem. E ele, Gallo, quando namorado ou noivo, escreveu para ela: "Margot, se um dia você tiver o impulso da infidelidade, não pratique uma traição contra mim. Você tenha a legitimidade moral de me contar, de se separar, de me abandonar, de nós entrarmos num entendimento, de você procurar outro e viver com outro". Parece que ele pressentia...

Luiza: Acredito em pressentimento...

Valdir: Agora, no crime passional também há uma coisa que tem me dado tratos à bola. Tem gente que nasceu para ser traída, você sabe disso?

Luiza: E depois comete o crime?

Valdir: E depois comete o crime. Há uma oferta inconsciente da mulher ao próximo. Isso é muito comum. Conheço homem que não matou a mulher, mas que casou três ou quatro vezes e três ou quatro vezes foi traído. Mas será que sempre ele foi buscar uma mulher que gostava de trair, ou era ele que gostava de ser traído?

Luiza: Pode ser.

Valdir: Há uma postura inconsciente, o sujeito oferta a mulher. E você precisa explicar isso um dia, você pode escrever um tratado. Existe uma forma subliminar de comunicação. A linguagem tem cambiantes e ninguém imaginava isso. Há pessoas que são capazes de corromper com muita facilidade porque elas têm a linguagem daquele que vai ser corrompido. Eu nem posso tentar corromper alguém, porque se eu for dar um dinheiro para policial, por exemplo, eu tremo, não sei como fazer isso. Quais as palavras que vou usar, como é que vou fazer a oferta? E tem gente, tem advogado que conversa com os olhos com o escrivão, com o delegado. Há uma reciprocidade de comunicação subjetiva até dentro do silêncio. Os homens se comunicam através do silêncio. A linguagem humana é insuficiente para que as pessoas se comuniquem. Você tem que pressupor uma porção de coisas quando estou falando, que não sou capaz de extravasar tudo.

Luiza: É um entendimento anterior.

Valdir: Exato, é um entendimento anterior, um consenso sobre as mesmas bases.

Luiza: E aí, como é que o marido age com a mulher, ele dá sinais para ela sair com outro?

Valdir: Como é que é a oferta? Deve ser através de uma linguagem inconsciente. Já vi gente esperta, mas, como mulher, não. Você pode discutir inteligência entre homem e mulher, mas esperteza, isso não tem paralelo. As mulheres têm muito mais sagacidade, muito mais capacidade de percepção do que o homem. Quanto à oferta, acho que não é dito à mulher para que ela se ofereça e sim ao terceiro, diretamente.

Luiza: Mas esse tipo de pessoa, depois ela mata ou é um tipo conformado?

Valdir: Não, esse é o manso mesmo. Eles têm mais tolerância. Em todo o caso, é uma grande falta de respeito. Ainda existe na civilização brasileira um respeito muito grande à família. Eu sei que os valores estão mudando e tento me atualizar. Mas, por mais que você evolua, você vive os valores do pretérito. No caso passional, por exemplo, se você me puser diante de sete homens de setenta anos (no Júri), garanto que absolvo qualquer réu. Se você me puser sete moços de vinte anos, garanto que vou perder por unanimidade. Os mais velhos são mais conservadores.

Luiza: Sem dúvida, os mais velhos mantêm os padrões do seu tempo de juventude.

Valdir: Sim. Tenho, por exemplo, inibição para aceitar fenômenos de traição, um dos mais terríveis possíveis. Deve ser um problema que está martelado, introjetado, batido no meu espírito. A liberdade da mulher que é solteira, essa não ofende o pudor. Mas a da mulher casada, enquanto casada, enquanto persiste o compromisso, que o compromisso é uma palavra que precisa ser honrada, não pode existir. Mulher casada não é livre.

Luiza: O senhor não acha que, se as mulheres se sustentassem, se ficassem independentes do homem seria diferente?

Valdir: Ah, isso aí eu dou a resposta antes de você me colocar o problema. Mulheres que trabalham, que mantêm o lar, que ajudam na manutenção, essas estão livres do crime passional.

Luiza: O senhor acha?

Valdir: Acho, acho.

Luiza: É que o homem não vai ficar tão injuriado ao ser traído.

Valdir: Não, porque ele não se sente roubado. O trabalho da mulher é uma proteção à violência. É claro, é uma imunidade conquistada pela mulher o trabalho. Aí, eu acho...

Luiza: ... que ela tem que ser economicamente independente.

Valdir: Ela deve ser economicamente independente porque, assim, o marido pode só se julgar traído, mas você tira o fator econômico que eu acho que está na raiz de todas as condutas humanas. Ele não foi explorado.

Luiza: É verdade. Olha, chegamos a uma conclusão agora que eu tinha o embrião dela...

Valdir: Ah, eu tenho muita convicção disso!

Luiza: Nossa, muito importante esse ponto! Quer dizer, a mulher que é vítima do crime passional, de alguma forma, ela explorou economicamente o homem.

Valdir: Isso. Explorou e vai continuar explorando se separar. E o amante vai auferir a vantagem. Então, quando a mulher ganha o suficiente, ela cria uma imunidade, é uma barreira enorme.

Luiza: Diminui o ódio contra ela.

Valdir: É claro, diminui o ódio e tem muito mais autoridade moral.

Luiza: Está certo. O homem se sente possuidor daquela mulher porque ele a mantém. O sentimento de posse que o homem sente com relação à mulher vem do fato de sustentá-la. Dinheiro é poder.

Valdir: Porque ele a mantém, historicamente. É por isso que digo sempre, eu não tiro, nunca tiro o fenômeno econômico do crime passional.

Luiza: Sim, mas isso é verdade mesmo.

Valdir: Acho que existe sempre, em maior ou menor intensidade, mas existe sempre um átimo de razão econômica imanente ao crime passional.

Luiza: É verdade, é verdade... É muito importante mostrar esse outro lado. As mulheres se revoltam contra o crime passional e, realmente, ele é uma demonstração de machismo, mas existe também a exploração econômica.

Valdir: Ah, claro que existe... Falo para todas as moças, sempre dou conselho para que elas entrem nas carreiras públicas por várias razões, essa é uma. Li numa revista americana que todos os homens de ponta na Alemanha estão no serviço público. É evidente que quem está no serviço público tem muito mais futuro que os advogados. Tem um ou outro advogado que desponta, mas, se você fizer um cálculo pela média, você vai ver que a elite está no serviço público. Se você procurar entre os professores de direito, se você procurar entre quem escreve, estão no serviço público, que é uma fonte de valores.

Luiza: E por que o senhor acha que estão no serviço público?

Valdir: Por muitas razões. Primeiro, pela segurança que dá. Em segundo lugar porque, a não ser que você tenha uma grande resistência interior, a advocacia no Brasil é muito corrupta. Então, a ciência é catártica e é purificadora do espírito. O cientista, homem que se devota à ciência e que quer a verdade, muito dificilmente é corruptível. Então, como ele quer ter uma atividade em que ele não precise violar os seus valores interiores, ele vai para o serviço público. E, hoje, a elite intelectual do Brasil na área jurídica está no serviço público, isso é absolutamente incontestável.

Luiza: Há muita gente que não adere à corrupção.

Valdir: O problema da corrupção é que é progressivo. Se a corrupção fosse hoje como era no tempo em que me formei, ainda havia muito espaço moral. Mas, hoje, vou falar, não tem jeito mais.

Luiza: Hoje piorou?

Valdir: Nossa mãe do céu! É uma coisa hedionda. Quem não entrar nessa procissão está perdido.

Luiza: Na advocacia criminal, na delegacia de polícia ou com relação ao Judiciário?

Valdir: Não, não. Eu ainda briguei aqui com um cidadão da Ordem dos Advogados que veio gravar uma entrevista comigo esta semana e quis falar mal do Judiciário. Eu disse: "olha, você fique sabendo, seu bobo, que a espinha dorsal do Brasil é o Ministério Público, que nos momentos de crise nesta nação, nos momentos de ditadura, de militarismo, os únicos homens que permaneceram absolutamente isentos ao fenômeno político na sua cadeira, no seu trabalho, foram os magistrados e foi o Ministério Público. Quem garantiu o mínimo de liberdade que nós tivemos na ditadura foi a Magistratura e foi o Ministério Público. A gente não sabe por que essa corrupção é progressiva, se é o exemplo de cima ou se é a dificuldade de vida, o problema do pauperismo a que foi reduzida a população brasileira. O povo brasileiro, hoje, é mais pobre, está na miséria. Vou à minha terra, vejo aqueles fazendeiros, não ganham para comer.

Luiza: O interior não tem mais nada.

Valdir: Não tem mais nada. Não sobrou mais nada. Então, posso dizer o seguinte: de que adianta eu conhecer o direito, eu vou poder competir? O outro vai lá e compra a polícia. E eu não posso comprar, porque eu não compro.

Luiza: Doutor, algumas mulheres mataram seus maridos. Poucas, mas houve. Houve a Zulmira Galvão Bueno, no Rio de Janeiro, que matou o marido, aparentemente um crime passional, e a Dorinha Duval. O senhor defendeu mulheres?

Valdir: Defendi... Quem matou o marido? Nossa Senhora! Tem uma, eu fiquei com tanta pena dela, que fui fazer o júri dela no interior de graça e consegui uma decisão que você nem imagina! Foi uma coisa que me deu um alento interior porque ela matou o amante dormindo. Depois, ela não sabia o que fazer com o corpo dele. Então, ela deu dinheiro para três caiçaras levarem o homem para o mato e pôr fogo nele. Mas, um dia, um caiçara ficou bêbado, contou a história e ela foi processada. Arranjei para ela uma pena de quatro anos pelo homicídio e uma pequena pena pela ocultação de cadáver, e o juiz, compreensivo e generoso, deu prisão aberta para ela em São Paulo. Eu dizia que, na cidade pequena, ela corria risco, porque a vítima tinha parentes, e ela veio para cá.

Luiza: Mas era passional mesmo ou era porque o sujeito batia nela?

Valdir: Porque batia nela.

Luiza: Então, não é passional. Mulheres dificilmente matam por passionalidade. Elas são superiores, como o senhor disse... Nesse caso, foi legítima defesa mesmo.

Valdir: Também acho. É porque ela sabia que logo que acordasse, iria apanhar.

Luiza: É difícil um passional feminino, do tipo "você me traiu então vou matá-lo".

Valdir: Mas eu tive uns quatro ou cinco casos. Houve uma que matou dentro do automóvel. Sempre foi com revólver, com arma branca nunca vi. Com veneno também não. Dizem que é a metodologia da mulher usar veneno, mas eu nunca vi. Sempre foi com tiro.

Luiza: E por sentimento de posse?

Valdir: É, por amor mesmo. A vida daquela mulher era aquele homem. Além disso, provavelmente, ela pensou: "eu trabalho para ele em casa, lavo, passo, cozinho, o recebo à noite, dou-lhe afeto, estimulo suas atividades..." essa mulher também se sentiu "roubada". Quando é a mulher que mata o marido, sinto uma certa resistência da parte delas em me contar a intimidade do casal. Não sou curioso para saber como os fatos aconteceram, meu interesse é profissional. Mas com os homens, principalmente no crime passional, converso mais à vontade.

Luiza: O que, na verdade, o senhor acha que precisa saber?

Valdir: O que tem que ser explicado é porque o passional mata sabendo que, matando, ele está se matando, está sacrificando a sua liberdade. Qual é esse impulso incoercível da alma humana que leva alguém a matar, sabendo que, matando, ele está se matando, vai para a cadeia, vai ser punido. Será que é o otimismo, no sentido de que não vai haver punição?

Luiza: Isso eu pergunto: o assassino conta com a impunidade ou não?

Valdir: Imagino que sim. Há uma velha pergunta: onde está a verdade, na cabeça do agente do crime ou na cabeça do juiz? Todo mundo que pratica um ato acha que tem o direito de praticar aquele ato. Tanto que essa indagação me parece genial. Como se chama o autor russo que a formulou?

Luiza: Dostoievsky, não?

Valdir: Tenho os meus lapsos, que são produto da minha esclerose... de quem visitou muitas cadeias — Dostoievsky. Ele fala que não existe o remorso, que o remorso é uma figura que precede o crime, que não sucede o crime porque o homem raciocina assim: se eu tivesse praticado aquele crime que Fulano praticou, eu teria remorso. Mas se ele fosse ter remorso, ele não teria praticado aquele crime. Quem praticou determinado crime achou que tinha o direito de fazê-lo, ele não tem remorso. Então, o escritor fala que o remorso é uma figura que não existe e não existe mesmo. Quantas injustiças cometemos na vida, que não têm essa linha divisória que é o crime, mas com relação às quais podemos usar o raciocínio do remorso? Nós não temos nenhum sentido de culpa universal dentro de nós e somos profundamente injustos. Pode haver, sim, um leve arrependimento de ter feito algo, mas não é remorso.

Luiza: Mas o senhor não acha que é porque o sujeito pensa que tem o direito de cometer o crime?

Valdir: Ah, sim, ele se sente no direito e confia que ficará impune, porque achando que tem o direito ele pensa que os outros vão achar que ele tem o direito...

Luiza: Quer dizer que nenhum cliente seu chegou aqui e disse "eu estou arrependido"?

Valdir: Não, não. Juro para você, se você não acreditar em mim, eu te juro pelo Deus do Céu, porque pelo da Terra todo mundo mente. Juro que cansei de ouvir o homicida falando que se arrependeu de não dar mais tiro ou mais facada.

Luiza: Se arrependeu de não ferir mais?

Valdir: Tem o caso de um português que deu tiros na cavidade abdominal da mulher, uns três ou quatro tiros. Estava sendo processado por tentativa de homicídio. Ele vinha ao meu escritório e não estava preocupado se seria condenado ou absolvido, ele falava assim: "Doutor, o senhor viu lá o que o médico falou, ele falou que eu estraguei ela?". A preocupação dele era ter praticado uma perversidade que levasse a mulher à incapacidade de reprodução, que fosse um destroço orgânico dentro dela. Era somente essa a preocupação dele.

Luiza: Além de matar?

Valdir: Além de matar. Há outro caso, rumoroso, que não fui eu que defendi, eu era menino ainda. Eu, nesse tempo, dava plantão na Casa de Detenção como advogado do Estado. Um querido amigo meu, que por causa de jogo deu cheque sem fundo, falsificou a assinatura de terceiro, pintou, bordou etc. Você olhava nele, era um feixe nervoso, ele estava esquelético. Aí, ele foi pedir dinheiro para o tio dele, o tio disse que não dava, ele passou a mão no revólver e matou o tio. E foi para a cadeia. Pensei: "Agora, ele se mata, com aquela comida ele não vai sobreviver". Em dois meses, ele engordou vinte quilos. Parece que solucionou todos os problemas. Estava preso, não havia mal maior que o atingisse.

Luiza: A prisão seria o fundo do poço.

Valdir: Dizem que a guerra tem um efeito psicoterápico na humanidade exatamente por isso. Se você tiver quinhentos problemas e for convocado para a guerra, você passa a ter um só que é não morrer e esquece todos os outros. Você só se concentra na luta para não morrer.

Luiza: No crime passional também há o "efeito prisão"?

Valdir: Um dos casos mais curiosos em que eu trabalhei foi o "crime da Igreja Santa Terezinha", em que um médico psiquiatra matou dentro da igreja. Foi um fato que teve enorme ressonância no mundo, até a imprensa italiana o publicou por causa de o crime ter sido perpetrado dentro da igreja. O sujeito era médico psiquiatra do Estado e...

Luiza: Quando foi isso?

Valdir: Ah, faz anos, faz anos... Ele matou o noivo e, depois, deu três tiros na noiva e ela não morreu. Ele era apaixonado por ela, mas, depois, se provou que ele era louco. Ele tinha tido duas internações no hospital de Ribeirão Preto. Mesmo assim, não requeri o internamento dele no manicômio judiciário porque, se você quiser perder todos os seus clientes, requeira exame de sanidade mental. A pena começa e acaba, a medida de segurança, não. Mas achei o fato curioso por uma razão. Ele disse que estava sentado na terceira fila na igreja quando olhou para trás e viu a enorme silhueta de um padre, do tamanho do pórtico da igreja, e aquela silhueta foi se esgarçando, se esmaecendo, como acontece na televisão, e desapareceu. Quando o padre começou a celebração das núpcias, a sensação que ele tinha é que estavam sequestrando a mulher amada e ele tinha de defendê-la. Então ele matou, julgando que não fosse vontade dela casar-se.

Luiza: Isso é fantasia para justificar a conduta, ele matou por despeito.

Valdir: Ele matou o nubente e, depois, atirou nela. Mas ele me disse exatamente isso e ele não tem imaginação para inventar uma história dessas. Conversei com ele duas horas depois do crime porque foi flagrante e ele foi para a detenção. Eu também, porque era família de amigos meus. Então, veja como o louco deformou suas ideias para construir e legitimar a conduta homicida. E entender o que pensa o louco é muito difícil. Certa vez, eu precisava interpretar um laudo e procurei um psiquiatra muito inteligente, dos mais talentosos de São Paulo. Ele falou para mim: "Olha, Valdir, nós temos doenças homólogas e heterólogas. Homólogas são as que todo mundo tem. Se eu falar que estou com dor no braço, você entende o que é dor no braço porque você já teve. Agora, penetrar a mecânica da conduta do louco é muito difícil, porque é uma conduta heteróloga, a gente não conhece o mecanismo da relação de causalidade entre a conduta dele e o resultado".

Luiza: No caso do louco, porém, ele agiu como os outros passionais — tentou matar a mulher que amava.

Valdir: Ele estava perdendo a mulher amada. Essa é, tipicamente, a fenomenologia da passionalidade. A moça, no caso, era linda, devia despertar paixão em todos os homens. Ela era uma coisa que nem o Da Vinci pintaria; aquela mulher era linda de morrer.

Luiza: Ela não morreu, certo?

Valdir: Não, ela levou três tiros. Depois, ela se casou com outro e o marido dela morreu, mas ela não. Eu não tenho notícia da morte dela. Eu era moço quando defendi esse caso. Não foi a júri.

Luiza: Nem foi a júri, mas por insanidade mental.

Valdir: Sim. Darcy de Arruda Miranda o mandou para o manicômio. O manicômio tem um lado positivo. Amílcar de Lopes Franco, que era um promotor muito culto, literariamente muito culto, fez uma impugnação no sentido de que o homicida, na qualidade de psiquiatra, poderia simular e dissimular. O Juiz Darcy mandou o diretor do manicômio falar a respeito da cota do Ministério Público. O diretor disse: "Não existe simulação na vida. Ninguém simula, cada um é o que é. Quando você verificar que um cidadão está simulando que é ladrão é porque ele tem um impulso; quando um cidadão está simulando que é pederasta é porque tem o impulso de pederastia. Quer dizer, o homem existe na sua integralidade, ele pode simular em um determinado momento, mas ele tem o impulso na simulação. Se ele não tiver a propensão, simulação não existe".

Luiza: Está bem, Dr. Valdir, acho que nós já falamos bastante coisa. Já temos várias ideias muito interessantes.

Valdir: Sugiro temas para você meditar.

Luiza: Agradeço muito.

2

Conclusões

— A esmagadora maioria dos crimes passionais é cometida por homens. As mulheres raramente matam, mas são assassinadas com muita facilidade em decorrência do sistema patriarcal.

— A paixão não pode ser usada para perdoar o assassinato, senão para explicá-lo.

— Os autores de crimes passionais, no geral, são condenados pela Justiça. Mesmo penas leves são condenações. Os casos em que houve absolvição ficaram famosos até pelo inusitado da decisão. Nem por isso os homens deixaram de matar — homicídios passionais são mais frequentes do que seria de se esperar.

— O criminoso passional raramente se arrepende. Em alguns casos, perante o juiz, o acusado se diz arrependido, mas visando apenas a diminuição da pena ou a compaixão dos julgadores. Para seus advogados eles dizem a verdade: acharam-se no pleno direito de matar.

— Ninguém mata por amor. Os sentimentos que dominam o espírito do criminoso passional são o ódio, a vingança, o rancor, a egolatria, a autoafirmação, a prepotência, a intolerância, a preocupação com a imagem social, a necessidade de exercer o poder.

— A tese da legítima defesa da honra, que levou à absolvição ou à condenação a penas muito pequenas de autores de crimes passionais, já não é mais aceita por nossos tribunais. A honra do homem não é portada pela mulher. Honra, cada um tem a sua. Aquele que age de forma indigna deve arcar pessoalmente com as consequências de seus atos. Sua conduta não contamina o cônjuge.

— A evolução do papel da mulher na sociedade brasileira, com a consagração da igualdade de gênero na Constituição Federal de 1988, teve reflexos determinantes nas decisões judiciais. Hoje, os crimes cometidos sob a égide da passionalidade dificilmente ficam sem punição, já que a mulher não pode mais ser considerada propriedade do homem, nem sua subordinada.

— Em todo crime passional há um componente econômico. O homem não quer ver a mulher, que ele sempre sustentou e a quem pertence metade dos seus bens, ser feliz com outro. Além disso, quem paga as contas acha que "comprou" a outra pessoa e a transforma em "objeto de uso pessoal", sobre o qual pretende ter poderes ilimitados. Não aceita dividir o patrimônio com quem o abandonou, optando pela eliminação física da parceira.

— A mulher emancipada é menos vulnerável ao crime passional e a outros tipos de delito, inclusive o espancamento. A autonomia, a independência psicológica e financeira, a autoconfiança e a certeza de seus direitos humanos, inclusive dos direitos sexuais, impedem que ela aceite certas regras inferiorizantes de comportamento que seu parceiro queira impor.

— Perfil do passional: é homem, geralmente de meia-idade (há poucos jovens que cometeram o delito), éególatra, ciumento e considera a mulher um ser inferior que lhe deve obediência ao mesmo tempo em que a elegeu o "problema" mais importante de sua vida. Trata-se de pessoa de grande preocupação com sua imagem social e sua respeitabilidade de macho. Emocionalmente é imaturo e descontrolado, presa fácil da "ideia fixa". Assimilou os conceitos da sociedade patriarcal de forma completa e sem crítica.

— O ciúme não se manifesta da mesma forma em todas as pessoas. Há quem reconheça que esse sentimento existe mas precisa ser controlado, até eliminado, não podendo guiar as atitudes nem criar confrontos.

Já outros se deixam levar pela destrutividade, sentem-se humilhados e desejam vingança. É um sintoma de imaturidade afetiva que acaba por gerar violência.

— As mulheres foram educadas para "compreender" as traições masculinas, pois o sexo seria uma "necessidade natural do homem". Já a população masculina é educada para não admitir, de forma alguma, a independência sexual da mulher e a multiplicidade de parceiros. Diante de tais imposições, conflitantes e irreais, nossa sociedade não é equilibrada, pacificada. Gera violência de gênero. Os novos conceitos são no sentido do respeito aos direitos humanos de ambos os sexos e no reconhecimento de que a sexualidade não pode ser gerida por regras de caráter geral. Para os grupos mais progressistas, a fidelidade passou a ser uma questão interna de cada casal e não uma imposição social sujeita a punições.

— Em todos os crimes passionais, teria sido possível equacionar a situação de forma mais sensata e menos violenta. Sempre haveria outra saída, a morte poderia ter sido evitada. Da análise dos casos da vida real é possível deduzir que a tragédia do assassinato passional pode se desdobrar em outras tragédias paralelas ou subsequentes, envolvendo filhos, irmãos, o cônjuge sobrevivente e outros parentes. O responsável por tanta infelicidade causada aos outros e a si próprio fica estigmatizado para toda a sua vida. Pode, ainda, passar para a história como exemplo daquilo que não se deve fazer, atormentando, com seu fantasma, as gerações futuras.

— O homicida passional, no mais das vezes, confessa o crime. Para ele, de nada adianta matar a mulher que (supostamente) o traiu se a sociedade não ficar sabendo. É muito importante mostrar aos outros que sua "honra" foi "lavada" e, assim, recuperar a respeitabilidade.

— A tese da "legítima defesa da honra" é inconstitucional, em face da igualdade de direitos entre homens e mulheres assegurada na Constituição Federal de 1988 — art. 5º, I — e não pode mais ser alegada em plenário do Júri, sob pena de incitação à discriminação de gênero.